CATALOGUE
DES
LIVRES
DE
FONDS
ET
D'ASSORTEMENS
DE
J. G. VIRCHAUX,
LIBRAIRE à HAMBOURG.

1782.
Prix de ce Catalogue est 8 Schellings.

CATALOGUE
DES
LIVRES
DE
FONDS
ET
D'ASSORTIMENS
DE
DESVENTES,
Libraire à Lausanne.

1782.

Prix de ce Catalogue est de 6 Creutzers.

CATALOGUE DES LIVRES
DE
FONDS ET D'ASSORTIMENS
DE
J. G. VIRCHAUX,
LIBRAIRE à HAMBOURG.

	mg	ſs
Abailard (l') ſuppoſé, ou le ſentiment à l'épreuve. 8. *Paris* 1780	2	—
Abbaye (l') ou le Château de Bedford imité de l'Anglois par Mr. 2 part. 12. *Londres* 1769	2	—
Abbé (l') en belle humeur. 12. *Cologne* 1734	—	12
Abeilard, (le nouvel) ou lettres de deux Amans qui ne ſe ſont jamais vus. 4 vol. 12. *Paris* 1779	9	—
Abeille (l') du Parnaſſe, ou nouveau Choix de penſées, réflexions, maximes, portraits & caractères, tirés des meilleurs Poëtes françois & modernes, par Mr. ****, 2 part. 12. *Londres* 1752	3	—
—— (l') ou Recueil de philoſophie, de Littérature & d'Hiſtoire. 8. *la Haye* 1755	2	—
Abondance (l') rétablie, ou Moyens de prévenir en France la diſſette des beſtiaux, en même tems qu'on augmente la fertilité de la Terre. 12. *Paris*, chez des Ventes de la Doué. 1769	1	—
Abrégé de l'art des armées navales, ou Elémens de Tactique navale, avec un Traité des évolutions & des ſignaux; par un Capitaine de Vaiſſeau au ſervice de France, avec fig. en taille-douce 4. *Amſterdam* 1779	14	—
—— d'Aſtronomie, par M. de la Lande. 8. fig. *Paris* 1775	5	—
—— élémentaire d'Aſtronomie, de Phyſique, d'Hiſtoire naturelle, de Chymie, d'Anatomie, de Géométrie, & de Méchanique P. M. T. B. 8. fig. *Paris* 1777	5	—

A 2 Abrégé

	mg	ß
Abrégé des Commentaires de M. Folard sur l'Histoire de Polibe. 3 vol. 4. fig. *Paris* 1754	36	—
—— des Controverses, ou Sommaire des erreurs de l'Eglise Romaine, par Charles Drelincourt. 12. *Rotterdam* 1709	1	8
—— de la Crusca, ou Dictionnaire portatif de la langue italienne, par le R. P. Fabretti. 8. *Lyon* 1759	3	—
—— du Dictionnaire de Trévoux, françois & latin, par Berthelin. 3 vol. 4. *Paris* 1772	27	—
—— du véritable code de la Nature. 8.	—	4
—— des Elémens de Mathématiques, par M. Rivard. 2 parts grand 8. *Paris* 1767	2	8
—— élémentaire de la Géographie universelle de l'Espagne & du Portugal &c. par M. Masson de Morvilliers. 12. *Paris* 1776	2	—
—— élémentaire de la Géographie universelle de la France, par M. Masson de Morvilliers. 2 vol. 12. *Paris* 1774	4	—
—— élémentaire de la Géographie universelle de l'Italie, &c. par M. Masson de Morvilliers. 12. *Paris* 1774	2	—
—— de la Grammaire françoise, par M. Wailly. 12. *Paris* 1759	—	10
—— (nouvel) chronologique de l'Histoire d'Angleterre, &c. traduit de l'Anglois de M. Salomon, auteur de l'Histoire moderne. 2 vol. 8. *Paris* 1751	6	—
—— chronologique de l'Histoire universelle, par M. de la Croze, revu, corrigé & fort-augmentée, par M. Formey. Par demandes & par réponses. 12. *Amsterdam* 1780	1	8
—— le même ouvrage. 8. *Neuchâtel* 1776	1	4
—— chronologique de l'Histoire des découvertes, par les Européens dans les différentes parties du Monde, par J. Barrow. 12 vol. 12. *Paris* 1766	24	—
—— (nouvel) chronologique de l'histoire & du Droit public d'Allemagne, par M. Pfeffel. 3 vol. 8. *Paris* 1777	9	—
—— chronologique de l'Histoire des Empereurs. 8. *Paris* 1753	2	—
—— chronologique de l'Histoire d'Espagne & de Portugal. 2 vol. 8. *Paris* 1765	7	—

(5)

	mg	β
Abrégé chronologique de l'Histoire de France, par le Sieur de Mézeray. 4 vol. 4. avec portrait. Paris 1717	48	—
— — le même. 14 vol. 12. *Amsterdam* 1755	28	—
— — (nouvel) chronologique de l'Histoire de France &c. par M. le Président Hénault. 3 vol. 8. *Paris*, chez Prault. 1775	12	—
— — (nouvel) chronologique de l'Histoire de France, par le Président Hénault. 4. 2 vol. *Paris* 1768	30	—
— — chronologique de l'Histoire générale d'Italie &c. par M. de St. Marc. 5 vol. 8. *Paris* 1769	18	—
— — chronologique de l'Histoire du Nord, ou des Etats de Dannemarc, de Russie, de Suède, de Pologne, &c. par M. Lacombe. 2 vol. 8. *Paris* 1777	8	—
— — chronologique de l'Histoire du Nord, &c. par M. Lacombe. 2 vol. 8. *Paris*, chez Hérissant. 1762		
— — de l'Histoire ancienne de Rollin. 5 vol. 12. *Neuchâtel* 1776, avec figures & indices nécessaires.	8	—
— — (nouvel) de l'Histoire générale d'Espagne. 3 vol. 12. *Paris* 1689	4	—
— — de l'Histoire de France, par ordre alphabétique. Par M. Coutan. 8. *Paris* 1775	5	—
— — de l'Histoire de la Franche-Maçonnerie &c. rédigé par un membre de cet ordre. 8. *Londres* 1779	1	4
— — de l'Histoire Grecque, à l'usage des Collèges, & de tous les lieux où l'on instruit la Jeunesse, tant de l'un que de l'autre sexe. 12. *Paris* 1763	2	—
— — de l'Histoire de la Hollande & des Provinces-Unies, depuis les tems les plus anciens jusqu'à nos jours, par L. G. F. Kerroux. 4 vol. 8. *Leide* 1778	8	—
— — de l'Histoire des Insectes dédié aux Jeunes personnes. 2 vol. 12. fig. *Paris* 1764	6	—
— — de l'Histoire générale du Languedoc. Par D. J. Vaissère. 6 vol. 12. avec Cartes. *Paris* 1749	10	—
— — de l'Histoire des plantes usuelles, dans		

A 3   lequel

	mg	ß
lequel on donne leurs noms différens, tant françois que latins, &c. par J. B. Chomel. 3 Tom. 12. *Paris* 1731	4	—
Abrégé de l'Histoire poétique, ou l'Introduction à la Mythologie, par demandes & par réponses, &c. 8. *Lausanne* 1774	1	—
—— portatif de l'Histoire universelle sacrée & profane, &c. par l'Abbé Pernin de Chavanette. 3 Vol. 12. *Paris* 1778	5	8
—— de l'Histoire sacrée & prophane en françois & en latin, &c. 8. *Amsterdam* 1771	2	8
—— de l'Histoire universelle, traduit du latin de Turcellin, par M. l'Abbé l'Agneau. 4 vol. 12. *Paris* 1757	8	—
—— de l'Histoire universelle, depuis Charlemagne jusqu'à Charle-quint, par Voltaire. 2 vol. 12. *Londres* 1753	2	4
—— d'Histoire universelle, par M. V. 12. *Neuchâtel* 1765	—	8
—— de l'Histoire générale des Voyages. Par de la Harpe. 21 vol. 8. *Paris* 1780	100	—
—— de la Langue Françoise en 285 Dialogues, ou traduction du Vestibulum, &c. 8 *Berlin* 1779	—	10
—— de la Langue Toscane, ou nouvelle Méthode, &c. par M. Palomba. 2 vol. 8. *Paris* 1768	10	—
—— le même en 3 vol. 8.	15	—
—— des Mathématiques, formant la première partie des Opuscules de M. Sauri, &c. 12. *Paris* 1779	1	12
—— de la nouvelle Méthode, dans l'art d'écrire, ou de tracer toutes sortes de danses de ville, par le Sieur Rameau. 8. *Paris*	6	—
—— du paralelle des Langues françoise & latine, par le Père Phil. Monnet. 4. *Genève* 1636	4	—
—— de la Police, par Willebrand. 8. *Hambourg* 1766	3	8
—— des nouveaux principes de la langue allemande, à l'usage de l'Ecole royale militaire, par M. Junker. 12. *Paris*, chez Musier 1769	2	—

Abrégé

	mg	ſs
Abrégé des principes de la Grammaire françoiſe, par M. Reſtaut. 12. *Genève* 1774	—	10
—— — des principes de la Grammaire françoiſe, par Wailly. 12. *Paris* 1780	1	—
—— — de la Révolution de l'Amérique, depuis le commencement de l'année 1774, juſqu'au 1 Janvrier 1778, par M. Américain. 12. *Paris* 1778	1	8
—— — des Sciences, des Arts libéraux & de leur utilité, &c. 8. *Berlin* 1762	—	8
—— — de toutes les Sciences à l'uſage des Enfans de ſix ans juſqu'à douze, &c. 8. *Berlin* 1777	1	8
—— — de toutes les Sciences à l'uſage des Adoleſcens, & de tous ceux qui veulent s'inſtruire, par M. Formey. 8 vol. 8. *Berlin* 1772	18	—
—— — de la Théologie dogmatique d'Adrien Buurt &c. rédigé en forme de demandes & de réponſes par ſon Epouſe, & traduit du Hollandois, par Bernhard Sleun. 8. *Amſterdam* 1779	5	—
—— — de la Théorie militaire à l'uſage de ceux qui ſuivent le parti des armes, par le Cte V. D. S. G. 8. *Vienne* 1766	1	8
—— — des principaux Traités, conclus depuis le commencement du quatorzième Siècle juſqu'à préſent, entre les différentes Puiſſances de l'Europe, par M. le Vicomte de la Maillardière. 2 vol. 12. *Paris*, chez la Veuve Duchesne 1778	5	8
—— — de la Vie des Peintres, avec des réflexions ſur leurs ouvrages, par M. de Piles. 12. *Amſterdam* 1767	2	8
—— — de la Vie de divers Princes illuſtres & des Grands Capitaines, avec des réflexions, &c. tirées des ouvrages de Rollin, Crévier &c. 4. *Halle* 1764	6	—
—— — de la Vie des plus fameux Peintres, avec leurs portraits & les indications de leurs principaux Ouvrages, par M. d'Argenville, &c. 4 vol. gr. 8. *Paris*, chez Debure. 1762	36	—
—— — de la Vie des Saints, avec des réflexions & de courtes prières, ſuivant le nouveau Bréviaire de Paris, par M. Etienne. 3 vol. 12. *Paris*, chez Boudet. 1757	6	—

	mg	ſſ
Abus d'Idées ſpéculatives, Idées d'Etat de pure nature, d'indépendance & de liberté conſidérées philoſophiquement, 4.	2	—
Académie des Graces, par M. L. de M***. 12, Paris 1755	1	—
—— —— (la plus nouvelle) univerſelles des jeux, &c. 3 vol. 8. fig. Amſterdam 1752	8	—
Acadiade (l') Proueſſes angloiſes en Acadie, —— Canada &c. 12. Caſſel 1758	12	—
Accord (l') parfait, &c. 2 vol. 12. Cologne 1753	3	—
—— —— de la Réligion & des Rangs, par l'Abbé Duval-Pyrau. 12. Francfort & Leipzig 1775	2	—
Actes (les) Apoſtoliques mis en vers, par Louis Chapal. 8. Berlin 1752	2	—
Adélaïde, Hiſtoire françoiſe. 8.	1	4
Adieux (les) du Duc de Bourgogne & de l'Abbé de Fénelon ſon Précepteur. 12. Douai 1772	1	4
Adminiſtration politique de Colbert, par M. R. Pelliſſery. 8. Amſterdam 1776	2	8
Adoption (l') ou la Maçonnerie des femmes en trois grades, avec fig. 8. 100070075.	—	12
Aédonologie, ou Traité du Roſſignol franc, ou chanteur. fig. 12. Paris 1770	1	8
Agenda des Auteurs, ou Calpin littéraire, à l'uſage de ceux qui veulent faire des livres. Ouvrage didactique pour le 18 Siècle. 12. Au Parnaſſe 1755	1	12
Ages (les deux) du Goût & du Génie françois ſous Louis XIV & ſous Louis XV. &c. Par M. de la Dixmerie. 12. Amſterdam 1770	2	—
Agiatis, par l'Abbé Duval-Pyrau. 8. Iverdon 1778	1	12
Agrémens (les) de la Campagne, &c. avec fig. 4. Leide 1750	6	—
—— —— du Langage. Par M. de Gamaches. 12. Paris 1757	1	—
Agriculture (l') parfaite, &c. Par Agricola. 8. fig. Amſterdam 1720	3	8
—— —— complette, ou l'Art d'améliorer les terres. 2 vol. fig. Londres 1772	5	—
—— —— Poème. 4. ſuperbes fig. Paris 1774	12	—

Agri-

	m͞g	ſ͞ß
Agriculture. Poëme. Par Roſſet. 8. 1774	1	8
——— réduite à ſes vrais principes. Par Wallerius. 12. *Paris* 1774	1	12
Aihérappih, Hiſtoire Grecque. 12. 1778	1	—
Alaric, ou Rome vaincue. Par M. de Scudery. 12. *la Haye* 1685. avec fig.	2	8
Albert (l') moderne. 12. *Neuchâtel* 1776	1	8
Alcidiane. (la jeune) Par Mad. de Gomez. 2 vol. 12. *Amſterdam* 1734.	4	
Alcoran (l') des Cordeliers Latin & François. fig. de Picart. 2 vol. 12. *Amſterdam* 1734.	8	
Almanac des Négocians & des Banquiers, pour l'année 1781. 8. *Amſterdam*, chez Schneider.	2	
Almanach des Gens d'eſprit, par un homme qui n'eſt pas ſot. 12. *Londres* 1762	1	—
——— nouveau, ou le Guide fidèle, &c. 12. *Bruxelles*,	1	—
——— des Muſes. *Paris*, de 1770 à 1781. le vol. chaque à	1	8
——— des Négocians. 12. *Bruxelles* 1762	1	8
——— de perte & gain, ſuivi d'un Extrait des jeux les plus connus en France, &c. in-24. *Paris* 1781	1	—
——— philoſophique, &c. par un auteur très-philoſophe. 12. *Goa* 1767	1	—
——— Royal de 1778 à 1781. Par Jacq. Laurent d'Houry. 8. *Paris*	5	—
Alphabet méthodique pour faciliter l'art d'épeler & de lire en françois. 8. *Strasbourg* 1777	—	6
Amans (les) illuſtres, ou la nouvelle Cléopatre. 3 vol. par Mad. D***. 12. *Paris* 1769	4	—
—— — malheureux, ou le Comte de Cominge. 8. *la Haye* 1775	2	—
——— (les) vertueux. 2 part. 12. 1774	1	8
Ambaſſades de la Compagnie Hollandoiſe des Indes d'Orient, vers l'Empereur du Japon. 2 vol. 12. *Paris* 1726	2	8
——— extraordinaires de M. les Ducs d'Angoulême, Comte de Béthune, & de Pro-Château-Neuf. in-fol. *Paris* 1667	10	—
——— & Négociations du Cardinal du Perron &c. 1 vol. in-fol. *Paris* 1623	10	—
Ambaſſadeur & ſes fonctions, par M. de Wicquefort. 2 part. en 1 vol. 4. *la Haye* 1681	8	—

A 5   Ame

	mg	ß
Ame (l') de l'Univers physique ou le mouvement, par M. le Comte du Chastel. 12. *Liège* 1776	—	12
Aménités littéraires & Recueil d'Anecdotes. 2 vol. 12. *Amsterdam & à Paris* 1773	4	—
Américaines (les) ou la preuve de la Rélig. Chrétienne par les lumières naturelles. Par Madame le Prince de Beaumont. 6 vol. 12. *Lyon* 1770	5	
Ami (l') des Arts, ou Justification de plusieurs Grands Hommes. 12. *Amsterdam* 1776	1	
— de la Concorde, &c. Par un Avocat au Parlement. 8. *Paris* 1779	1	2
— des Femmes. 8. *Paris* 1774	1	4
— (l') des Femmes, par M. l'Abbé de ***. 12. *Toulouse*, chez Laporte 1780	1	8
— des Hommes. Par Mirabeau. 6 vol. 8. *la Haye* 1758	12	—
idem 8 vol. 1758	13	—
idem 3 vol. 1758	5	—
— des Jeunes Gens, par M. G***. 2 part. 12. *Lille* 1764	3	—
— des malades &c. 12. *Carpentras* 1769	2	—
idem 1770	—	12
— des Muses. 8. *Avignon*.	2	8
— du peuple françois. Par le fils d'un laboureur. 8. *Limoges* 1776	1	4
— (un) de Voltaire d'Eprémesnil, &c. 8. 1780	—	8
Amilec, ou la graine d'hommes, par M. Tiphaigne. 8. 1753	—	12
Amour (l') ou le devoir conjugal. 8. *la Haye* 1758	—	8
Amours (les) du bon vieux tems. 12. *Vaucluse* 1760	—	10
— de Clitophon & de Leucippe. 12. *la Haye* 1735	1	—
— (l') éprouvé par la mort. 12. *Francfort* 1764	1	8
— glorifié, ou Traité de la vraie Sagesse, & du vrai honheur. 8. *Altona* 1768	—	8
— pastorales de Daphnis & de Chloé, par Longus, double traduction du Grec en François de M. Amiot & d'un Anonime, mises en		

paralelle

paralelle & ornées des Estampes originales du fameux B. Audran, gravées aux dépens, du feu Duc d'Orléans, sur les Tableaux inventés & peints de la main de ce grand Prince, avec un frontispice de Coypel & autres vignettes & culs de Lampe. 4. *Paris*, imprimées pour les curieux. 1757 — 36 | —

Amours pastorales de Daphnis & Chloé. 4. fig. premières épreuves. 1745 — 48 | —

le même ouvrage. 8. — 12 | —

────── (les) pastorales de Daphnis & de Cloé. 8. fig. *la Haye* 1773 — 2 | —

────── (les) de Sapho & de Phaon. 8. *Amsterdam* 1775 — 1 | 8

────── (l') vainqueur de la haine. 12. *Paris* 1712 — — | 12

────── vainqueur des préjugés, & couronné par la bienfaisance, ou Mémoires du Comte de Rosnay & du Marquis d'Orronville. Ouvrage posthume de M. le Marquis d'Argens. 12. *la Haye & Paris* 1780 — 1 | 8

────── vainqueur du vice. 12. 2 part. *Amsterdam* 1775 — 2 | 8

Amusemens (les) de l'Amitié rendus utiles & intéressans. Recueil de Lettres écrites vers la fin du règne de Louis XIV. 12. *Paris* 1741 — 1 | 12

────── arithmétiques & algébriques de la Campagne, par Luya. 2 vol. 4. *Genève* 1779 — 12 | —

────── de la Campagne, ou Récréations historiques, avec quelques anecdotes secrettes & galantes. 7 vol. 12. *Paris* 1742 — 9 | —

────── des Compagnies. 2 vol. 12. *la Haye* 1761 — 2 | —

────── curieux & divertissans propres à égayer l'Esprit, par D***. 2 part. 8. *Marseille* 1775 — 1 | 4

────── des Dames, ou Recueil d'Histoires galantes. 7 vol. 12. *la Haye* 1740 — 7 | —

────── des Eaux d'Aix-la-Chapelle : ouvrage utile à ceux qui vont y prendre les bains, par l'auteur des Amusemens des Eaux de Spa. 3 vol. 12. *Amsterdam* 1736 — 8 | —

────── géographiques. Par M. Vion. 4. *Rotterdam* 1775 — 2 | —

Amusemens

	m⅌	ß
Amusemens des Gens d'esprit. 12. *Amsterdam* 1756	1	8
———— à la Grecque. 8. *Copenhague* 1768	2	—
———— (les) du Jour, ou Recueil de petits Contes : dédiés à la Reine. Par Mad. de Mortemart. 8. *Genève & Paris* 1780	—	12
———— littéraires. Par M. de la Barre de Beaumarchais. 3 vol. 12. *la Haye* 1740	3	8
———— périodiques. 12. *Copenhague* 1765	2	—
———— philologiques. 4 vol. 8. fig. *Halle* 1770	6	—
———— physiques sur le Systême Neutonien. 12. *Paris* 1760	1	—
———— poétiques. Par M. Legier. 8. *Paris* 1769	1	4
———— de la Raison. 12. *Paris* 1747	1	12
An (l') 2440. Rêve s'il en fût jamais. 8. *Londres* 1777	2	—
Anacréon (l') François, ou Recueil de Chansons, Romances, Ariettes, Vaudevilles, & à-propos de Société. 2 part. 8. *En Grèce.* 1780	2	8
——— —, Sapho, Bion & Moschus, traduction en prose. Par M. M. C. 8. avec de sup. fig. *Paris* 1780	15	—
Analogies des Genres, des Prétérits & des Supins. Par M. l'Abbé Valart. 12. *Paris* 1766	—	8
Analyse & Abrégé raisonné du Spectacle de la Nature de M. Pluche. 12. *Orléans* 1775	1	8
———— raisonnée de Bayle. 8 vol. 12. *Londres* 1755 à 70	15	—
———— idem. 8 vol. 12. *Londres* 1773	16	—
———— raisonnée de l'Esprit des Loix. 8. *Genève* 1771	12	—
———— & Examen chymique de l'Indigo. Par M. Quatre-Mère Dijonval. Pièce qui a remporté le prix à l'Acad. Royale des Sciences. 4. 1777	1	8
———— des Fonctions du Systême nerveux. Par M. de la Roche. 8. *Genève* 1778	4	—
———— des infiniment petits, &c. Par M. Stone, servant de suite aux infin. petits de M. le Marq. de l'Hôpital. 4. *Paris* 1735	8	—

Analyse

	mg	fs
Analyse de l'Ouvrage qui a pour titre : de l'Esprit du Gouvernement économique, faite par l'Auteur. 8.	—	12
——— de la Philosophie du Chancelier Bacon, avec sa Vie. 2 vol. 12. *Leide* 1778	3	8
Anatomie historique & pratique, par M. Lieutaud, augmentée de diverses Remarques, par M. Portal, &c. 2 vol. 8. fig. *Paris*, chez Vincent. 1777	12	—
le même ouvrage petit papier 2 vol. 8.	9	—
——— (l') de l'Homme, suivant la circulation du sang, & les nouvelles découvertes. Par feu M. Dionis. gr. 8. *Paris*, chez d'Houry. 1729	9	—
——— raisonnée du corps humain. Par M. Deidier. 8. 1742	2	8
Anecdotes (collection d'.) 18 vol. 8. *Paris* 1778	45	—
——— des Beaux-Arts. 3 vol. 8. *Paris* 1780	15	—
——— de la Bienfaisance, ou Annales du Règne de Marie Thérèse. Par M. Fromageot. 8. fig. *Paris* 1777	4	—
——— de la Comtesse Dubarri. 12. 1778	1	8
——— de la Cour de Bon-hommie. Par l'auteur des Mémoires de Versorand. 2 part. 12. *Londres* 1752	2	—
——— de la Cour de Philipe Auguste. 3 vol. 12. *Amsterdam* 1732	3	—
——— de Don Jean, Roi de Navarre. 2 part. 12. *Amsterdam* 1744	1	8
——— de l'Empire Romain. 8. *Paris* 1778	2	8
——— Françoises, depuis l'Etablissement de la Monarchie, jusqu'au Règne de Louis XV. 2 vol. 12. *Paris* 1768	4	—
——— galantes, ou le Moraliste à la mode. Par M. J. Ha***. 12. *Amsterdam* 1760	—	12
——— historiques, militaires & politiques de l'Europe. Par l'Abbé Raynal. 12. 3 vol. avec le Supplément. Amsterdam 1754	3	8
——— Jésuitiques, ou le Philotamis. 3 vol. 12. *la Haye* 1740	3	—
——— intéressantes & historiques de l'illustre		

Voyageur,

	mg	fs
Voyageur, pendant son séjour à Paris. 12. *Paris* 1777	—	12
Anecdotes intéressantes, tirées du Journal politique, civil & littéraire, à l'instar des Annales de M. Linguet. 12. *Londres* 1781	—	8
— — morales, sur la satuité. 12. *Anvers* 1760	1	—
— — persannes, dédiées au Roi, par Mad. de Gomez. 2 part. 12. *Amsterdam* 1729	2	—
— — des Républiques de Genève, Venise, Malthe, Suisse & Hollande. 2 vol. 12. *Paris* 1771	2	8
— — du seizième Siècle, ou Intrigues de Cour politiques & galantes. 2 vol. 12. *Amsterdam* 1741	3	—
— — Vénitiennes & Turques, ou nouveaux Mémoires du Comte de Bonneval. Par M. de Mirone. 2 vol. 12. *Utrecht* 1740	2	8
Ange (nouvel) conducteur, ou le Chemin du Ciel. 8. *Pontarlier*.	1	—
— (l') conducteur. grand 8. *Nancy*.	3	—
— Idem, petit 8.	2	—
Angélique de Limeuil, nouvelle françoise. Par d'Ussieux. fig. 8. *Paris* 1776	1	8
Angola, histoire indienne. 2 part. 12. *Agra* 1748	1	4
— histoire indienne sans vraisemblance. 2 part. 12. fig. *Agra* 1778	3	—
Annales (les) de la bienfaisance, ou les hommes rappelés à la bienfaisance. 3 vol. 8. *Paris* 1772	8	—
— de l'empire depuis Charle-magne. Par l'Auteur du Siècle de Louis XIV. 2 vol. 12. *la Haye* 1754	3	8
— politiques, civiles & littéraires du 18 Siècle, par M. Linguet. 3 années en 9 vol. 8. *la Haye* 1777	67	8
— politiques de feu M. Charles Irénée Castel, Abbé de St. Pierre. 2 vol. 12. *Lyon* 1767	4	—
— du Règne de Marie Thérèse, Impératrice douairière. Par M. Fromageot. 8. fig. *Paris* 1781.	5	—

	mg	ſ₷
Annales de la Vertu. Par Mad. la Comteſſe de Genlis. 2 vol. 8. *Paris* 1781	9	—
Anne Bell, hiſtoire angloiſe. Par d'Arnaud. 12. *Iverdon* 1770	—	12
idem. 12. *Liege* 1770	—	12
Année (l') merveilleuſe, où les Hommes femmes. 8. *la Haye* 1751	—	6
Ans (mes dix-neuf) ouvrage de mon cœur. 12. *Kusko* 1762	1	—
Anti-Bernier, ou nouveau Dictionnaire de Théologie. 2 vol. 8. 1770	3	8
— Contrat ſocial. Par P. L. de Bauclair. 12. *la Haye* 1764	1	8
— Financier. 8. *Amſterdam* 1764	—	12
— Machiavel. Par Voltaire. 8. *Gottingue* 1741	1	—
— Paméla, ou Mémoires de M. D***. 12. *Londres* 1743	—	8
Antidote. 2 vol. gr. 8. 1770	3	8
Antiquité (l') dévoilée par ſes Uſages, &c. par feu M. Boulanger. 4 vol. 8. *Amſterdam*, chez M. M. Rey. 1775	7	—
Antiquités (les) des choſes les plus remarquables de Paris. 12. fig. *Paris* 1608	3	—
Apolline & Dancourt. Hiſtoire véritable. Par M. M. D. L. 12. *Paris* 1769	1	—
Apologie (l') des Jéſuites, convaincus d'attentats contre les Loix divines & humaines. 12. 3 vol. 1763	6	—
— — de Monſ. de Balzac. 12. *Paris* 1663	1	—
— — des Francs-Maçons. Par le frère membre de la Loge Ecoſſoiſe. 12. Philadelphie, l'an 5691. c. à d. 3882	—	12
— — de la Livrée: imprimée en Europe aux dépens des laquais. 12. 1745	—	4
— — de l'Ordre des Francs-Maçons. 12. *la Haye* 1745	—	12
— — de M. l'Abbé de Prades. 2 part. 12. *Amſterdam* 1753	2	5
Apologues orientaux. Par de Sauvigny. 12. *Amſterdam* 1765	—	12

Apoſtro-

	m§	§s
Apostrophe à M. Linguet sur les No. 25 & 26, des annales du 18 Siècle. *Paris* 1779	—	12
Apothéose (l') du Beau-Sexe. 12. *Londres* 1712	—	12
Apparat (le petit) Royal, ou nouveau Dictionnaire françois & latin. 8. *Lyon* 1766	5	—
Après-dinées (nos) à la Campagne. 12. *Rouen* 1712	1	
Après-soupers, (les) Choix de Contes. 2 part. 12. *Bruxelles* 1767	1	8
Arcadie (l') de Sannazar. 12. *Paris* 1738	1	—
——— (l') moderne, ou, les Bergeries savantes. 12. *Paris* 1757	1	8
Arioviste. Histoire romaine. 12. *la Haye* 1697	1	
Ariste, ou les Charmes de l'honnêteté. Par Séguier. 12. *Paris* 1764	—	12
Aristée, ou de la Divinité. gr. 8. sup. édit. *Paris* 1779	7	—
——— Episode du 4 Liv. des Géorgiques. 12. 1750	—	8
Aristide. Par M. l'Abbé Duval-Pirau. 8. *Iverdon* 1777	—	12
Aristippe, ou de la Cour. Par Balzac. 12. *Lcide.*	1	—
Arithmétique choisie, ou Pratique des Négocians. Par M. J. B. Bouquette. 8. *Bourdeaux* 1751	3	—
——— (l') dans sa perfection. Par M. le Gendre. 12. *Paris* 1774	2	—
——— nouvelle, ou le Calcul développé. Par Josseaume. 8. *Paris* 1754	1	4
Arrêt de la Cour du Parlement contre l'histoire Philosophique de Raynal. 8.	—	4
Arrêts (les) d'Amours, avec l'Amant rendu Cordelier à l'Observance d'Amours. 12. *Amsterdam* 1734	2	8
Arretin (l') moderne. 2 vol. 12. *Rome* 1780	2	8
idem. *Rome* 1776	2	—
Art (l') des accouchemens démontré par des principes de Physique. Par André Leret. gr. 8. *Paris* 1761	4	8
——— d'accoucher réduit à ses principes, où l'on expose les pratiques les plus sûres & les plus usitées dans les différentes espèces d'accouchemens. Par J. Astruc. 12. *Paris* 1766	2	—

Art

	mg	ſſ
Art (l') d'aimer à la mode. 12. *Paris* 1725		8
— (l') d'aimer, nouveau Poème en 6 Chants. 8. fig. *Londres* 1750	3	8
— (les Beaux) réduits à un même principe. 12. *Leide* 1753	1	12
— (l') de commander les Esprits. 12.	3	
— de communiquer ses idées. Par M. de la Chapelle. 12. *Paris* 1763	2	—
— de connoître les femmes, avec une Dissertation sur l'adultère. Par le C. Plante-Amour. 12. *la Haye* 1730	1	—
— de connoître les hommes. Par Bellegarde. 12. *Amsterdam* 1710	1	—
— idem. *la Haye* 1734	1	4
— de conserver les grains. Par Inthieby. 8. fig. *Paris* 1770	1	8
— de conserver la santé, composé par l'Ecole de Salerne, traduction nouvelle par M. B. L. M. 12. *Paris* 1771	1	4
— de conserver la santé des Princes & des personnes du premier rang. 12. *Leide* 1724	1	—
— divinatoire, nouvellement inventé. 8. *la Haye* 1745	—	10
— de rendre les femmes fidèles. 2 part. 12. *Paris* 1779	2	—
— de faire les garçons, ou nouveau Tableau de l'amour-conjugal. 12. *Londres* 1779	1	—
— d'apprendre la Géographie sans maitre. 12. *Utrecht* 1742	1	—
— des Jésuites, tiré de l'Encyclopédie, par main de maitre. 12. *Londres* 1766	—	6
— de jouir. 8. *Cythère* 1751		8
— des Lettres-de-Change. Par M. Dupay. 12. *Genève* 1767	2	—
— du Manège, pris dans ses vrais principes. Par le Bar. de Sind. 8. *Berlin* 1773	4	—
— militaire des Chinois. Par différens Généraux Chinois. Par le P. Amiot. 4. fig. *Paris* 1772	12	—
— de nager. Par J. F. Bachstrom. 12. *Amsterdam* 1741	—	12
— d'observer. Par Jean Sénebier. 5 part. 8. *Genève* 1775	4	—

	m₴	ſ₴
Art de bien parler françois. Par M. de la Touche. 7me édition. 2 vol. 12. *Amsterdam* 1760	4	8
—— Idem 6 édition 1747	4	—
—— de peindre. Par. M. Vatelet. 12. avec fig. *Amsterdam* 1761	2	8
—— (l') de péter, &c. 12. *Westphalie* 1775	1	—
—— de plumer la poule, sans la faire crier. 12. *Cologne* 1710	1	—
—— de ne point s'ennuyer. Par M. Deslandes. 12. *Amsterdam & Leipzig* 1750	—	12
—— de s'enrichir promptement par l'Agriculture. Par M. Despommiers. 12. *Paris* 1770	1	12
—— de sentir & de juger en matière de goût. 2 tom. 12. *Paris* 1762	2	—
—— de la Teinture des fils & des étoffes de coton, précédé d'une théorie nouvelle des véritables causes de la fixité des couleurs de bon teint, & suivi des cultures du pastel, de la gaude & de la garance. Par M. le Pileur d'Apligny. 12. *Paris* 1776	3	—
—— de la Teinture des laines. Par Hellot. *Paris* 1772	1	8
—— de faire le vin. Par M. Maupin. 8. *Paris* 1779	—	8
—— de vivre content. Par l'auteur de la Pratique des vertus chrétiennes. 12. *Amsterdam* 1707	1	4
—— de vivre heureux dans la Société. Par le Comte de Chesterfield. 12. *Lausanne* 1781	—	12
Article (l') Jésuite, tiré de l'Encyclopédie. Par main de maître. *Londres* 1766	—	6
Astrée, (la nouvelle) 12. *Amsterdam* 1713	1	—
Astronomie mise à la portée de tout le monde: destinée à l'usage des Collèges des Pensions, & des familles de tout état & de toute condition. Par Pierre le Clerc. 8. 2 vol. fig. *Amsterdam* 1780	6	—
—————— physique, ou Principes généraux de la Nature, appliqués au Mécanisme astronomique, & comparés aux principes de la Philosophie de Newton. Par M. de Gamaches. 4. *Paris* 1740	10	—
—————— nautique, ou Elémens d'Astronomie. Par Maupertuis. *Paris* 1751	1	12
Atalzaide, ouvrage allégorique. 8. 1746	—	12

Athéisme

	mg	ſs
Athéisme, (l') folie dangereuſe. 12. *Francf.* 1753	—	10
Atlas des Enfans, avec Cartes enluminées. 12. *Amſterdam* 1779	2	8
—— céleſte de Flamſteed, approuvé par l'Académie Royale des Sciences. 4. *Paris* 1776	9	
—— hiſtorique, ou nouvelle Introduction à l'Hiſtoire, à la Chronologie ancienne & moderne, repréſentée dans de nouvelles Cartes, où l'on remarque l'établiſſement des Etats & Empires du Monde, leur durée, leur chûte & leurs différens Gouvernemens, la Chronologie des Conſuls Romains, des Papes, des Empereurs, des Rois & des Princes, &c. qui ont été depuis le commencement du Monde juſqu'à préſent. Par M. Gueudeville. 7 vol. fol. fig. *Amſterdam* 1739	224	—
—— moderne portatif, compoſé de vingt-huit Cartes ſur toutes les parties du Globe terreſtre : à l'uſage des Collèges des Penſions, des Maiſons religieuſes & de toutes les perſonnes qui étudient ou enſeignent la Géographie. 8. *Paris* 1781	4	—
—— portatif pour ſervir à l'Intelligence de l'hiſtoire philoſophique & politique de M. l'Abbé Raynal. 4. *Amſterdam* 1773	15	—
—— (nouvel) portatif, deſtiné principalement pour l'Inſtruction de la Jeuneſſe. Par Robert de Vaugondy. 4. 52 Cartes. *Paris* 1778	21	—
—— & Tables élémentaires de Géographie, ancienne & moderne. 8. *Paris* 1777	5	—
Atlantis (l') de Madame Maccley. 3 part. 12. *Londres* 1714	3	—
Avantages (les) de la vieilleſſe. Par M. Formey. 8. *Berlin* 1759	2	—
Aventures (les) d'Alcime. 12. *Londres* 1780	1	8
—— (les) de Télémaque. 2 tomes. 12. fig. *Lauſanne*, chez Graſſet. 1781	5	—
—— (principales) de l'admirable Don-Quichotte, repréſentées en figures, par Coypel, Picart, le Romain & autres habiles maîtres. 4. *Liege* 1776	30	—
—— de Flores & de Blanche-fleur, tirées de l'eſpagnol. Par Mad. L. G. D. R. 2 part. 12. *Paris* 1735	2	—

Aventures

	mg	ß
Aventures de Gilblas de Santiliane. Par M. le Sage. 4 vol. 12. *Amsterdam* 1767	6	—
——— (dernières) du jeune d'Olban. 8. *Iverdon* 1777	—	8
——— Parisiennes. 12. *Londres* 1779	1	12
——— de Joseph Pignata, françois & allemand. 8. *Leipzic* 1769	1	—
——— de Sir William Pickle. 4 tom. 12. *Amsterdam* 1776	7	—
——— de Roquelaure, ou le Momus françois. 12. *Lyon* 1778	1	8
——— singulières de M. C. 2 part. 8. *Utrecht* 1724	1	—
——— de Télémaque. 12. fig. *Amsterdam* 1775	3	—
——— idem. 2 vol. fig. 12. *Paris* 1777	5	—
——— idem. *Dublin*. sans fig. 1744	2	8
——— de Mad. la Duchesse de Vaujour, Histoire véritable. Par M. de Mirone. 6 part. 12. *Utrecht* 1743	5	—
——— d'Ulysse dans l'Isles d'Acæa. Par M. M***. 2 part. 12. *Paris* 1752	1	8
——— du Prince de Mitombo. 2 part. 12. *Rouen* 1764	—	12
Avis aux citoyens, sur les causes, les divers caractères & les remèdes de l'aveuglement, de la surdité, &c. Par M. Andrieu. 8. *Paris* 1780	1	12
— pour dresser une Bibliothèque. Par Naudé. 12. *Paris* 1627	—	10
— d'un comédien à sa fille. 12.	—	4
— aux mères sur la petite vérole & la rougeole, ou Lettres sur la manière de traiter & de gouverner les enfans dans ces maladies. Par M. J. J. Menuret. 12. *Lyon* 1770	2	—
— d'un Père à ses Enfans, ou Testament paternel de M. de Pallas. 2 vol. 12. *Paris* 1778	2	8
— au Peuple de la Campagne. 12. *Paris* 1781	2	—
— au Peuple sur sa santé. Par M. Tissot. 2 vol. 12. *Lausanne* 1777	3	—
— importans aux Seigneurs & aux propriétaires de terres. 8. *Amsterdam* 1779	—	6

B. Babi-

B.

	mg	ß
Babillard, (le) ou le nouvelliste philosophe, trad. de l'Angl. 12. *Amsterdam* 1725	1	8
Bains (les) de Diane, ou le Triomphe de l'amour. Poëme. gr. 8. super. fig. *Paris* 1770	8	—
Baisers (les) précédés du mois de May. fig. 8. *Paris* 1770	8	8
——— (les) précédés du mois de May. Poëme. Par M. Dorat. gr. 8. avec de sup. fig. vignettes & culs de lampes. *la Haye* 1770	18	—
——— idem. sans fig. *la Haye* 1776	—	8
Balai (le) Poëme héroï-comique en 18 Chants. 8. *Constantinople* 1761	—	12
Balance (la) chinoise, ou Lettres d'un Chinois; Lettre sur l'Education. 8. *Londres* 1763	1	8
Banise & Balacin. 4 part. 12. *Londres* 1774	4	—
Banque (la) rendue facile aux principales nations de l'Europe. Par P. Giraudeau. in-4. *Gènes*, chez Gravier 1769	6	—
Banquier (le) & Négociant universel, ou Traité général des Changes & des Arbitrages, ou viremens de place en place. Par M. Thomas de Bléville. 4. 2 vol. *Paris* 1767	12	—
Batailles (les) mémorables des françois. 2 vol. 12. *Paris* 1695	2	8
Batilde, ou l'Héroïsme de l'Amour, Anecdote historique. d'Arnaud. 8. fig. *Paris* 1767	1	8
Beaufrère (le) supposé. Par Madame D-V... 4 part. 12. *Londres* 1752	4	—
Bélier, (le) Conte. Par M. le Comte Antoine Hamilton. 8. *Paris*, chez J. F. Josse. 1780	1	8
Bélizaire. Par Marmontel. 8. *Neuchâtel* 1767	1	—
idem. 8. *Lausanne*. fig. 1771	1	8
Berruyère, (la belle) ou Aventures de la Marquise de Fierval. 2 vol. 12. *Londres* 1765	3	—
Bêtes (les) mieux connues. Par Joannet. 2 vol. 12. *Paris* 1770	2	12
Bible, (la Sainte) par D. Martin. 8. *Bâle* 1772	4	8
——— ——— par Ostervald. 8. *Neuchâtel* 1779	7	—
——— ——— par J. F. Ostervald. fig. fol. *Neuchâtel* 1779	21	—

	mg	ſ
Bible (la sainte) mise en vers, 5 édition, augmentée de l'Histoire Ste. in-32. *Amsterdam* 1779	—	12
——— ——— traduite sur les Textes originaux, avec les différences de la Vulgate; nouvelle édition, revue, augmentée des Concordances, Tables chronologiques, & quelques Notes. 6 vol. in-12. *Paris* 1777. chez Nyon-aîné.	9	—
Bibliographie instructive, ou Traité de la connoissance des livres rares & singuliers. Par G. F. de Bure le jeune. 7 vol. gr. 8. *Paris* 1763	36	—
——— instructive. 8. *Avignon* 1777	2	—
Bibliothèque des Amans, à Gnide. Par M. Sylvain. in-24. *Paris*.	2	—
——— amusante. 29 vol. in-24.	8	—
——— du Bon-sens. 8 vol. 12. *Londres* 1773	9	—
——— (nouvelle) de Campagne, ou Choix d'Épisodes intéressans & curieux, tirés des meilleurs Romans, tant anciens que modernes. 10 vol. 12. *Amsterdam* 1769	24	—
——— choisie. Par M. Colomiés. 12. *La Rochelle* 1782	1	—
——— choisie & amusante. 6 vol. 12. *Amsterdam* 1746	9	—
——— (nouvelle) choisie. 2 vol. 2. *Amsterdam* 1714	3	—
——— (nouvelle) choisie des meilleurs Auteurs françois. Par M. Mensching. 12. *Lemgo* 1771	1	8
——— de Cour, de Ville & de Campagne. 7 vol. 12. *Paris* 1746	10	—
——— (la) françoise. Par Sorel. 12. *Paris* 1667	1	—
——— des Gens de Cour, ou Mélange curieux des bons mots d'Henry IV. de Louis XIV. &c. 6 vol. 12. *Paris* 1732	12	—
——— des Génies & des Fées. 2 vol. 12. *Paris* 1764	3	8
——— d'un Homme de Goût. 4 vol. 12. *Paris* 1777	8	—

Bibliothèque

	m£	fs
Bibliothèque historique & critique du Poitou. Par Dreux du Radier. 5 vol. 12. *Paris* 1754	10	—
——— historique & critique des Auteurs de la Congrégation de St. Maur. 12. *La Haye* 1726	2	—
——— impartiale. 18 vol. 12. *Leide*, depuis 1750 à 58	21	—
——— (nouvelle) de Littérature. 2 vol. 12. *Paris* 1775	2	8
——— militaire en 2 part. 8. *Francfort* 1743	1	4
——— des anciens Philosophes. 2 vol. 12. *Paris* 1771	3	8
——— des Philosophes chymiques. 5 vol. 12. *Paris* 1741	7	—
——— de Physique & d'Histoire naturelle. 6 vol. *Paris* 12. depuis 1758 à 69	15	—
idem, 7 vol.	18	—
——— poétique. 4 vol. 12. *Paris* 1745	8	—
——— de Société. 4 vol. 12. *Paris* 1771	8	—
Bigarures philosophiques. 2 part. 12. *Amsterdam* 1759	2	8
Bilan général & raisonné de l'Angleterre, depuis 1600 jusqu'à la fin de 1761. 8. 1762	2	—
Boca, ou la Vertu récompensée, Conte nouveau. Par Madame Husson. 12. *Londres & Paris* 1756	1	12
Bonheur (le) poème. Par M. Helvétius. 8. *Londres* 1773	1	4
——— (du) Par M. Deferres de la Tour. 12. *Paris* 1767	1	—
Boussole (la) morale & politique des Hommes & des Empires. 8. *Boston* 1780	—	12
Bouvier (le parfait) Par J. G. Boutrolle. 12. *Rouen* 1766	—	18
Brigandage de la Musique italienne. 12. *Paris* 1780	1	—
idem. 8. 1777	1	4

C.

Cabinet de pierres antiques gravées, ou Collection choisie de 216 bagues & de 682 pierres. 2 vol. gr. 4. *Paris* 1778	36	—

	mg	fs
Cabinet (nouveau) des Muses. 12. *Paris* 1658	—	8
Cahiers de Mathématiques à l'usage de Mess. les Officiers de l'Ecole royale d'Artillerie de Strasbourg. 2 tom. 4. *Amsterdam* 1758	30	—
———— militaires contenant une nouvelle Idée sur le Génie. Par le C. D. 4. *Londres & Genève* 1778	9	—
Calcul (du) infinitésimal & de la Géométrie des courbes, pour servir de Supplément au tom. 1er. de la Philosophie. Par M. Béguin. 8. fig. *Paris* 1774	1	8
Calendrier (le) des laboureurs & des fermiers, contenant les Instructions nécessaires, pour la conduite & pour le maniment d'une Ferme dans tous les mois de l'année. Ouvrage fort nécessaire aux personnes qui vivent à la campagne, & à celles qui y font valoir leur bien, trad. de l'anglois de M. Bradley. Par M. G. 12. *Paris* 1762.	2	—
Calomnie, (la) Ode. in-12. *St. Quentin* 1761	—	4
Campagne de M. le Maréchal de Créquy en Lorraine & en Alsace en 1677. 12. *Paris* 1764	1	4
———— de M. le Maréchal Duc de Coigni en Allemagne, l'an 1743. 3 vol. *Amst.* 1761	4	—
idem dans l'année 1744. 5 part. 12. *Amsterdam* 1761	8	—
———— de M. le Maréchal de Maillebois en Westphalie, l'an 1741 à 42. 10 vol. 12. *Amsterdam* 1772	24	—
———— du Maréchal de Marsin en Allemagne, l'an 1704. 3 vol. 12. *Amsterdam* 1762	5	—
———— du Maréchal Duc de Noailles en Allemagne, l'an 1743. 2 part. 12. *Amst.* 1761	2	12
———— du Maréchal de Tallard en Allemagne l'an 1704. 2 vol. 12. *Amsterdam* 1763		12
———— du Maréchal de Villars en Allemagne l'an 1703. 2 vol. 12. *Amsterdam* 1762	3	—
Campagnes militaires du Lieutenant-Général Sir William Howe, en Amérique. 8. *La Haye* 1781	1	8
———— philosophiques, ou Mémoires de M. de Montcal. 2 vol. 12. *Amsterdam* 1742	2	—
———— (les) du Roi avec des Réflexions. 2 part. 12. 1742	1	8

	mg	ß
Candide en Dannemarc, ou l'Optimisme des Honnêtes-Gens. 12. *Genève* 1762	1	8
—— ou l'Optimisme, par Voltaire. 12. 1759	1	—
—— idem 2 part. 8. fig. *Berlin* 1778	3	8
Cantiques (des) sacrés, pour les principales solemnités des chrétiens, avec la musique. 8. *Basle* 1774	1	—
Capitaine (le parfait) ou abrégé des Commentaires de César. 12. 1757	3	—
Capitale (la) des Gaules. 12. en France 1760	1	—
Caractère d'un véritable & parfait ami. Par M. Portes. 12. *La Haye* 1705	—	10
—— d'Epictète. Par M. de Bellegarde. 12. *La Haye* 1741	1	4
—— de l'Imagination. 4 vol. 12. Dans l'Antre de Trophonius. 1779	9	—
—— modernes, tirés des divers états de la vie civile. Ouvrage dédié aux Gens du beau Monde. 2 vol. 12. *Londres* 1771	3	8
—— Par Madame de P***. 12. *Londres* 1750	1	—
—— (les) des Passions. Par M. de la Chambre. 4 part. 12. *Amsterdam* 1658	8	—
—— (les) de Théophraste & de la Bruyère. 2 vol. 12. *Amsterdam* 1731	3	8
idem. 2 vol. 12. *Paris* 1768	4	—
Carmantière, ou les Engagemens rompus par l'amour. 2 part. 12. *Amsterdam* 1754	2	—
Carpentariana, ou Remarques d'histoire, de morale, de critique, de M. Charpentier. 8. *Paris* 1724	1	8
Castriotto (le grand) d'Albanie, Histoire. 8. *Paris* 1779	—	14
Catalogue des Bronzes & autres curiosités. 12. *Paris* 1748	—	8
—— d'un précieux Cabinet de Dessins coloriés & non coloriés. 2 vol. 12. *Amsterdam*.	1	8
—— d'un précieux Cabinet de Tableaux de Dessins & d'Estampes. 2 part. 12. *Amsterdam* 1777	2	—
—— hebdomadaire. 8. *Paris* 1764	1	8
—— raisonné des manuscripts conservés dans la Bibliothèque de Genève. Par Jean Sénebier. 8. *Genève* 1779	3	—

	mg	fs
Catalogue raisonné des Tableaux, Diamans, &c. Par E. F. Gersaint. 12. *Paris* 1748	—	12
Catéchisme universel. Par D. Formerod. 4. *Lausanne* 1698	1	8
Catéchisme historique. Par M. Fleury. 2 part. 12. fig. *Bruxelles* 1727	3	—
———— de l'homme social. Par l'Abbé Duval-Pyrau. 8. *Francfort* 1776	1	12
———— pour l'Instruction des Jeunes-Gens, avec un Recueil des Passages de l'Ecriture Ste. Par Saurin. 8. *Genève* 1725	1	4
———— Idem. *La Haye* 1757	1	12
———— ou Instruction dans la Réligion chrétienne. Par J. F. Ostervald. 8. *Neuchâtel* 1774	1	—
———— Par B. Pictet. 8. *Lausanne* 1763	—	6
———— en vers. Par d'Heauville. 12. *Paris* 1670	—	12
Catinat, ou le Modèle des Guerriers. Discours à mes camarades. 12. *Paris*.	1	—
Caton, ou Entretien sur la liberté & les vertus politiques, trad. du latin. Par M. Saige. 12. *Londres* 1770	—	12
Causes (des) du bonheur public. Par M. l'A. Gros de Desplas. 8. *Paris* 1768	5	—
———— célèbres & intéressantes, avec les Jugemens qui les ont décidées. Par M. Richer. 16 vol. 12. *Amsterdam* 1772	36	—
———— célèbres & intéressantes, avec les Jugemens qui les ont décidées. 2 vol. 12. *Amsterdam* 1772	4	8
———— célèbres & intéressantes, &c. 22 tom. 12. *La Haye* 1746	36	—
———— (les) de la corruption du goût. Par Madame Dacier. 12. *Amsterdam* 1715	1	8
———— célèbre, ou Mémoire pour l'Asne de Jaques Fréron, contre l'Asnesse de Pierre le Clerc. 8.	—	12
———— (des) & des remèdes de l'amour consideré comme maladie. 12. *Paris* 1773	—	12
Censure de la Faculté de Théologie de Paris contre le livre de l'Emile, ou de l'Education. 12. *Paris* 1763	1	8

Censure

	mg	ß
Cenfure de la même Faculté contre le livre de Bélifaire. 12. *Paris* 1780	—	12
Céramiques (les) ou les Aventures de Nicias & d'Antiope. Par M. de S. S. 2 vol. 12. *Londres* 1760	2	8
Cerifes (les) & la Méprife, Conte en vers. 8. fig. *La Haye* 1769	1	8
Certitude (la) des preuves du Mahométisme. Par Ali-Gier-Bei. 2 part. 12. *Londres* 1780	3	8
Céfars (les) de l'Empereur Julien. Par le Baron de Spanheim, avec médailles & monum. gravés par Picart le Romain. 4. *Amfterdam* 1728	24	—
Chanoine (l'heureux) de Rome. 12. *Paris* 1707	—	12
Chanfonnier (le) françois, ou Recueil de Chanfons. 12. 1760	1	8
Chanfons intellectuelles divifées en neuf triade, fur la réfurrection du Phénix. Par M. Maier. 8.	1	4
——— & autres Poéfies pofthumes de M. l'Abbé l'Attaignant. 12. *Paris* 1780	2	8
Château d'Otrantes, Conte gothique. 2 vol. 12. *Londres* 1774	2	8
Charles I. Roi d'Angleterre condamné à mort, par la nation angloife. 12. *Amfterdam* 1757	1	—
Chaffe- (le) ennui, ou l'Honnête entretien des bonnes compagnies. Par L. Garon. 12. *Paris* 1641	1	—
Chef-d'oeuvre (mon) 12. *Berlin* 1762	1	—
——— (les) dramatiques de Mrs. Corneille, avec le Jugement des Sçavans, à la fuite de chaque Piece. 3 vol. 12. *Oxford* 1766	6	—
——— idem, à *Oxford* de 1758 à 60	6	—
——— d'Eloquence poétique. 12. *Paris* 1780	2	—
——— d'un Inconnu. 2 vol. 12. *La Haye* 1732	3	—
——— (les) de M. de Sauvage. 2 vol. 12. *Lyon* 1770	8	8
Chevalier (le) des Effars, & la Comteffe de Bercy, Hiftoire remplie d'événemens intéreffans. 2 tom. 12. *Amfterdam* 1750	3	—
——— de St. George, par Rauffel. 12. *Whitehall* 1745	1	—
Chymère (la) de la Cabale de Rotterdam. pet. 12. *Amfterdam* 1691	1	—

Chimie

	mg	s
Chimie métallurgique. Par M. C. E. Gellert. 2 vol. 12. fig. *Paris* 1758	4	—
Chirurgie complette, suivant le Système des modernes. 2 vol. 12. *Paris* 1770	4	—
Chirurgien (le) dentiste, ou Traité des dents. Par P. Fauchart. 2 vol. 12. fig. *Paris* 1746	6	—
Choix de Contes & de Poésies diverses, trad. de l'anglois. 12. *Paris* 1781	2	8
—— d'Histoires. Par M. Feutry. 2 vol. 12. *Londres* 1779	2	—
—— d'Histoires intéressantes, telles que, la Conjuration des Pazzi, contre les Médicis, la renaissance des Lettres en Italie; l'éducation singulière, des anecdotes curieuses sur les Sforces, Ducs de Milan; sur les trois filles du Duc de Nevers, dites les trois Graces. 12. *Paris* 1781	2	—
—— de Philosophie morale. 2 vol. 12. *Avignon* 1771	2	—
—— (nouveau) de Pièces de Théatre comiques de Province. 2 vol. 12. *Paris* 1758	2	—
—— de nouveaux Opuscules. Par une Société Danoise. 4 vol. 8. *Copenhague* 1771	8	—
Choses (les) comme on doit les voir. Par M. de Bastide. 8. *Paris* 1757	1	—
Chou-King (le) un des livres sacrés des Chinois, par Confuscius. trad. Par le Père Gaubil. 4. fig. *Paris* 1770	12	—
Chrétien (le) honnête homme. Par l'Abbé de Bellegarde. 12. *La Haye* 1736	1	12
—— (le) instruit des devoirs de sa Religion. Par le P. Leau. 7 tomes. 12. *Lyon* 1713	12	—
—— (un) contre six Juifs. gr. 8. *Londres* 1777	1	4
Chronologiste Manuel, pour servir d'Introduction au Géographe Manuel. 12. *Paris* 1770	2	8
Citoyen (le) du Monde, ou Lettres d'un Philosophe Chinois. 3 vol. 12. *Amsterdam* 1763	4	4
Civan, Roi de Bungo: Histoire japonoise. 2 part. 12. *Londres* 1754	2	—
Civilité (la) moderne. Par Mouton, allemand & françois. 12. *Hambourg* 1761	2	8
Clairval philosophe, ou la Force des passions. 2 vol. 12. *La Haye* 1765	2	8

Clarice

	mg	fs
Clarice, (la nouvelle) Histoire véritable. Par Madame le Prince de Beaumont. 2 vol. 8. *Amsterdam* 1768	2	8
Clavicule (la) de la Science hermétique, écrite par un habitant du Nord. 8. *Amsterdam* 1751	—	8
Cléf (la) du Cabinet des Princes de l'Europe. 37 vol. 12. 1704 à 1713	58	8
— de la Géographie. Par M. H. Dautun. 12. *Amsterdam* 1771	1	—
Clélie, (la fausse) ou Histoires françoises, galantes & comiques. 12. fig. *Amsterdam* 1718	1	4
Cléon Rhéteur Cyrénéen. 12. *Amsterdam* 1770	—	12
Code criminel de l'Empereur Charles V. 4. *Maestricht* 1779	6	—
— de l'humanité, ou Législation universelle, naturelle, civile & politique. Par une Société de Gens de letters & rédigé par M. de Félice. 4. 13 vol. *Iverdon* 1778	100	—
— des Loix des Gentoux, ou Règlement des Brames, trad. de l'anglois. 4. *Paris* 1778	8	—
— marchand, ou Ordonnance de Louis XIV. pour le Commerce, in-24. *Paris* 1762	1	12
— militaire, ou Compilation des règlemens & ordonnances de Louis XIV. Par M. le Cheval. de Sparre. 8. *Paris* 1708	1	8
— (petit) de la raison humaine. pet. 8. *Londres* 1774	—	8
— de la raison, ou Principes de morale, par l'Abbé de Ponçol. 2 vol. 12. *Paris* 1778	4	—
Codicille (le) & l'Esprit de M. le Maréchal Duc de Bel-Isle. 12. *La Haye* 1762	1	—
Collection curieuse de Lettres écrites, par M. Lulofs. 8. *La Haye* 1764	2	—
——— complette de tous les ouvrages, pour & contre M. Necker. 8. 3 vol. *Utrecht* 1781	9	—
Colombiade (la) ou la foi portée au nouveau Monde. Poème par Madame du Boccage. 8. fig. *Paris* 1756	2	8
Colporteur, (le) Histoire morale & critique. Par M. de Chevrier. 12. *Londres*. L'an de la vérité.	1	12
Comédies (les) de Térence. Par Madame Dacier. 8. *Leipzig* 1769	2	8

Commen-

	m͞g	ſ
Commencemens (les) & les progrès de la vraie piété. 8. *Bienne* 1766	2	—
Commentaires de Céſar, trad. retouchée par Wailly. 2 vol. 12. *Paris* 1775	5	—
——— ſur les Commentaires de Turpin ſur Montécuculi, avec des Anecdotes rélatives à l'hiſtoire militaire du Siècle préſent & des Remarques ſur Guibert & autres Ecriv. Par M. G. M. 3 part. 8. fig. *St. Marin* 1777	9	—
——— ſur l'Eſprit des Loix de Montesquieu. Par M. de Voltaire. 8. 1778	—	12
——— ſur la Henriade. Par feu M. de la Beaumelle, revu & corrigé par M. Fréron. gr. 4. avec des encadrures & un ſup. frontiſpice. *Berlin & Paris* 1775	15	—
——— hiſtorique ſur les Oeuvres de l'auteur de la Henriade. 8. *Neuchâtel* 1776	1	4
——— ſur les Navigations de Salomon. Par M. Huet. 12.	1	—
——— ſur le Théatre de Pierre Corneille. Par Voltaire. 2 vol. 12. *Amſterdam* 1765	4	—
Commerce de la Grande-Brétagne, & Tableau de ſes importations & exportations. fol. *Paris* 1777	12	—
——— (le) & le Gouvernement. Par l'Abbé de Condillac. 2 part. 12. *Paris* 1776	2	8
——— (le grand) ou le nouveau livre des changes étrangers. De M. Barrême. 2 vol. gr. 8. *Paris*.	15	—
——— (le) remis à ſa place. 12. 1756	—	6
Communiant, (le digne) avec les Cantiques ſacrés. 12. *Basle* 1759	1	8
Compère (le) Matthieu. 3 vol. 12. *Londres* 1772	4	8
idem. *Londres* 1777	4	8
idem. 3 vol. 8. *Londres* 1770	4	8
Compte rendu au Roi par M. Necker. 8. fin. pap. avec Cartes enluminées. *Hambourg* 1781	3	8
idem, ibidem.	2	8
idem. 8. *Amſterdam* 1781	2	—
Comptes faits, où l'on trouve les ſupputations qui ſe font par les multiplications, pour la valeur de quelque choſe que l'on puiſſe s'imaginer		

	mg	f§
giner, & à telles sommes qu'elles puissent monter. in-24. Par Barrême. *Paris* 1774	1	8
——— (les) faits, ou le Tarif général de toutes les monnoies. in-24. *Paris* 1742	1	—
Comte (le) de Valmont, ou les Egaremens de la Raison. 5 vol. 12. *Paris* 1779	12	—
Comtesse (la) d'Alibre, ou le cri du Sentim. Par M. Loasel. 8. *Paris* 1779	1	12
——— (la) de Suède, ouvrage trad. de l'allemand de Gellert. 2 part. 12. *Paris* 1779	2	—
Conciliateur (le) de la noblesse militaire & commerçante. 12. *Paris* 1756	1	—
Concorde de la Géographie des différens âges, ouvrage posthume de M. l'Abbé Pluche. 12. *Paris* 1764	3	—
Confessions (les) du Comte de ***. 2 part. 12. *Amsterdam* 1742	1	8
——— de Madame la Comtesse De *** 2 part. 12. *Londres* 1744	1	4
——— d'un fat. Par M. le Chev. de la B*** 2 part. 12. *Francfort* 1750	1	—
Confiance (la) trahie, ou Lettres du Chev. de Murey. Par M. de Cateneuve. 12. *Amsterdam & Paris* 1777	1	12
Confidences d'une Jolie Femme. 4 part. 12. *Amsterdam* 1778	2	8
idem. *Paris* 1775	2	8
——— philosophiques. 2 vol. 8. *Genève* 1779	2	—
——— réciproques. 2 part. 12. *Londres* 1774	3	—
——— idem. *Londres* 1779	3	8
Confiturier (le) royal, ou nouvelle Instruction, pour les confitures, les liqueurs & les fruits. 12. fig. *Paris* 1776	3	—
Conformités des cérémonies modernes, avec les anciennes. Par M. C. Middleton. 12. *Amsterdam* 1744	1	8
——— des coutumes des Indiens orientaux. 12. *Bruxelles* 1704	1	—
Congrès (le) des bêtes. 8. *Londres* 1748	2	—
——— politique, ou Entretiens libres des Puissances de l'Europe. 8. fig. *Londres* 1772	1	8

Conjectures

	mg	ſſ
Conjectures académiques, ou Differtation fur l'Iliade. 12. *Paris* 1715	—	12
—————— phyſiques, par Nic. Hartſoecker. 4. *Amſterdam* 1707	8	—
Connoiſſance (la) parfaite des Chevaux. 8. fig. *Paris* 1741	5	—
—————— univerſelle de Dieu, de l'homme & du monde. 8. *Berlin* 1766	1	8
—————— de Dieu & de ſoi-même; ouvrage poſthume de M. Boſſuet. 12. *Paris* 1741	2	—
—————— préliminaire de la Géographie. 8. *Rennes* 1765	1	8
—————— de l'homme moral, par celle de l'homme phyſique. Par l'Abbé A. J. Pernéty. 3 vol. 8. fig. *Berlin* 1766	9	—
—————— idem *Berlin* 1776	11	—
—————— (de la) des bons livres. Par le Sr. Du Cros. 12. *Amſterdam* 1672	1	8
Connoiſſances les plus néceſſaires, tirées de l'Etude de la Nature. Par Meſſ. Schweighauſen & Simon. 8. *Basle* 1781	1	8
—————— des tems, pour l'année 1778, 80, 81, 82, 83.	4	8
Conſeils d'un ami à un jeune-homme qui entre dans le Monde fr. & allem. 12. *Berlin* 1760	—	8
—————— pour former une Bibliothèque peu nombreuſe. Par M. Formey, franc. & allem. 8. *Berlin* 1750	1	8
—————— d'un homme de qualité à ſa fille. Par M. d'Aliſax. 12. *La Haye* 1698	—	12
—————— & moyens très-aſſurés & faciles pour vivre plus de cent ans en une parfaite ſanté. 12. *Amſterdam* 1703	—	12
—————— (les). Par M. le Comte Shaftesbury. 8. avec portraits. *Londres* 1773	2	8
Conſervateur (le) du ſang-humain, ou la ſaignée démontrée toujours pernicieuſe & ſouvent meurtrière. Par M. de Malon. 12. *Paris* 1766	1	12
—————— (le) de la ſanté, ou Avis ſur les dangers, qu'il importe à chacun d'éviter. Par M. le Bégue de Préſle. 12. *Iverdon* 1763	2	8
Conſervation (de la) des Enfans. Par M. Raulin. 2 vol. 12. *Paris* 1769	4	

Conſidéra-

	mg	ſß
Confidérations ſur l'Admiſſion des Navires neutres aux colonies françoiſes de l'Amérique. 12. 1779	—	8
———— ſur l'affaire du Seigneur Duc Louis de Brunswick, adreſſées à lui-même par la Société. Amore patriæ. trad. du holl. 8. 1781	—	10
———— ſur la Philoſophie de Boece. 2 tom. 12. *Berlin* 1744	3	—
———— politiques ſur les Coups d'Etat. Par G. Naudé. 12. 1667	1	—
———— ſur les cauſes de la grandeur des Romains & de leur décadence. 12. *Amſterdam* 1761	2	—
———— ſur le commerce & la navigation de la Grande-Brétagne. 12. *Genève* 1750	1	8
———— ſur la conſtitution de la marine militaire en France. 12. *Londres* 1779	1	4
———— ſur les différents des Couronnes de la Grand-Brétagne & de France. 12. 1756	—	12
———— ſur l'Etat préſent de la Colonie françoiſe de St. Domingue. Ouvrage politique & législatif. Par M. H. D. 2 vol. 8. *Paris* 1776	6	—
———— ſur le génie & les mœurs de ce Siècle. 12. *Genève* 1750	1	—
———— ſur le Gouvernement ancien & préſent de la France. Par le Marquis d'Argenſon. 8. *Amſterdam* 1764	2	—
———— ſur la Liberté du Commerce. Par M. 8. *La Haye* 1780	—	12
———— ſur le Mémoire addreſſé à LL. HH. PP. Par J. Adams datées de Leide le 19 Avril 1781	—	8
———— ſur les miracles de l'Evangile. 8. *Genève* 1765	2	—
———— ſur les Mœurs. Par M. Du Clos. 12. *Paris* 1766	2	12
———— ſur les Oeuvres de Dieu, trad. de l'allemand de C. C. Sturm. 3 vol. 8. *La Haye* 1777	9	—
———— ſur l'origine & les révolutions du Gouvernement des Romains. 2 vol. 12. *Paris* 1778	4	—

	mg	f̄
Confidérations fur les Ouvrages d'Efprit. 8. *Amfterdam* 1758	—	12
Confolation aux maris, ou Difcours en faveur des C. &c. 12. *Cologne* 1760	—	8
———— (les) des Mifères de ma vie, ou Recueil d'airs, Romances & Duos. Par J. J. Rouffeau. 4. *Paris* 1781	24	—
Confultation de l'Oracle, par les Puiffances de la Terre, pour favoir fi le Prétendant eft fuppofé légitime. 12. 1688	—	8
Conftitution de l'Angleterre. Par M. de Lolme. gr. 8. *Amfterdam* 1778	2	8
Conftruction (nouvelle) des ruches de bois, avec la façon de gouverner les abeilles. Par M. Palteau. fig. 8. *Metz* 1777	2	8
———— (de la) oratoire. Par M. l'Abbé Batteux. 8. *Paris* 1763	2	4
Contagion (la) facrée. 2 vol. 8. *Londres* 1767	2	—
Contemporaines, (les) ou Aventures des plus jolies femmes de l'âge préfent. 18 vol. 12. fig. 1780-81	45	
Contes de Bocace, traduction nouvelle, enrichie de belles gravures. 10 vol. 12. *Londres* 1779	30	—
———— idem gr. 8. 10 tom. fup. grav. *Londres* 1779	90	—
———— Chinois, ou les Aventures du Mandarin Fumhoam. 2 vol. 12. fig. *La Haye* 1725	3	8
———— (les) & Difcours d'Eutrapel, par Noel du Fait. 2 vol. 12. 1732	3	—
———— & Fables de M. le Noble avec le fens moral. 2 part. 12. *Bruxelles* 1767	1	—
———— & Fables indiennes de P. & de Lokman. Par M. Galland. 2 part. 12. *Paris* 1724	3	—
———— idem 3 vol. 12. *Paris* 1778	4	8
———— (les) des Génies, ou les charmantes Leçons d'Horam fils d'Asmar. Par Sir Charles Morell. 3 vol. 12. fig. *Amfterdam* 1766	8	—
———— de Guillaume Vadé. 8. 1764	2	8
———— moraux dans le goût de ceux de M. Marmontel, recueillis de divers auteurs. Par Mlle Uncy. 4 vol. 12. *Amfterdam* 1769	8	—

Contes

	mg	f
Contes moraux, ou les hommes comme il y en a peu. 8. *Paris* 1768	1	4
—— (nouveaux) moraux, ou historiettes galantes & morales. Par M. C***. 3 part. 12. *Paris* 1767	2	—
—— moraux & nouvelles Idylles de Gesner. 12. *Londres* 1773	1	—
—— moraux. Par M. Marmontel, suivis d'une Apologie du Théâtre. 2 tom. 12. *La Haye* 1762	4	—
—— moraux. Par M. Marmontel. 3 vol. gr. 8. édition originale, avec les fig. de Cochin. *Paris* 1765	24	—
—— idem 3 vol. 12. fig. *Paris* 1765	15	—
—— idem 4 vol. 12. *Paris* 1773	3	8
—— idem 3 vol. 12. avec figures de Gravelot. *Paris* 1775	9	—
—— idem 3 vol. 8. fig. *Amsterdam* 1779	18	—
—— idem sans fig. 3 vol. 12.	6	—
—— idem avec Bélizaire. 4 vol. 12. *Yverdon* 1781	3	8
—— moraux. Par Madame le Prince de Beaumont. 2 vol. 12. *Maestricht* 1774	2	12
—— & nouvelles de Bocace Florentin. 2 vol. 12. fig. *Cologne* 1702	6	—
—— & nouvelles de Marguerite de Valois, Reine de Navarre, mis en beau langage, accommodé au goût de ce tems, & enrichis de figures en taille-douce. 2 part. 8. *Paris* 1740	7	8
—— Nouvelles, & Poésies diverses du Sr. Vergier. 2 vol. 12. *Rouen* 1743	3	—
—— (les) ou les nouvelles Récréations & joyeux devis de Bonaventure des Periér. Par M. de la Monnoye. 3 vol. 12. *Amsterdam* 1735	4	—
—— & Nouvelles en Vers. Par M. de la Fontaine. 3 vol. 12. fig. *Amsterdam* 1755	8	—
—— idem 4 vol. in-24. sup. fig. *Londres* 1778	24	—
—— idem 2 vol. 12. *Londres* 1780	2	8
—— idem 2 vol. 12. sup. fig. *Londres* 1780	10	—

	mg	s
Contes philosophiques & moraux. Par M. de la Dixmerie. 3 vol. 12. *Londres* 1769	3	—
—— (Ah quel) politique & astronomique. 2 vol. 12. *Maestricht* 1779	3	—
—— du tems passé de ma Mère l'oie. 12. fig. *Londres* 1764	1	8
—— (le) du Tonneau. Par le fameux Docteur Swift. 2 vol. 12. *La Haye* 1721	3	—
—— idem *la Haye* 1732	3	—
—— idem *Lausanne* 1742. 3 vol.	4	—
—— idem 3 vol. 12. fig. *La Haye* 1757	7	8
Contract (du) Social, ou Principes du Droit politique. Par J. J. Rousseau. 8. *Amsterdam* 1762	3	8
Contradictions (les) ouvrage trad. de l'anglois avec des notes. 12. *La Haye* 1763	1	—
Conversations (les) d'Emilie. 8. *Paris* 1776	1	—
—— familière, entre M. le Comte de Falkenstein & Louis XVI. 8. *Paris* 1777	—	12
—— de la Marquise D** avec sa Niece. Par M. 12. *Amsterdam* 1759	1	8
—— morales sur les jeux & les divertissemens. 12. *Paris* 1701	1	—
Copie de deux Lettres qui se doivent joindre à l'histoire du Sr. de l'Abadie. 12. *La Haye* 1670	—	12
Cornelius Nepos. 12. *Genève* 1780	—	10
Corps (des) politiques & de leur Gouvernement. 3 vol. 12. *Lyon* 1768	5	—
Correspondance entre Son Alt. Roy. le Prince Gustave de Suède & le Sénateur Comte de Scheffer. 8. *Greifswald* 1772	2	—
—— sur l'Art de la Guerre, 2 part. suivies d'une lettre à un ami. 8. *Besançon* 1774	3	8
—— de Monsieur le Duc d'Aiguillon pendant les années 1771--1775. 8. *Paris* 1775	2	—
—— de Ferdinand Cortès avec l'Empereur Charles-Quint. 8. 1779	3	—
—— familière & politique entre Milord R*** & le Général C*** sur l'Angleterre. 12. *Paris* 1769	1	12

Correspon-

	m₉	ſ₈
Correspondance d'un jeune militaire, ou Mémoires du Marquis de Luzigni. 12. *Tverdon* 1773	2	8
—— de Montalembert. 3 vol. 8. *Londres* 1777	6	—
—— idem 12.	4	
—— ſur une queſtion politique d'Agriculture. 12. *Paris* 1763	1	8
—— ſecrette & familière. 1772-73. 8.	2	8
—— ſecrette entre un Hollandois établi en Pays étranger & ſon Frère demeurant en Hollande, ſur les cauſes de la guerre actuelle avec l'Angleterre, & ſur celle de la décadence de notre Marine. Ouvrage traduit du hollandois. 8. 1781	—	12
Cosmographie élémentaire. Par M. Mentelle, avec Cartes enluminées. 8. *Paris* 1781	5	8
—— méthodique & élémentaire. Par M. Buy de Mornas. 8. *Paris* 1770	5	—
Cosmopolite (le) ou le citoyen du Monde. Par M***. 12. 1752	1	—
Coup-d'oeil ſur l'Angleterre, par un anglois. 12. *Londres* 1758	—	8
—— ſur l'Inſtitut des Jéſuites. 12. *Avignon* 1762		
—— ſur la Littérature, ou Collection de différens ouvrages tant en proſe qu'en vers. Par M. Dorat. 8. *Neuchâtel* 1780	4	—
—— militaire, ou courte inſtruction pour ſe procurer le point de vue militaire, s'en ſervir à lever des Cartes, & s'en rendre l'intelligence auſſi aiſée que ſûre, à laquelle eſt jointe la deſcription pratique d'un inſtrument inventé à cet effet, à l'uſage même de ceux qui ignorent les Mathématiques. Par J. D. C. Pirſcher. *Berlin* 1775	1	—
Coups (les) imprévus de l'Amour, du hazard, & de la Fortune. 12. *Cologne* 1709		
Cour, (la) Fable allégorique. 8. *Erlang* 1763	—	10
Courier (le) d'Amour. 12. *Paris* 1679	—	10
Cours complet d'Agriculture, ou Dictionnaire d'Agriculture. pr. livrai. 4. fig. *Paris* 1781	12	—
—— complet de la Langue françoiſe. 2 vol. 8. Par M. Mauvillon. *Dreſde* 1754	2	—

	mg	f
Cours d'Etudes à l'usage des Elèves de l'Ecole Royale militaire. 12. *Paris* 1777	—	12
—— de Chymie par M. Lémery. gr. 8. *Bruxelles* 1744	10	—
—— d'Education à l'Usage des Elèves destinés aux premières professions & aux grands emplois de l'Etat. Par M. Verdié. 12. *Paris* 1777	2	—
—— élémentaire d'Education des sourds & muets. Par Bauvais de Prevus. 12. *Paris* 1779	2	8
—— d'Etudes. Par Condillac. 12 vol. 8. fig. *Genève* 1780	24	—
—— idem 16 vol. 12. *Londres* 1776	24	—
—— de Géographie élémentaire. Par M. Ostervald. 2 vol. 12. *Neuchâtel* 1774	2	8
—— idem abrégé.	—	12
—— de Géographie élémentaire servant de suite à plusieurs Cartes en forme de Mappemonde. 12 fig. Par M***. *Paris* 1761	2	—
—— abrégé d'Histoire naturelle. Par M. Waudelaincourt. 12. *Paris* 1778	3	—
—— d'Histoire sacrée & profane, dédié aux jeunes personnes. 2 vol. 12. *Paris* 1766	5	—
—— complet de la Langue françoise. Par M. Mauvillon. 12. *Dresde* 1754	2	—
—— de Lectures, sur les Questions les plus importantes de la Métaphysique, de la Morale & de la Théologie; traitées dans la forme géométrique, avec des renvois aux auteurs les plus célèbres qui ont écrit sur ces matières. Ouvrage posthume du D. Doddrige. 4 vol. 12. *Liege* 1768	8	—
—— de belles Lettres distribué par exercices. 12. *Varsovie* 1772	2	—
—— de Mathématiques à l'usage du Collège de Metz. Par M. Casbois. 2 vol. 12. *Metz* 1772	4	—
—— de Mathém. Par M. Camus. gr. 8. 4 vol. *Paris* 1753	24	—
—— complet de Mathématiques. Par l'Abbé Sauri. 8. 5 vol. fig. *Paris* 1774	27	—
—— de physique expérimentale & théorique. Par l'Abbé Sauri. 4 vol. 12. *Paris* 1777	18	—

	mg	s
Cours entier de Philosophie, ou Système général, selon les principes de Descartes. Par P. Sylv. Régis. 3 vol. 4. *Amsterdam* 1691	30	—
Courtisanne (la) convertie, ou l'âge d'Or, par un Talapoin. 8. *Londres* 1782	—	6
Cousin (le) de Mahomet, ou la folie salutaire. 12. fig. *Constantinople* 1770	3	—
Cri (le) de la Tolérance. 12. *Londres* 1776	—	8
Criticon (le nouveau) ou les Foiblesses françoises. 12. *Cologne* 1709	1	—
Croiseries & Négotiations de Kinsbergen. 8. *Amsterdam* 1779	1	8
Croix (point de) point de Couronne. Par G. Penn. 12. *Bristol* 1746	—	12
Cuisinière (la) bourgeoise. 12. *Neuchâtel* 1779	2	12
Culte (du) des Dieux Fétiches. 12. 1760	1	—
Culture de l'Esprit. Par M. Isaac Watts, trad. de l'anglois. *Amsterdam* 1762	1	8
Curiosités de Paris, de Versailles, Marly, Vincennes, St. Cloud & des environs. Par M. L. R. 3 vol. fig. *Paris* 1771	15	—
—— idem 3 vol. 12. fig. *Paris* 1723	12	—
—— de la Nature & de l'Art sur la végétation : ou l'Agriculture & le Jardinage dans leur perfection. Par M. l'Abbé de Vallemont. 2 part. fig. *Paris* 1753	6	—
Cyropédie (la) ou l'histoire de Cyrus. Par M. Dacier. 2 vol. 12. *Paris* 1777	3	8

D.

	mg	s
Dames (les) galantes. 2 part. 12. *Amsterdam* 1737	1	—
Dangers (les) de la Calomnie, ou Mémoires de Fanny Spingler. Par Madame Becari. 12. *Neuchâtel* 1781	1	8
—— (le) de la Satyre, ou la Vie de Nicolo Franco. 12. *Paris* 1778	2	—
Danse (la) aux aveugles. 12. *Lille* 1748	1	8
Décaméron françois. Par M. d'Ussieux. 8. fig. *Paris* 1772	6	—
—— idem 8. *Paris* 1773	2	—

	mg	ß

Décaméron Elizène. Anecdotes Ottonianes. Pièce détachée du Décaméron françois de M. d'Usfieux. 8. *Paris* 1773 — 1 | 8

Déclamation (la) Théatrale. Poëme didactique en 4 chants. 8. fig. *Paris* 1771 — 7 | —

Découverte (la) australe, ou le Dédale françois; nouvelle lettre très-philosophique; suivie de la lettre d'un singe. 4 vol. 12. avec fig. *Leipzig & Paris*. — 10 | —

———— de l'Isle de Fionie. Par l'Abbé Coyer. 8. *La Haye* 1751 — — | 12

———— de la Maison de Campagne d'Horace. 3 vol. 8. *Rome* 1767 — 6 | —

———— (la nouvelle) du Myſtère d'iniquité. Par M Dumoulin. 4. *La Haye* 1662 — 2 | —

Dédale, c'eſt-à-dire, inventions nouvelles, pour l'avantage de la Navigation en général, par C. T. Berger. 4. fig. *Berlin* 1777 — 3 | —

Défenſe du Chriſtianiſme. Par Fr. de Rocher. 2 vol. 8. *Lauſanne* 1740 — 3 | 12

———— de la Compagnie unie des Marchands d'Angleterre. 8. *La Haye* 1762 — 1 | —

———— de l'Eſprit des Loix. 12. *Genève* 1750 — 1 | 4

———— des Frans-Maçons, contre les calomnies de deux Religieux. Philantropolis 1779 — — | 12

———— de Milord Bolingbroke. Par M. de Voltaire. *Berlin* 1753 — — | 6

———— de la Réformation, contre le livre intitulé: Préjugés légitimes contre les calviniſtes. Par J. Claude. 2 vol. 12. *Amſterdam* 1683 — 2 | 8

———— idem, in 4. *Quevilly* 1673 — 3 | —

———— des Livres de l'Ancien Teſtament. 8. *Paris* 1768 — 1 | 4

Définition de Règles grammaticales de la langue italienne. Par M. Déodati. 12. *Turin* 1772 — — | 12

Dégoûts (les) du plaiſir & de la frivolité. 8. *Paris* 1756 — — | 8

Dégradation de l'eſpèce humaine par l'Uſage des corps à baleine. Par Bonnaud. 12. *Paris* 1770 — 1 | 4

Délaſſemens (les) d'un galant-homme. 8. *Amſterdam* 1742 — 1 | 8

Délices (les) de la Grande-Brétagne. 8 vol. 12. *Leyde* 1707 — 24 | —

Délices

	mg	ß
Délices (les) de la Hollande. 2 part. 12. *La Haye* 1770	2	—
——— (les) de l'Italie. Par les Srs. de Rogissart & H***. 6 part. 12. fig. *Leide* 1709	12	—
——— (les) des Pays-Bas. 3 vol. 12. *Bruxelles* 1713	15	—
——— idem. 12. fig. *Bruxelles* 1700	2	—
——— de la Suisse. Par le Sr. Kypselen de Muster. 4 tom. 12. *Leide* 1714	15	—
Demi-Drames, françois & allemands. Par M. de St. Marc. 8. *Hambourg* 1779. pap. fin.	1	12
idem, pap. ord.	1	4
Démonstration du principe de l'Harmonie. Par M. Rameau. 8. *Paris* 1750	2	8
Dépêches extraordinaires. 8. *Stamboul* 1778	—	4
Description de l'Arabie. Par M. Niebuhr. gr. 4. *Copenhague* 1773	12	
——— du Cap de Bonne-Espérance, tirée des Mémoires de M. P. Kolbe. 3 vol. 12. fig. *Amsterdam* 1743	6	—
——— (nouvelle) du Cap de Bonne-Espérance. 8. fig. *Amsterdam* 1778	5	—
——— du Château de Versailles. 12. *Paris* 1694	1	
——— (nouvelle) des Châteaux de Versailles & de Marly. Par M. Piganiol. 2 vol. 12. fig. *Paris* 1724	3	—
——— (nouvelle) des Châteaux de Paris, de Versailles & de Marly, enrichie de plusieurs figures. Par M. Piganiol de la Force. 2 vol. 12. *Paris* 1751	6	
——— géographique, historique, chronologique, politique & physique de l'Empire de la Chine & de la Tartarie Chinoise, enrichie de Cartes. Par le Père G. B. Du Halde. 4 vol. 4. avec l'Atlas. gr. fol. *La Haye* 1736	60	—
——— & Histoire naturelle du Groenland. Par M. Eggede. 12. *Copenhague* 1763	2	8
——— de l'Isle des Hermaphrodites: pour servir de Supplément au Journal de Henri. 3 vol. 12. *Cologne* 1724	3	12
——— des fêtes données pendant 14 jours à l'occasion de la naissance de S. A: le Duc de Wurtemberg le 11 Février 1763. *à Stougard*.	—	12

	mg	ſs
Description géographique du Golphe de Venise & de la Morée ; avec Cartes & Plans. Par le Sr. Bellin, Ingen. de la Marine. 4. *Paris* 1771	15	—
——— (nouvelle) physique, historique de l'Islande. Par M. Anderson. 2 vol. 12. *Paris* 1764	4	—
——— historique de l'Italie en forme de Dictionnaire. 2 vol. 8. fig. *La Haye* 1776	8	—
——— des Montagnes de Neuchâtel & Valengin. 8. *Neuchâtel* 1766	—	12
——— du Mont-Blanc. Par M. Bourris. 8. *Lausanne* 1776	—	12
——— des principaux ouvrages de Peinture & de Sculpture de la Ville d'Anvers. 12. *Anvers* 1757	—	8
——— abrégée des Possessions angloises & françoises du continent sept. de l'Amérique. Par Palairet. 8. 1755	—	12
——— & Représentation exacte de la Maison de glace à St. Pétersbourg au Mois de Janvier 1740. Par P. L. Le Roy. 4. *St. Pétersbourg* 1741	2	8
——— historique du Royaume de Macaçar dans l'Isle des Célébes en 3 liv. 8. *Ratisbonne* 1700	1	4
——— courte & abrégée des Salines du Gouvernement d'Aigle, par Haller. 8. *Yverdon* 1776	—	12
——— historique de la Ville de Paris & de ses Environs. Par feu M. Piganiol de la Force. 10 vol. 12 fig. *Paris* 1765	30	—
——— de la Ville de Paris & de tout ce qu'elle contient de plus remarquable. Par Germain Brice. 4 vol. 12. fig. *Paris* 1752	16	—
——— de la Ville & du Pays de Brunsvich. 12. fig. 1720	—	4
——— & Usage de quelques lampes à Air inflammable. Par F. L. Erhman. 8. fig. *Strasbourg* 1780	—	8
Développement parfait du Mystère de la génération du fameux Crapaud de Surinam, nommé Pipa. Par Philippe Fermin. 8. *Maestricht* 1765	—	6

Dévelop-

	mg	ſ§
Développement nouveau de la partie élémentaire des Mathématiques. Par Ls. Bertrand. 2 vol. 4. *Genève* 1778	36	—
Devises & Emblêmes anciennes & modernes. Par D. de la Feuille. 4. fig. *Amsterdam* 1692	6	—
Devoirs (les) des Communians. Par Jean Rodolphe Ostervald. 12. *Lausanne* 1765	—	8
———— des Dames. 2 part. 12. *Amsterdam* 1709	1	8
———— de l'Homme & du Citoyen, tels qu'ils lui sont prescrits par la Loi naturelle. Traduits du Latin du Baron de Puffendorf. Par J. Barbeyrac. 2 vol. 8. *Amsterdam* 1735	3	—
———— (les) du Prince réduits à un seul principe. Par M. Moreau. 12. *Leide* 1776	1	8
———— & Statuts des Francs-Maçons. 12. fig. *Francfort* 1764	—	10
———— (les) de la Ville. 2 part. 12. *Amsterdam* 1687	—	12
———— (les) de la Vie civile. 2 vol. in 24. *Amsterdam* 1687	—	12
Dévotion (la) éclairée, ou Magazin des Dévots. Par Madame le Prince de Beaumont. 12. *Lyon* 1779	1	8
Diable (le) Boiteux. fig. 4 vol. 12.	3	—
———— (le pauvre) provincial, ou Lettres écrites à M. De***. 12. *Avignon* 1763	1	8
Destin (le) de l'Amérique, ou Dialogues pittoresques. 8. *Londres* 1780	—	8
Dialogues entre Lord Schaftesbury & M. Locke. 8. *Yverdon* 1765	1	4
———— des animaux, ou le Bonheur. 12. 1762	1	—
———— sur les Arts, entre un amériquain & un françois. 12. *Paris* 1755	—	12
———— critiques & philosophiques. Par M. l'Abbé de Charte-Livri. 12. *Londres* 1738	2	4
———— idem. *Amsterdam* 1730	1	8
———— Socratiques, ou Entretiens sur divers sujets de morale. Par Vernet. 12. 1760	1	—
———— moraux en espagnol & françois. Par Sobrino. 12. *Bruxelles* 1724	2	—
———— d'Evhémère. 8. *Londres* 1777	—	12

Dialogues

	mg	β
Dialogues entre Hyllas & Philonoüs. Par G. Berkeley. 12. *Amsterdam* 1750	1	4
——— moraux d'un Petit-Maître philosophe & d'une femme raisonnable. 12. *Londres* 1774	1	8
——— (nouveaux) des morts. 12. *Bouillon* 1775	2	—
——— des morts. 8. *La Haye* 1760	2	—
——— de Pégase & du Vieillard. 8.		4
——— sur la Religion naturelle. Ouvrage posthume de M. Hume. 12. *Edimbourg* 1780	2	—
——— des vivans. 12. *Paris* 1717	1	12
Dictionnaire abrégé d'Antiquités : pour servir à l'Intelligence de l'histoire ancienne, tant sacrée que profane, & à celle des auteurs Grecs & Latins. 12. *Paris* 1773	2	8
——— de l'Académie françoise. 2 vol. 4. *Paris* 1772	24	—
——— idem. *Lyon* 1777	20	—
——— anatomique. Latin, François. 12. *Paris* 1754	2	—
——— d'Architecture civile, militaire & navale. Par M. Roland de Virloys. 3 vol. 4. *Paris* 1770	50	—
——— des Arts & des Sciences de M. D. C. 2 vol. fol. *Paris* 1732	36	—
——— botanique & pharmaceutique. 12. *Paris* 1776	3	—
——— de Cas de conscience. Par Mes. Jean Pontas. 2 tom. fol. *Paris* 1715	24	—
——— de Chirurgie. Par M. Louis. 2 vol. 8. *Paris* 1772	7	—
——— de Chomel. 2 vol. fol. avec le Supplément de Commercy. 1741	40	—
——— de Chymie. Par M. Macquer. 4 vol. 8. 1779	12	—
——— du Citoyen. 2 part. 8. *Amst.* 1762	4	—
——— idem. *Paris.* 8. 1761	5	8
——— (nouveau) des Commençans, françois & latin. 8. *Lion* 1750	1	8
——— comique, satyrique, critique, burlesque & proverbial. Par le Roux. 8. *Amsterdam* 1718	2	8

Dictionnaire

	mg	fs
Dictionnaire des Cultes religieux établis dans le Monde. *Liege* 1772	12	—
—— —— dramatique. 3 vol. 8. *Paris* 1766	12	—
—— —— idem. grand 8. *Paris* 1776	12	—
—— —— diplomatique. tom. 1 à 20.	180	—
—— —— domestique portatif. 3 vol. 8. *Paris* 1765	12	—
—— —— de l'Elocution françoise. 2 vol. 12. *Paris* 1769	5	—
—— —— (nouveau) françois & allemand & allemand-françois. Par H. Fred. Roux. 2 vol. 8. *Berlin* 1779	11	4
—— —— (nouveau) françois-italien, & ital.-françois, augmentée de plus huit mille articles. Par l'Abbé Alberti. 2 vol. 4. *Nice* 1780	36	—
—— —— (nouveau) françois-anglois, & anglois-françois. Par M. Chambaud & Robinet. 2 vol. 4. *Paris* 1776	24	—
—— —— (nouveau) des Langues françoise & espagnole. Par F. Sobrino. 2 vol. 4. *Bruxelles* 1751	15	—
—— —— généalogique, héraldique, chronologique & historique. Par M. D. L. C. D. B. 3 vol. 8. *Paris* 1757	10	—
—— —— géographique, historique & politique de la Suisse. 2 vol. 8. *Neuchâtel* 1775	4	8
—— —— géographique portatif. Par Vosgien. 8. *Paris* 1777	4	8
—— —— géographique universel de Baudrand. 4. *Amsterdam* 1701	6	—
—— —— grammatical de la Langue françoise, contenant toutes les règles de l'orthographe, de la prononciation, de la prosodie, du régime, de la construction, avec les Remarques & observations des plus habiles Grammairiens. 2 vol. 8. *Paris* 1768	10	—
—— —— héraldique. 8. fig. *Paris* 1777	3	—
—— —— (le grand) historique de M. L. Moréri. 3 tom. fol. *Lion* 1683	36	—
—— —— (nouveau) historique, ou Histoire abrégée de tous les Hommes célèbres. 6 vol. 8. *Caen* 1779	30	—
—— —— idem. 8. *Amsterdam* 1774	24	—

Dictionnaire historique & critique. Par P. Bayle. 8 vol. fol. avec le Suppl. Par J. G. Chaufepied. *Amsterdam* 1740 & 1750 à 56 — 171 | —

——— historique & critique, ou Recherches, sur la vie, les mœurs & les opinions de plusieurs hommes célèbres. Par M. Bonnegarde. 3 vol. 8. *Lion* 1771 — 10 | —

——— historique des Cultes religieux établis dans le Monde, de puis son origine jusqu'à présent. Par M. Delacroix. 3 vol. 8. fig. *Paris* 1778 — 15 | —

——— historique & géographique portatif, des 4 Parties du Monde. 2 vol. 8. *Paris* 1776 — 6 | —

——— historique, littéraire & critique. 6 vol. 8. *Avignon* 1778 à 79 — 18 | —

——— d'Histoire naturelle. Par Bomare. 9 vol. 8. *Lion* 1776 — 36 | —

——— idem. 5 vol. 8. *Paris* 1765 — 15 | —

——— d'Histoire naturelle, qui concerne les Testacées, ou, les Coquillages de Mer. Par M. l'Abbé Favart d'Herbigny. 3 vol. 8. *Paris* 1775 — 12 | —

——— historique de Paris & de ses Environs. Par Hurtaut & Magny. 4 vol. gr. 8. fig. *Paris* 1779 — 24 | —

——— Iconologique. Par M. D. P. 12. *Paris* 1777 — 2 | —

——— pour l'Intelligence des Auteurs Classiques. Par M. Sabbatier. 8. 31 vol. *Chalons sur Marne & Paris.* — 124 | —

——— interprète Manuel des noms Latins de la Géographie ancienne & moderne : pour servir à l'Intelligence des Auteurs latins, principalement des Auteurs classiques ; avec les désignations principales des lieux. 8. *Paris* 1777 — 3 | —

——— italien-françois, & françois-italien. Par Veneroni. 2 vol. fol. *Lion* 1769 — 18 | —

——— de la Langue françoise ancienne & moderne. Par Richelet. 3 vol. fol. *Lion* 1759 — 60 | —

	mg	ſs
Dictionnaire de la Langue Ste. Par le Chev. Leigh, traduit par L. de Wolzogue. 4. *Amsterdam* 1703	6	—
—— de Littérature. Par M. l'Abbé Sabatier de Castres. 3 vol. 8. *Paris* 1770	12	—
—— littéraire, extrait des meilleurs auteurs. 3 vol. 8. *Liège* 1768	7	—
—— des livres Jansénistes, ou qui favorisent le Jansénisme. 4 vol. 12. *Anvers* 1755	8	—
—— Mathématique, ou idée des Mathématiques. Par M. Ozanam. 4. fig. *Paris* 1691	9	—
—— médicinal. Par J. G. Docteur en Médecine. 2 vol. 12. *Bruxelles* 1742	2	8
—— des Merveilles de la Nature. Par M. Sigaud de la Fond. 2 vol. gr. 8. *Paris* 1781	8	—
—— militaire portatif. Par M. Turenne. 3 vol. 8. *Paris* 1758	10	—
—— de Musique. Par Rousseau. 8. *Paris* 1768	4	8
—— idem. 4. fig.	15	—
—— mytho-hermétique. Par Dom A. J. Pernety. 8. *Paris* 1758	3	—
—— néologique. 12. *Amsterdam* 1728 & 1756	2	—
—— Oeconomique de Chomel avec Supplément. 2 vol. Fol. fig. *Amsterdam* 1732	24	—
—— des Origines, ou Epoques des Inventions utiles. 6 vol. 8. *Paris* 1777	18	—
—— des Passions, des Vertus & des Vices. Par l'auteur des 3 Siècles de la Littérature. 3 vol. 8. *Paris* 1777	6	—
—— de pensées ingénieuses, tant en vers qu'en prose, des meilleurs écrivains. 2 vol. 8. *Paris* 1763	6	—
—— de Physique. Par le Père Paulian. 3 vol. 4. fig. *Avignon* 1761	24	—
—— idem dédié à Monseigneur le Dauphin. 3 vol. 8. *Nîmes* 1763	16	—
—— de Physique. Par M. Sigaud de la Fond. 4 vol. 8. fig. *Paris* 1781	4	—
—— Pittoresque & historique, ou Description d'Architecture, Peinture, Sculpture, Gravure, Histoire naturelle, Antiquités, Monumens.		

Par

	mg	ß
Par M. Hebert Amateur. 2 vol. 12. *Paris* 1766	4	—
—— poétique d'Education, où l'on substitue l'exemple aux Leçons. Par Delacroix. 2 vol. 8. *Paris* 1775	6	—
—— portatif des Arts & Métiers. 3 vol. 8. *Yverdon* 1766	9	—
—— de Commerce. Par Savari. 7 vol. 8. *Copenhague* 1761	21	—
—— idem. 12. *Paris* 1777	3	—
—— de Cuisine, d'Office & de Distillation. 12. *Paris* 1772	4	—
—— de l'Ingénieur. Par M. Bélidor. 8. *Paris* 1755	1	12
—— de la Langue françoise. Par Richelet. *Lion* 1756	4	—
—— de la Langue françoise. Par Wailly. 2 vol. 8. *Lion* 1775	8	—
—— de Médecine. Par Lavoisien. 2 part. 8. *Paris* 1764	4	—
—— des Règles de la Langue françoise. 2 vol. 8. *Paris* 1770	5	—
—— de Santé. Pr M. L*** & M. de B***. 2 vol. 8. *Paris* 1768	6	—
—— des Théâtres contenant l'origine des différens Théâtres de Paris. 8. *Paris* 1775	3	—
—— pratique du bon Ménager de Campagne & de Ville. Par le Sr. L. Liger. 2 Tom. en 1 vol. 4. *Paris* 1722	8	—
—— des Proverbes françois & des façons de parler comiques &c. Par G. D. B. 8. *Bruxelles* 1710	2	—
—— idem. 8. *Francfort* 1750	3	—
—— raisonné universelle d'Histoire naturelle &c. Par M. Valmont de Bomare. 12 vol. 8. En Suisse chez les Libraires associés. 1780	36	—
—— raisonné d'Hippiatrique, cavalerie, manège & maréchalerie. Par M. La Fosse. 4 vol. 8. *Paris* 1775	16	—
—— raisonné de Physique. Par M. Brisson. 2 vol. 4. fig. *Paris* 1781	20	—
—— des richesses de la Langue Françoise. 8. *Paris* 1770	3	—

Dictionnaire

	mg	fs
Dictionnaire royal, françois-anglois, & anglois-françois. Par M. A. Boyer. 2 vol. 4. *Amsterdam* 1752	18	—
—— —— royal, françois & danois, de M. Hans de Aphelen. 3 vol. 4. *Copenhague* 1772	18	—
—— —— des Synonimes françois. 8. *Paris* 1767	5	—
—— —— des Théâtres de Paris. 7 vol. 12. *Paris* 1756	16	—
—— —— théologique, historique, poétique, cosmographique & chronologique. Par D. de Jvigné. 4. *Paris* 1682	8	—
—— —— (nouveau) universel des Arts & des Sciences, françois, latin & anglois. 2 vol. 4. *Avignon* 1753	18	—
—— —— idem. Par Th. Dyche. 2 tom. 4. *Amsterdam* 1758	14	—
—— —— universel, françois & latin. Par M. Lallemand, gr. 8. *Paris* 1746	8	—
—— —— idem. 3e. édition. *Paris & Rouen* 1775	18	—
—— —— universel, françois & latin. Par le R. P. le Brun. 4. *Paris* 1756	8	—
—— —— —— géographique & historique. Par Corneille. 3 vol. fol. *Paris* 1708	72	—
—— —— universale Latino-Gallicum. gr. 8. *Paris & Rouen* 1777	8	—
—— —— universel des plantes, arbres & arbustes, de la France. Par M. P. G. Buc'hoz. 2 vol. 8. *Paris* 1770	6	—
—— —— universel des Sciences morales, économiques, politiques & diplomatiques. 21 vol. 4. *Liège* 1777	189	—
—— —— vétérinaire & des animaux domestiques. 4 vol. 8. *Paris* 1770	20	—
—— —— des Voyages. 4 vol. 12. 1773	8	—
Dignité de la Nature humaine considérée en vrai philosophe & en chrétien. Par l'Abbé de Villiers. 12. *Paris* 1778	1	4
Diner, (le mauvais) ou lettres sur le dîner du Comte de Boulainvilliers. Par le P. L. Virel. 8. *Paris* 1770	2	4
Diogène de d'Alembert, ou Diogène décent. Par M. de Prémonval. 12. *Berlin* 1754	1	—

D Diogène

50

	mg	fs
Diogène (le) moderne, ou le Desapprobateur. Par Castillon. 2 vol. 12. *Bouillon* 1770	4	—
Directions pour la conscience d'un Roi. Par Fénélon. 12. *La Haye* 1747	—	8
—— idem, suivi de quelques autres Pièces. 8. *La Haye* 1747	1	—
Discipline des Eglises réformées de France. Par J. d'Huisseau. 4. *Genève* 1666	2	—
Discours sur l'art de négocier. 8. *Paris* 1737	1	4
—— chrétiens. 8. *Amsterdam* 1773	1	12
—— sur la Conduite de la Grande-Bretagne. 8. *La Haye* 1759	—	8
—— sur l'Education des Dames. P. M. James Fordyce. 12. *Tverdon* 1779	1	8
—— sur l'Education, prononcés au Collège Royal de Rouen, par M. Auger. 12. *Rouen* 1775	1	8
—— sur l'Emulation, prononcé dans l'Assemblée publique de l'Académie royale des Gentils-Hommes. Par Borelly. 8. *Berlin* 1774	—	6
—— sur l'Etat actuel de la Politique & de la Science militaire en Europe. 12. *Londres* 1773	—	12
—— historiques, critiques, théologiques & moraux sur la Bible, &c. Par J. Saurin. 11 vol. 8. fig. *Amsterdam* 1720	33	—
—— sur l'Histoire universelle. Par M. J. Bénigne Bossuet. 4 vol. 12. *Amsterdam* 1738	13	—
—— idem. *Amsterdam* 1755	9	—
—— idem. *Paris*. 2 vol. 12. 1771	3	—
—— idem. 2 vol. 12. 1775	5	—
—— de la Nature & des effets du luxe. Par le P. G. B. *Turin* 1768	—	12
—— oratoire, contenant l'Eloge de Gustave 3. Roi de Suède. 8. *Cologne* 1780	1	—
—— d'un Père à son fils au 15e anniversaire de sa naissance. 8. *Londres* 1778	—	4
—— philosophiques sur l'homme, considéré relativement à l'Etat de Nature & à l'Etat de Société. Par le P. G. B. 8. *Turin* 1769	1	12
—— politiques, historiques & critiques sur quelque Gouvernemens de l'Europe. Par M. le Comte d'Albon. 8. *Neuchâtel* 1779	2	

Discours

	m₈	ß
Discours prononcé devant la Cour de Dannemarc. Par M. de Méhégan. 12. *Paris* 1757	—	12
—— —— sur le progrès des Lettres en France. Par M. Rigoley de Juvigny. 8. *Paris* 1772	2	—
—— —— d'aucuns propos rustiques facétieux. 12. 1732	—	12
—— —— sur cette question : Est-il plus important de défricher les terres incultes ? Par le Chevalier Constant de Castellet. 12. *Turin* 1780	1	—
—— —— sur cette question : S'il est plus difficile de conduite les hommes que de les éclairer. Par Millot. 8. *Lion* 1765	—	4
—— —— sur l'Utilité des cabinets d'Histoire naturelle dans un Etat, & principalement en Russie. 8. 1766	—	8
Dissertations (deux) lues à l'Académie Royale de Berlin. 4. *Berlin* 1781	1	4
—— —— sur l'Amérique & les Amériquains. Par M. D. Pernéty. 8. *Berlin.*	1	4
—— —— sur les Attributs de Vénus. Par M. de la Chau. 4. fig. 1780	5	—
—— —— sur le bled & le pain. Par M. Linguet, avec la réfutation de M. Tissot. 8. *Neuchâtel* 1779	—	8
—— —— chymiques de M. Pott. 4 vol. 12. *Paris* 1759	8	8
—— —— sur la Composition des Loix criminelles, par Rousset. 8. *Leide* 1775		
—— —— sur la Comparaison des Thermomètres, par J. H. van Swinden. 8. *Amsterdam* 1778	3	—
—— —— sur l'Existence de Dieu, par M. Jacquelot. 4. *la Haye* 1697	6	—
—— —— critique, sur l'Iliade d'Homère, par Terrasson. 2 vol. 12. *Paris* 1715	3	8
—— —— pratique, sur les maux vénériens, par Guisard. 12. *Paris* 1743	1	8
—— —— mêlées sur divers sujets importans & curieux. 2 vol. 8. *Amsterdam* 1740	3	—
—— —— sur les Mœurs, les Usages &c. des Indous, traduites de l'anglois, par M. B. 12. *Paris* 1780	1	—

	mę	ſs
Dissertations sur la perfection du Monde corporel & intelligent. Par W. G. Muys. 12. *Leide* 1750	1	4
—— sur cette question. Quelles sont les causes principales de la mort d'un aussi grand nombre d'Enfans ? Par Ballexer. 8. *Genève* 1775	—	12
—— —— sur la subordination, avec des Réflexions sur l'art militaire. 8. *Avignon* 1753	1	—
Diversités galantes & littéraires. 2 part. 12. *Paris* 1779	2	—
—— —— historiques. Par Formey. 8. *Berlin* 1764	1	8
Divertissemens (les) de Séaux. 8. 2 vol. *Paris* 1712	4	—
Doctrine de la Trinité éclaircie. Par P. Maty. 3 vol. 8. 1730	5	—
Dominique & Séraphine: histoire Corse. Par un Officier françois. 8. *Hanau* 1771	—	6
Donna Urraca. Reine de Castille & de Léon. Par Madame. 12. *La Haye* 1750	—	12
Doutes de Bernier. 12. *Paris* 1682	—	8
—— proposés aux philosophes économistes. par l'Abbé Mably. 12. *Paris* 1768	1	8
—— ou Observations de Klein. 8. fig. *Paris* 1754	1	—
—— & questions proposées par Montanus à Batavus sur les Droits de la Neutralité. Par Hubner, avec des réflexions sur le nouveau Systême de la Neutralité armée. 8. *Londres* 1781	1	—
Droits (les) de Dieu, de la Nature & des Gens. 12. *Amsterdam* 1775	1	8
—— (le) des Gens. Par Vattel. 2 vol. 4. *Neuchâtel* 1777	8	—
—— idem. 3 vol. 12.	6	—
—— (les) de la Grande-Brétagne. Par M. Fréville. 8. *La Haye* 1776	—	12
—— (le) de la Guerre & de la Paix. Par Hugues Grotius. 2 tom. 4. *Basle* 1746	24	—
—— idem. *Amsterdam* 1724	16	—
—— (le) des hommes & les Usurpations des autres. Traduit de l'Italien. 8. *Amsterdam* 1769	—	8

Droits

	mg	β
Droits de la Nature & des Gens. Par Puffendorf, trad. par J. Barbeyrac. 3 vol. 4. *Londres* 1740	27	—
—— idem. *Amsterdam* 1712	13	8
—— de Nature, imité du Poëme allemand de M. Lichtwehr. Par Mad. Faber. 8. *Yverdon*.	—	12
—— (le) public de l'Europe. Par l'Abbé Mably. 3 vol. 12. *Genève* 1768	6	—
Dunciade, (la) Poëme en dix chants. 2 vol. 8. *Londres* 1771	3	—
—— idem, nouvel. édit. 3 vol. 8. *Londres* 1773	4	8

E.

	mg	β
Ebauche des Loix naturelles & du droit primitif. Par F. H. Strube. 4. *Amsterdam* 1744	8	—
—— de la Réligion naturelle. Par M. Wolaston: trad. de l'Anglois. 4. *la Haye* 1726	3	8
—— idem. *la Haye* 1756. 12.	3	12
Ecarts (les) de l'Imagination, Epitre à M. d'Alembert. Par Monf. Le Clerc. 8. *Paris* 1753	—	8
Eclaircissemens préalables & Avis essentiels à ceux qui veulent bien parler françois. 8. Hambourg 1776	—	8
—— essentiels pour parvenir à se conserver les Dents. Par M. Lécluse. 12. *Paris* 1755	—	12
—— sur le livre de la génération des vers dans le corps de l'homme. 12. *Amsterdam* 1705	—	12
—— historiques & critiques sur l'Invention des cartes à jouer. Par M. l'Abbé Rive. 8. *Paris* 1780	—	12
—— sur les Moeurs. Par l'Auteur. 1 vol. 12. *Amsterdam* 1763	1	8
—— sur les Principes de la Langue françoise. Par M. de Grimarest. 12. *Paris* 1712	1	4
Eclipses, Poëme en six chants, dédié à Sa Majesté, par M. l'Abbé Boscovich: traduit en françois par M. l'Abbé de Barruel. 4. *Paris* 1779. chez Laporte.	9	—
—— idem, chez Valade.	12	—

	mg	β
Ecole d'Agriculture pratique. Par M. de Grace. 12. *Paris* 1770	1	8
——— des Demoiselles. 2 part. 12. *Amsterdam* 1753	1	8
——— des filles, ou Mémoires de Constance. 12. 2 vol. *Londres* 1759	3	—
——— du Gentil-homme, ou Entretiens de feu M. le Chev. de B. 12. *Lausanne* 1754	1	—
——— (l') du Jardin potager, contenant la description exacte de toutes les plantes potagères, leur culture, les terres, leur situation & les climats qui leur sont propres, leurs propriétés, les différens moyens de les multiplier, le tems de recueillir les graines, leur durée, &c. Par M. de Combles. 2 vol. 12. *Paris* 1780	4	—
——— idem. 1770	4	—
——— idem, 1780, chez Didot.	6	—
——— de la Jeunesse, ou Mémoires du Marquis de T***. 4 part. 12. *Paris* 1774	4	8
——— de Littérature. 2 vol. 12. *Paris* 1764	3	8
——— de Mars. Par M. de Guignard. 4. *Paris* 1725	32	—
——— militaire, ouvrage composé par ordre du Gouvernement. 3 vol. 12. *Paris* 1762	4	—
——— du Monde. Par le Noble. 6 part. 12. *Amsterdam* 1715	5	—
——— du Monde, ou Instruction d'un Père à un fils. Par le Noble. 2 vol. 12. *Amsterdam* 1750	3	—
——— (l') parfaite des officiers de bouche. 12. *Paris* 1716	1	8
——— des Pères & des Mères, ou les trois infortunées. 2 part. 12. *Paris* 1769	1	8
Ecolier (l') en vacances. 12. *la Haye* 1764	1	—
Econome (l') politique, Projet &c. 12. *Paris* 1763	1	4
——— rustique. 2 part. 12. *Liège* 1770	2	—
Economies (les) Royales de Sully. Par M. l'Abbé Baumeau. 2 vol. 8. *Amsterdam* 1775	5	—
Ecu (l') de six francs. 12. *Genève & Paris* 1778	—	8
Edele de Ponthieu, nouvelle historique. 2 part. 12. *Paris* 1723	1	8

	mg	fs
Edelzinde, fille d'Amalazonte, Reine des Goths, 2 part. 8. *Paris* 1780	1	12
——— idem. *Strasbourg* 1780	2	—
Education, (de l') ouvrage utile aux parens aux gouverneurs, &c. 12. *Amsterdam* 1768	2	—
——— (l') parfaite. Par M. l'Abbé de Bellegarde. 12. *la Haye* 1726	1	8
——— complette, ou abrégé de l'histoire ancienne, mêlé de Géographie & de Chronologie, &c. Par Madame le Prince de Beaumont. 3 vol. 12. *Amsterdam*.	4	—
——— (l') de l'amour. 2 part. 12. *Paris* 1770	1	8
——— (de l') civile. Par M. Garnier. 12. *Paris* 1765	1	4
——— des Enfans. 2 part. 12. *Amst.* 1733	2	8
——— (de l') physique & morale des Femmes. 12. *Paris* 1779	2	—
——— morale, ou réponse à cette question proposée en 1765. Par J. A. Comparet. 8. *Genève* 1770	2	4
——— des Princes destinés au Trône. Par M. Basedow, trad. de l'allemand. Par M. B. 8. *Yverdon* 1777	—	12
——— d'une Princesse. Par Madame de Montbart. 8. *Berlin* 1781	1	—
——— (de l') d'un Jeune Seigneur. 12. *Paris* 1728	1	8
——— physique & morale des deux sexes, propre à les rendre aussi utiles aux autres qu'à eux-mêmes. Par M. Le Clerc. 2 vol. 4. *Besançon* 1777	10	—
Effets des Passions, des Plaisirs, de l'Education & de la Négociation. 8. *Londres* 1776	2	—
——— (les) surprenans de la Sympathie, ou les Aventures de - - - 2 vol. 12. *Paris* 1781	3	8
Efforts (les) de la Liberté & du Patriotisme, contre le Despotisme du Sr. de Maupeou. 3 vol. 8. fig. *Londres* 1777	6	—
——— idem, 4 vol.	8	—
Egaremens (les) de l'Amour, ou Lettres de Faneli & de Milfort, par M. Imbert. 2 part. 12. *Amsterdam* 1777	2	8
——— idem, avec fig. 1776	5	

	m̄g	ſ̄
Egaremens du Cœur & de l'Eprit, par M. Crébillon fils, petit 12. *la Haye* 1736	1	8
—— idem, grand 12. *la Haye* 1748	2	—
—— idem, 12. *Maeſtricht* 1779	2	8
Elégies de Properce, trad. par M. de Longchamp. 8. *Paris* 1772	5	—
—— idem. 12. *Yverdon* 1778	—	6
Elémens (les) Poëme. 8. *Paris* 1770	—	12
—— d'Agriculture, par M. Duhamel du Monceau. 2 vol. 12. fig. *Paris* 1763	3	8
—— d'Agriculture fondés ſur les faits & les raiſonnemens, par M. Bertram. 8. *Berne* 1775	1	—
—— du Chriſtianisme, ou Abrégé des vérités & des devoirs de la religion chrétienne, par D. de Superville. 8. *Hambourg* 1744	—	6
—— de Chymie, par H. Boerhave, trad. du Latin. 2 tom. 1 vol. gr. 8. fig. *Amſterdam* 1752	5	—
—— idem. 6 vol. 12. *Paris* 1754	12	—
—— de Chymie théorique, par M. Macquer. 12. fig *Paris* 1756	2	—
—— du Commerce. 2 part. 12. Par M. Forbonnais. *Leide* 1752	3	—
—— de Cosmographie, pour ſervir d'Introduction à la Géographie & à l'Hiſtoire, par M. M. Buy de Mornas. 8. *Paris* 1749	2	—
—— de Critique, par M. Morel. 12. *Paris* 1766	1	8
—— (les) d'Euclide expliqués, Par le P. C. Millet Déchalle. 12. *Paris* 1683	1	—
—— de Fortifications, par M. le Blond. 8. fig. *Paris* 1756	2	8
—— de Fortifications, de l'Attaque & de la Défenſe des Places, par M. Trincano. 8. fig. *Paris* 1768	3	—
—— de Géométrie, par du Torar. 12. *Paris* 1705	—	12
—— de Géomét. ou de la meſure de l'Etendue, par Lamy. 12. *Paris* 1758	3	—
—— de Géométrie, ou les ſix premiers livres d'Euclide, trad. par Caſtillon. 8. *Berlin* 1777	5	—
—— de Géométrie, par Clairaut. 8. *Paris* 1775	5	—

Elémens

	mg	fs
Elémens (nouveaux) de la Grammaire italienne, par Gaudio. 8. *Francfort & Leipzig* 1758	—	12
— — de la Guerre. 8. *Paris* 1772	1	12
— — de l'histoire, &c., par M. de Vallemont. 3 part. *Amsterdam* 1701	2	8
— — de l'Histoire d'Angleterre, par Millot. 3 vol. 12. 1779	4	—
— — d'Histoire de Chronologie de Blazon, &c. par Walmont. 3 vol. 12. *Amsterdam* 1701	2	8
— — de l'Histoire de France, par Millot. 3 vol. 12. 1779	4	—
— — d'Histoire générale, par Millot. 9 vol. 12. *Neuchâtel* 1779 le vol. à	1	5
— — idem. *Leide* 1777 le vol. à	2	—
— — idem. 9 vol. 12. *Neuchâtel* 1779	12	—
— — d'Hippiatrique, ou Nouveaux principes sur la Connoissance & sur la Médecine des chevaux, par M. Bourgelat. 2 vol. 8. *Lyon* 1757	7	8
— — historiques, ou Méthode courte & facile pour apprendre l'Histoire aux Enfans. 2 vol. 12. *Paris* 1730	3	—
— — de l'histoire Romaine. 2 part. 12. avec des Cartes & un Tableau analytique. *Paris* 1766	2	8
— — d'Histoire universelle. 12. *Londres* 1768	1	8
— — d'Histoire universelle, divisée en Epoques, suivant la Chronologie usitée. in 8. *Amsterdam* 1763	—	12
— — (les) ou premières instructions de la Jeunesse, par E. de Blégny. 8. *Paris* 1751	4	—
— — de la Langue grecque, par M. le Roi. 8. *Paris* 1773	1	4
— — du Mathématiques, par J. Prestet. 2 vol. 4. *Paris* 1694	12	—
— — des Mathématiques, par Lamy. 12. *Amsterdam* 1733	2	—
— — des Mathématiques, par le Père Duclos. 8. *Lion* 1737	2	—
— — de Minéralogie Docimastique, par M. Sage. 2 vol. gr. 8. *Paris* 1777	10	—
— — de la Morale universelle, ou Tableau des devoirs de l'homme, considéré dans tous ses rapports, par M. E. Bertrand. 8. *Neuchâtel* 1775	1	4

	mg	ſſ
Elémens d'Oryctologie, ou Distribution méthodique des Fossiles, par M. B. 8. *Neuchâtel* 1773	1	—
—— —— de Pharmacie, théorique & pratique, contenant toutes les opérations fondamentales de cet art, par M. Baumé. 8. *Paris* 1777	8	—
—— —— de la Philosophie moderne. 2 vol. 12. fig. *Amsterdam* 1752	6	—
—— —— de la Philosophie Newtonienne, par M. Pemberton, trad. de l'anglois. gr. 8. fig. *Amsterdam* 1755	6	—
—— —— de Philosophie morale, traduits de l'anglois de M. Fordyce, par M. de Joncourt. 12. *La Haye* 1756	2	—
—— —— de Physique ou Introduction à la Philosophie de Newton, par s'Gravesande, traduits par C. F. Roland de Virloys. 2 vol. 8. fig. *Paris* 1741	10	—
—— —— de Physique, par Locke. 12. *Amsterdam* 1757	—	8
—— —— de la Police générale d'un Etat. 2 vol. 12. *Yverdon* 1778	2	—
—— —— de la Politique. 6 vol. 8. *Londres* 1723	10	—
—— —— de Pourtraiture, par le Sr. Igny. 12. fig. *Paris*	1	8
—— —— des Sciences & des Arts littéraires de Martin. 3 vol. 12. *Paris* 1756	4	8
—— —— des Sciences principales, mises à la portée de tout le monde, par G. Décoré. 12. 1749	1	8
—— —— de Séméiotique, par M. D. G. 2 vol. 12. *Bouillon* 1777	4	—
—— —— de Tactique, par M. le Blond. 4. *Paris* 1758	10	—
Elève de la Nature. 3 vol. 12. fig. *Lille* 1778	4	—
Elite de Poésies fugitives. 5 vol. 12. *Londres* 1769	6	—
Eloges divers de l'Hospital.	2	8
—————— lus dans les Sciences publiques de l'Académie françoise, par d'Alembert. 12. *Paris* 1779	2	8
—————— de la Chasse. 12. *Paris* 1723	1	—
—————— de Cobbert. Voyez Administration.		
—————— de M. de Crébillon, & la Critique de ses ouvrages, par M. de Voltaire en 1762. 8.	—	6

Eloges

	mg	s
Eloges & Discours philosophiques, par l'Auteur de l'an 2440. 8. *Amsterdam* 1776	3	—
—— de François de Sal. de la M. Fénélon. 8. *Copenhague* 1771	—	8
—— de la Fièvre quarte, par Guillaume Ménape. 12. *Leide* 1728	—	12
—— de la Folie, par Erasme, traduction de Gueudeville. 8. fig. *Leide* 1713	4	—
—— idem. *Amsterdam* 1731	4	8
—— de la goûte, par Etienne Coulet. 12. *Leide* 1728	—	12
—— de Henri le Grand, Roi de France, par Desapt. 12. *Paris* 1768	—	8
—— historique de M. le Comte de Caylus, avec Portraits. 4.	1	8
—— historique de Charles V. Roi de France, par M. de Villette. 4. *Paris* 1767	2	—
—— historique de Messire Jérome Pierre Bagnolet. 8. *Berne* 1762	—	4
—— historique de la Raison. 8. *Londres* 1775	—	6
—— de Louis, Dauphin de France, par M. Thomas. 12. *Paris* 1766	—	12
—— de Milord Maréchal, par M. d'Alembert. 12. *Berlin* 1779	1	—
—— de Maximilien de Béthune, Duc de Sully, par M. Thomas. 8. *Paris* 1763	1	4
—— de Michel de l'Hospital, Chancelier de France. 8. 1777	—	12
—— de la Paix, par l'Abbé de la Baume. 4. *Paris* 1737	1	—
—— & Pensées de Pascal. 8. *Londres* 1778	1	—
—— de Racine, par M. de la Harpe. 8. *Paris* 1772	1	—
—— de Réné Descartes, par Thomas. 8. *Amsterdam* 1756	—	8
—— idem. *Paris* 1765	1	4
—— de Socrates. 8. *Tverdon* 1778	—	12
—— de Sulzer, lu dans l'Assemblée publique de l'Académie des Sciences & Belles-Lettres. 8. *Berlin* 1779	—	6
—— de M. le Comte de Tessin, par M. Hoepken. 8. *Wismar* 1772	—	12
—— de la Ville de Moukden & des environs. Poëme composé par Kien-Long, Empereur		

de

	mg	ß
de la Chine : traduit par Amiot. 8. *Paris* 1780	4	—
Eloge de Voltaire, lu à l'Académie Royale des Sciences & Belles-Lettres de Berlin. 8. *Amsterdam* 1778	—	8
——— de Voltaire, par Palissot. 8. *Paris* 1779	—	12
——— de Voltaire, par M. de la Harpe. 8. *Paris* 1789	1	—
——— d'Arouet de Voltaire, par M. le Marq. de Luchet. 8. *Paris*.	—	12
——— de Voltaire composé par lui-même. 8. *Amsterdam* 1780	—	14
Eloquence du Barreau, contenant l'Histoire des progrès de l'Eloquence du Barreau, les qualités nécessaires & les règles pour former un Avocat, par un Avocat au Parlement. 12. *Paris* 1776	2	8
——— (l') chrétienne, par le P. B. Gisbert. 12. *Amsterdam* 1728	1	4
——— du tems, enseignée aux Dames de qualité. 12. *Paris* 1721	1	—
——— idem. *Bruxelles* 1706	—	8
Empire (l') de Russie, son Origine, ses Accroissemens, par d'Anville. 12. *Paris* 1772	1	4
——— (l') Turc, par d'Anville. 12. *Paris* 1772	1	4
——— (l') de Zaziris. 12. *Pékin* 1761	—	12
Encyclopédie, ou Dictionnaire raisonné des Sciences des Arts & des Métiers, par une Société de Gens de Lettres, mis en ordre, par M. de Félice. 4. 48 vol. de Discours, le vol. à	9	—
& 8 vol. de Planches, le vol. à	18	—
——— idem 4 vol. fol. tom. 1 à 4 & les 7 premiers vol. de discours, le vol. à	18	—
& les 3 premiers de Planches, le vol. à	24	—
——— (la petite) ou Dictionnaire des Philosophes. 12. *Anvers* 1772	1	—
——— (la petite) ou Elémens des Connoissances humaines. 2 vol. 8. *Liege* 1767	4	—
——— élémentaire, ou Introd. à l'Etude des Lettres, des Sciences & des Arts, par l'Abbé de Pétity. 3 vol. 4. *Paris* 1767	30	—

	mg	fs
Encyclopédie enfantine, ou Magazin pour les petits enfans, par Mademoiselle de Los Rios. 8. fig. *Dresde* 1771	2	—
—————— littéraire, par M. C. 3 vol. gr. 8. *Paris* 1792	7	—
—————— poétique, ou Recueil complet de Chef-d'œuvres de Poéfies fur tous les fujets poffibles, depuis Marot, &c. jusqu'à nos jours, préfentés dans l'ordre Alphabétique, dédié à M. de Voltaire, par M. de Gaigne, &c. 12 vol. 8. avec Portraits. *Paris* 1780	72	—
—————— idem. 6 vol. ifolés le vol. à	6	—
—————— (nouvelle) portative, ou Tableau général des Connoiffances humaines. 2 vol. 8. *Paris* 1766	6	—
Enfans, (les) élevés dans l'ordre de la Nature, par M. de Fourcoix. 12. *Paris* 1775	1	—
—————— (l') trouvé, ou Mémoires de Menneville. 2 part. 12. *La Haye* 1763	2	—
—————— (le nouvel) trouvé, ou le fortuné Hollandois. 12. *Londres* 1766	1	—
Enlèvement (l') de Proferpine. Poëme de Claudien, traduit en profe françoife, par M. Mérian. 8. *Berlin* 1777	1	—
Entendons-nous, ou le Radotage d'un vieux Notaire. Où il vous plaira. 1763	—	12
Entretiens (les) d'Arifte & d'Eugène. 12. *Amfterdam* 1708	1	8
—————— idem. 12. *Amfterdam* 1703	1	8
—————— idem. 12. *Paris* 1711	1	—
—————— fur l'Art de régner, divifé en cinq Soirées. 12. 1766	—	6
—————— de Cicéron fur la Nature des Dieux. 2 vol. 12. *Paris* 1766	3	—
—————— de Cicéron fur les vrais biens & fur les vrais maux. 12. *Paris* 1721	1	8
—————— fur l'Etat de la Mufique grecque. 8. *Paris* 1777	1	4
—————— d'un Européen avec un Infulaire du Royaume de Dumocala. 12. 1756	—	12
—————— ou Leçons mathématiques avec les Elémens d'Arithmétique, par Panchaud. 2 vol. 12. *Laufanne & Genève* 1743	2	—
—————— & Lettres morales. 12. *Paris* 1665	—	12

Entretiens

	m^s	f^s
Entretiens littéraires & galans, avec les aventu- de Don Palmerin & de Thamire, par M. du Perron de Castéra. 2 tom. 12. *Amsterdam* 1738	4	8
———— de Maxime & de Thémiste, ou Réponse à l'Examen de la Théologie de M. Bayle, par M. Jaquelot. 12. *Rotterdam* 1707	1	—
———— sur la Métaphysique, sur la Religion & sur la mort, par le R. P. Malebranche. 2 vol. 12. *Paris* 1711	3	—
———— sur la Nature de l'ame des Bêtes. 8. *Colmar* 1756	2	—
———— de Phocion sur le rapport de la Morale avec la Politique. 12. *Amsterdam* 1763	1	8
———— sur la Pluralité des Mondes, par M. de Fontenelle. 12. *La Haye* 1745	1	8
———— sur les Sciences. 12. *Lion* 1766	1	8
———— sur divers sujets d'histoire & de Religion entre Milord Bolingbroke & Isaac d'Orovio Rabin. 12. *Londres* 1770	2	—
———— sur les Vies & les ouvrages des Peintres, par M. Félibien. 4 part. 12. *Londres* 1705	4	—
———— des Voyageurs sur Mer. 4 vol. 12. *Cologne* 1715	3	—
———— idem. 4 vol. 12. *La Haye* 1740	4	—
Entrevues (les) du Pape Ganganelli, en vers. 12. 1778	1	12
Epigrammes, Madrigaux & Chansons, par M. Le Brun. 8. *Paris* 1714	2	—
Epitres choisies, ou les plus belles lettres de Cicéron. 12. *Wesel* 1703	1	4
———— diverses sur des Sujets différens. 2 vol. 12. *Londres* 1755	2	—
Epitre d'Héloïse à Abailard, imitée de Pope, par Mercier. 8. *Paris* 1774	—	12
———— pathétiques adressées à Frédérich Guillaume Prince Royal de Prusse. 8. *Londres* 1780	3	—
———— Satyres, Contes, Odes & pièces fugitives du Poëte philosophe. 8. *Londres* 1771	3	—
Epoques élémentaires d'histoire universelle. fol. Par M. Machaux.	1	4
———— les plus intéressantes de l'Histoire de France,		

	m₈	ſs
France, ſervant d'explication au Tableau chronologique de cette hiſtoire, par M. Viard. 12. *Paris* 1771	1	12
Epoux (les) malheureux, ou l'Hiſtoire de Monſieur & de Madame de la Bédoyère. 4 vol. 12. *la Haye* 1780	4	8
—— idem. 2 part. 12.	1	8
Epreuves du Sentiment, par d'Arnaud. 4 vol. 12. *Mæſtricht* 1774	10	—
Errata de l'Eſſai ſur la Muſique ancienne & moderne. 8. 1780	—	10
Erreur (l') d'un moment, trad. de l'anglois, par Madame ***. 12. *Londres* 1776	1	8
—— (des) & de la Vérité, ou les Hommes rappelés au principe univerſel de la Science. Ouvrage dans lequel en feſant remarquer aux obſervateurs l'incertitude de leurs recherches & leurs mépriſes continuelle, on leur indique la route qu'ils auroient dû ſuivre, &c., par un Ph. Inc. Seconde édition retouchée, par le Frère circonſpect. 8. *Salomopolis*, chez Androphile. 1781	4	8
Eſpion (l') Américain en Europe, ou Lettres Illinoiſes qui renferment quantité d'Anecdotes amuſantes & inſtructives, ſuivies d'un poëme intitulé, la Réligion raiſonnable, par M. de V. 8. *Londres* 1766	1	12
—— (l') Anglois, ou Correſpondance ſecrette entre Milord &c. 4 vol. 12. *Amſterdam* 1779	9	—
—— chinois, ou l'Envoyé ſecret de la Cour de Pékin, pour examiner l'Etat préſent de l'Europe. 6 vol. 12. *Pologne* 1773	12	—
—— idem. *Cologne* 1779	7	—
—— françois à Londres, par M. le Chevalier Goudar. 2 vol. 12. *Londres* 1780	2	8
—— du Grand-Seigneur, par le Sr. J. Paul Marana. 8. *Amſterdam* 1688	1	—
—— (') des Sauvages en Angleterre. 12. *Londres* 1764	—	8
Eſprit (de l') par Monſieur Helvétius. 4. *Paris* 1758	10	—
—— idem. 8. *Paris* 1759	2	—
—— idem. 2 vol. 12. *Londres* 1777	3	—

	m	f
Esprit (l') de l'Abbé des Fontaines, ou Réflexions sur différens genres de Sciences & de Littérature. 4 vol. 12. *Londres* 1757	8	—
—— d'Adisson, ou les Beautés du Spectateur, du Babillard & du Gardien, par M. J. P. A. 3 vol. 8. *Yverdon* 1777	5	—
—— de l'Art musical, par M. Blainville. 8. *Genève* 1754	1	—
—— des Beaux-Arts. 2 vol. 12. *Paris* 1753	2	8
—— de Caracioli. 12. *Liège* 1763	1	—
—— de Chevalier Folard, tiré de ses Commentaires sur l'histoire de Polybe. 8. fig. *Leipzig* 1761	4	—
—— & la Chose. 12. 1768	—	12
—— des Croisades. 4 vol. 12. *Paris* 1780	10	—
—— des meilleurs Ecrivains françois, ou Recueil de pensées les plus ingénieuses, tant en prose qu'en vers, tirées de leurs ouvrages & rangées par ordre alphabétique. 2 tom. 8. *Paris* 1777	8	—
—— (l') des Esprits, ou Pensées choisies, pour servir de suite aux Maximes de la Rochefoucault. *Paris* 1777	1	—
—— de Fontenelle. 12. *la Haye* 1744	2	—
—— & Génie de M. Linguet, Avocat au Parlement de Paris. 12. *Londres* 1780	2	—
—— du Gouvernement économique, par M. Boesmier de l'Ornie. 8. *Paris* 1775	3	8
—— de Gui-Pattin tiré de ses Conversations &c. 12. *Amsterdam* 1710	1	4
—— d'Henri IV, ou Anecdotes les plus intéressantes, traits sublimes &c. 8. avec portrait. *Paris* 1775	4	—
—— idem. 12. *Paris* 1770	2	—
—— des Journaux, depuis 1772 à 81. 8. le vol. à	2	—
—— 6 vol. idem de 1772 à 73	2	—
—— de la Ligue, ou histoire politique des troubles de France, pendant le 16 & 17 Siècle. 3 tom. 12. *Paris* 1770	6	—
—— des Livres défendus, ou Antilogies philosophiques. 4 vol. 12. *Paris* 1777	8	—
—— (de l') des Loix. nouvel. édit. 4 vol. 12. *Amsterdam* 1763	9	—

	m₨	fs
Esprit (l') des Maximes politiques, pour servir de suite à l'Esprit des Loix du Président de Montesquieu, par M. Péquet. 2 vol. 12. *Leide* 1758	2	—
—— (l') de Molière, ou Choix de Maximes, Pensées, Caractères, Portraits & Réfléxions tirés de ses ouvrages, avec un abrégé de sa vie, un Catalogue de ses Pièces. 2 vol. 12. *Paris* 1777	4	—
—— (l') des Monarques Philosophes : Marc Aurelle, Julien, Stanislas & Frédéric. *Paris* 1764	1	8
—— de la Morale & de la Philosophie, divisé en 4 parties, par M. M.***. 12. *la Haye* 1777	2	—
—— de la Motthe le Vayer. 12. 1760	2	8
—— des Nations. 2 vol. 8. *la Haye* 1753	2	8
—— (l') de Sénèque. 12. *Bruxelles*.	1	12
—— de Sully. 8. *Dresde* 1768	1	4
—— du Système politique de la Régence d'Amsterdam, ou Lettre contenant un Précis détaillé d'un Mémoire Hollandois fort-peu répandu & très-intéressant. 8. *la Haye* 1781	—	8
—— de Voltaire. 12. *Londres* 1759	1	8
—— des Usages & des Coutumes des différens peuples ; ou Observations tirées des Voyageurs & des Historiens, par M. Demeunier. 3 vol. 8. *Paris* 1776	10	—
Essai contre l'Abus du pouvoir des Souverains, par un Avocat. 8. *Londres* 1776	1	8
—— sur l'Action de l'air dans les maladies contagieuses, par M. J. J. Menuret. 12. *Paris* 1781	1	4
—— d'Agriculture, par Béardé. 12. *Hambourg* 1768	1	—
—— sur une Amitié patriotique, où l'on propose des moyens infaillibles pour rendre les hommes plus vertueux. 12. *Paris* 1775	1	8
—— pour apprendre à lire le françois selon la vraie prononciation, par un Système si aisé & si naturel, que l'on y fait plus de progrès, en trois mois, qu'en un an par les méthodes ordinaires : avec une idée de l'Univers proportionnée à la capacité des Enfans, par J. de Spafre. 8. 1768	—	6

	mg	fs

Essai sur l'Architecture, par Laugier. 8. *Paris* 1755 — 3 | 8

Essais (nouveaux) sur la Bonté de Dieu. 12. *Amsterdam* 1732 — 1 | —

—— sur les bienséances oratoires. 2 vol. 8. *Paris* 1753 — 2 | 8

—— sur le Caractère, les moeurs & l'Esprit des Femmes. 8. *Paris* 1772 — 1 | —

—— sur les Causes du déclin du Commerce étranger de la Grande-Brétagne. 2 vol. 12. 1757 — 4 | —

—— sur la Colonie de Ste Lucie. 8. *Neuchâtel* 1779 — 1 | —

—— sur les Comètes en général, par M. Dionis. 8. *Paris* 1775 — 3 | —

—— ou nouveau Conte de ma Mère Loye. 8. 1722 — 2 | 8

—— idem. — 1 | 12

—— de Cosmologie, par Maupertuis. 12. *Leide* 1751 — — | 12

—— d'une Description générale des peuples policés & des peuples non policés, par M. S. T. E. E. B. S. 12. *Amsterdam* 1769 — 1 | 4

—— sur le Despotisme. 8. *Londres* 1776 — 2 | —

—— sur la différence du nombre des Hommes dans les tems anciens & modernes, par M. Joncourt. 8. 1754 — 1 | 8

—— sur l'Education médicinale des Enfans & sur leurs maladies, par M. Brouzet. 2 vol. 12. *Paris* 1754 — 5 | —

—— d'Education nationale, ou Plan d'Etudes pour la Jeunesse, par Louis René. 8. 1763 — — | 12

—— sur l'Education de la Noblesse, par le Chevalier. 2 part. 12. *Paris* 1748 — 3 | 8

—— sur l'Education publique. 8. 1765 — — | 8

—— sur l'Electricité des Corps, par M. l'Abbé Nollet. 12. fig. *Paris* 1753 — 3 | —

—— sur les Elegies de Tibulle, auquel on a joint quelques Poésies légères, par M. Guys. 8. *La Haye* 1779 — 2 | —

—— d'employer les Instrumens microscopiques, avec utilité & plaisir dans la saison du Printems, par l'Auteur des Amusemens microscopiques. franç. & allem. fol. fig. enlum. *Nuremb.* 1764 — 18 | —

	m̄	ſ
Eſſai ſur l'Entendement humain de Locke, trad. par P. Coſte. 4. *Amſterdam* 1700	10	—
—— ſur les différentes eſpèces d'air, qu'on déſigne ſous le nom d'air fixe, par M. Sigaud de la Fond. grd. 8. fig. *Paris* 1779	4	8
—— ſur l'Eſprit de la Légiſlation, favorable à l'Agriculture, à la Population, au Commerce, aux Arts, aux Métiers, &c. Pièces couronnées par la Société oeconomique de Berne. 2 tom. 8. *Paris* 1766	6	—
—— ſur l'Eſprit des Beaux-Eſprits. 8.	—	10
—— ſur l'Etat préſent, naturel, civil & politique de la Suiſſe; ou Lettres addreſſées à G. Melmoth E. par G. Loxe. 2 part. 8. *Lauſanne* 1781	2	8
—— ſur l'Etat du Commerce d'Angleterre. 2 vol. 12. *Paris* 1755	4	—
—— ſur l'Etude de la morale. 8. *Berne* 1773	—	12
—— ſur l'Etude de la Littérature. 12. *Londres* 1761	1	—
—— d'Expériences, par Macbride, avec fig. 12. *Paris* 1766	1	4
—— géographique ſur les Isles Britanniques. 2 part. 12. fig. *Paris* 1759	3	—
—— ſur les Grands-Evénemens, par les petites cauſes. 12. *Amſterdam* 1758	1	—
—— hebdomadaire ſur pluſieurs ſujets intéreſſans, par M. Dupuis. 12. *Paris* 1730	2	8
—— ſur l'hiſtoire du cœur humain. 12. *Paris* 1767	1	—
—— hiſtorique, par M. J. M. 8. *Berlin* 1781	1	—
—— hiſtoriques ſur l'Angleterre. 12. 1761	1	4
—— ſur l'hiſtoire des Belles-Lettres, par M. Juvenel. 4 vol. 8. *Lyon* 1749	6	—
—— hiſtorique & critique ſur les Diſſentions des Egliſes de Pologne, par Bourdillon. 8. *Basle* 1767	6	—
—— ſur l'Hiſtoire générale & ſur les mœurs & l'Eſprit des Nations, depuis Charlemagne juſqu'à nos jours. 12. 9 vol. avec le ſuppl. *Amſterdam* 1764	15	—
—— idem. 7 vol. 8. 1757	14	—
—— ſur l'Hiſtoire générale des Tribunaux des Peuples tant anciens que modernes, ou Dicti-		

onnaire

onnaire historique & judiciaire, contenant les anecdotes piquantes & les jugemens fameux des Tribunaux de tous les Tems & de toutes les Nations, par M. des Essarts. 6 vol. gr. 8. *Paris* 1778 | 24 | —
Essai sur l'Histoire de Hambourg, par M. A. Dathe. 8. *Hambourg* 1768 | 1 | 8
—— historique sur l'Inde, par M. de la Flotte. 12. *Paris* 1769 | 1 | 8
—— historiques, littéraires & critiques sur l'art des accouchemens; ou Recherches sur les contumes, les mœurs & les usages des anciens & des modernes dans les Accouchemens, par M. Sue. 2 vol. gr. 8. *Paris* 1779 | 9 | —
—— historique sur les Loix, par Bouchard. 12. *Paris* 1766 | 2 | —
—— historique & moral sur l'Education françoise, par M. de Bury. 12. *Paris* 1777 | 3 | —
—— sur l'histoire naturelle des Corallines & d'autres productions marines avec fig. enluminées, par Jn. Ellis, trad. de l'Anglois. 3. *la Haye* 1756 | 10 | —
—— historique sur Paris, par M. de Ste. Foix. 5 vol. 12. *Paris* 1766 | 4 | 8
—— historique & philosophique sur le goût, par M. Cartaud de la Vilate. 12. *Londres* 1751 | 1 | —
—— critique sur l'Histoire des Ordres Royaux. 12. *Liège* 1775 | 1 | 12
—— sur l'homme, par A. Pope, trad. françoise en prose, par M. S. avec l'original Anglois. 4. fig. *Lausanne* 1762 | 10 | —
—— idem. *Amsterdam*. 12. 1738 | 1 | —
—— idem. 12. *Lausanne* 1752 | 1 | —
—— sur le Luxe. 12. *Yverdon* 1765 | — | 8
—— lyrique sur la Religion. 8. *Francfort* 1753 | — | 8
—— sur les Maladies qui attaquent les Gens de Mer, par M. G. M. 12. *Marseille* 1766 | 2 | —
—— sur les Maladies des Gens du Monde, par M. Tissot. 12. *Amsterdam* 1771 | 1 | —
—— idem, par M. G. M. 12. *Marseille* 1766 | 2 | —
—— sur la Marine & la Commerce, par M. D. 12. *Amsterdam* 1753 | 1 | 8

	mg	ß
Essai d'une Méthode générale, propre à étendre les Connoissances des Voyageurs, par M. Meunier. 2 vol. 8. *Paris* 1779	9	—
—— sur le Méchanisme des Passions en général, par M. Lallemand. 12. fig. *Paris* 1751	2	—
—— (les) de Michel, Seigneur de Montaigne. fol. *Paris* 1652	25	—
—— idem, par P. Coste. 6 vol. 12. *Londres* 17	8	—
—— idem. 7 vol. 1745	9	—
—— idem. 10 vol. 12. *Genève* 1779	12	—
—— idem. nouvelle edit. exactement purgée des défauts des précédentes selon le vrai original. 3 vol. *Amsterdam* 1781	15	—
—— sur les Mystères & la véritable objet de la Confrérie des francs-maçons. 12. *Amsterdam* 1774	—	4
—— sur les Moyens de perfectionner l'Art de la Teinture, par M. le Prieur. 12. *Paris* 1770	1	4
—— sur les Moyens de rétablir les Sciences & Belles-Lettres en Portugal, par Teixeira-Gamboa. 12. *Paris* 1762	1	8
—— sur la Nature du Commerce en général. 12. *Londres* 1756	1	8
—— (nouveaux) sur la Noblesse, par M. Barthes. 4. tome 1. *Neuchâtel* 1781	10	—
—— sur l'Opéra, traduit de l'Italien du Comte Algarotti, par M. 8. *Paris* 1773	1	8
—— patriotique!, par M. Scott. 8. *Paris* 1775	—	8
—— sur la Peinture, par Algarotti. 12. *Paris* 1769	1	8
—— sur la Peinture & Mosaïque, par M. le V***. 12. *Paris* 1768	1	8
—— sur les Philosophes & la Philosophie, avec des Dissertations sur l'Amour. 8. *Londres* 1776	1	12
—— de Philosophie morale, par Maupertuis. 12. *Berlin* 1759	1	—
—— idem. 12. *Londres* 1750	—	8
—— philosophique sur l'Entendement humain, par M. Hume. 2 vol. 12. *Amsterdam* 1758	4	—
—— philosophique sur le Monachisme. 8. *Paris* 1776	1	—

	mg	ß
Essai philosophique & moral sur le Plaisir, par pat M. Elie Bertrand. 12. *Neuchâtel* 1777	1	—
—— phisico-géométrique contenant: 1. La détermination du centre de gravité d'un Secteur de Cercle quelconque. 2. La Résolution géométrique du probleme de la quadrature définie du Cercle déja approuvés par plusieurs géometres de diverses Nations, par M. le Rohberg-Herr de Vaufenville, dédié à Sa Sainteté & aux Monarques. 8. fig. *Paris* 1778	2	—
—— de Physique en forme de Lettres, à l'usage des Jeunes personnes. 12. *Paris* 1768	2	8
—— de Physique sur l'Oeconomie animale, par M. Quesnay. 3 vol. 12. *Paris* 1747	9	—
—— particulier de Politique, par M. ——. 8. *Constantinople & Amsterdam* 1778	—	4
—— politiques sur le Commerce, par M. Melon. 8. *Amsterdam* 1754	2	8
—— politiques, sur l'Etat actuel de quelques Puissances. 8. *Londres* 1777	2	—
—— critique sur l'Histoire des Ordres Royaux. 12. *Liège* 1775	1	12
—— sur les Préjugés, ou de l'influence des opinions sur les mœurs & sur le bonheur des hommes. 8. *Londres* 1757 & 1770	1	8
—— de Principes d'une Morale militaire, par M. Zimmermann. 12. *Paris* 1769	1	4
—— sur la Providence, par M. l'Abbé Houtville. 12. *Paris* 1743	1	8
—— sur la Providence, par M. Price. 8. *Yverdon* 1776	—	12
—— sur les Révolutions de la Musique en France, par M. de Marmontel. 8.	1	—
—— sur la Santé & sur l'Education des filles, par Venel. 8. *Yverdon* 1776	1	—
—— sur le Sénat Romain, trad. de l'Anglois de M. Chapmann. 12. *Paris* 1765	2	8
—— qui a remporté le prix de la Société Hollandoise de Harlem, sur la question: Qu'est-ce qui est requis dans l'art d'observer &c. 8. *Amsterdam* 1767 à 1777	2	8
—— de Traductions de pièces allemandes en vers françois. 12. *Meiningen* 1766	—	6

Essai

	mg	ſs
Eſſai d'une nouvelle traduction d'Horace, en vers françois. 12. *Amſterdam* 1777	1	—
—— d'un Traité du Stile des Cours, par Sneedorff. 12. *Gottingue* 1751	1	4
—— d'une nouvelle Typographie, ornée de Vignettes, Trophées, par Louis Luce. 4. *Paris* 1771	15	—
—— ſur l'Uſage. 8. *Utrecht* 1741	—	12
—— ſur la Vie de Sénèque le Philoſophe, ſur ſes écrits & ſur les règnes de Claude & de Néron. 7 vol. 12. *Paris* 1779	16	—
—— idem le 7e tom.	2	4
Etat ancien & moderne des Duchés de Florence, de Modène, Mantoue & Parme. 12. *Utrecht* 1711	2	—
—— civil & politique du Bengale. 2 vol. 8. fig. *la Haye* 1775	5	—
—— de la Corſe, ſuivi du Journal d'un Voyage dans l'Isle, & des Mémoires de Paſcal Paoli, par M. Boswel. 2 vol. 12. avec une Carte. *Londres* 1769	3	8
—— & Délices de la Suiſſe, ou Deſcription hiſtorique & géographique des 13 Cantons Suiſſes & de leurs Alliés. Nouvelle édition corrig. & conſidér. augmentée par pluſieurs auteurs célèbres, avec fig. 4. 2 tomes. *Neuchâtel* 1778	20	—
—— de la France, dans lequel on voit tout ce qui regarde le Gouvernement eccléſiaſtique, le Militaire, la Juſtice, les Finances, le Commerce, &c.; par M. le Comte de Boulainvilliers. 12. 10 vol. avec le Supplément. *Londres* 1752	20	—
—— de la France. 3 vol. 12. *Paris* 1718	5	—
—— Militaire de l'Empire Ottoman, ſes progrès & ſa décadence, par le Comte de Marſigl. 2 part. fol. avec fig. *la Haye* 1742	28	8
—— de la Pologne avec un abrégé de ſon Droit public & les nouvelles Conſtitutions. 12. *Amſterdam & Paris* 1770	1	12
—— préſent de l'Egliſe romaine dans toutes les parties du monde, traduit de l'anglois. 8. *Amſterdam* 1716	2	—

	mg	ß
Etat présent de la Louisiane avec toutes les particularités de cette Province d'Amérique, par le Colonel de Champigny. 8. *la Haye* 1776	1	4
— présent de la Pensilvanie. 12. 1756	1	—
— présent de la République des Provinces-Unies, par M. F. M. Janiçon. 2 vol. 12. *la Haye* 1729	4	8
— présent de la Grande Russie, par J. Perry. 12. *La Haye* 1718	1	—
— présent de la Suède avec un abrégé de l'histoire de ce Royaume, par M. Robinson. 8. *Amsterdam* 1720	2	8
— de la Puissance légitime du Pontife Romain. 2 vol. 12. *Würtzbourg* 1766	3	8
— général & particulier du Royaume & de la Ville d'Alger, par M. le Roi. 8. *la Haye* 1750	3	—
— des Royaumes de Barbarie, Tripoly, Tunis & Algier. 12. *Amsterdam* 1695	1	—
— (de l') & du Sort des Colonies des Anciens Peuples. 8. *Philadelphie* 1779	2	—
Etre pensant. 2 part. 12. *Paris* 1755	—	12
Etrennes à la Jeunesse de l'un & de l'autre Sexe. in-24. *Paris*	1	—
———— de la Marine, ou Connoissances nécessaires pour l'Intelligence de la Guerre. in-24. *Paris* 1780	1	—
———— morales, utiles aux Jeunes-Gens. in-24. *Lacédémone & Paris.*	—	10
———— morales & galantes du 18e. Siècle. 8.	1	—
———— à la Noblesse pour l'année 1778. 12. *Paris.*	1	—
———— du Parnasse. Poëtes grecs. 6 vol. 12. 1771	12	—
Etudes (les) convenables aux Jeunes Demoiselles. 2 vol. 12. *Paris* 1776	5	—
———— propre à l'homme, par M. Coutan. 12. *Paris* 1774	1	8
Etymologie (l') ou Explication des Proverbes françois, par Fleury de Bellingen. 8. *la Haye* 1656	2	—

des

	m₰	ſſ
Eulalie, ou les dernières volontés de l'amour. 12. *Paris* 1777	—	12
Europe (l') illuſtre, concernant l'Hiſtoire abrégé des Souverains, des Grands Capitaines, des Magiſtrats, des Savans, des Artiſtes & des Dames célèbres en Europe, dans le 15e. Siècle compris juſqu'à préſent, par M. Dreux du Radier, Avocat. Ouvrage enrichi de Portraits gravés, par les ſoins du Sr. Odieuvre. 6 vol. gr. 8. *Paris* 1777	90	—
——— idem. petit 4.	150	—
——— en pluſieurs Cartes & en divers traités de Géographie & d'Hiſtoire, par N. Sanſon. 4. *Paris* 1683	4	—
Evangile (l') analyſé ſelon l'ordre hiſtorique de la Concorde, avec des Diſſertations ſur les lieux difficiles, par le R. P. Mauduit. 8 vol. 12. 1772	18	—
Evelina, ou Entrée d'une jeune perſonne dans le monde. 3 vol. 8. *Amſterdam* 1780	5	—
Examen de la Confeſſion de foi du Vicaire Savoyard, contenue dans Emile, par Bitaubé. 12. *Londres* 1764	—	12
——— des Critiques du livre intitulé, de l'Eſprit. 12. *Londres* 1760	1	—
——— de la doctrine touchant le Salut des Payens, par M. J. A. Eberhard. 4 part. 8. *Amſterdam* 1773	3	8
——— de l'Eſſai ſur les Préjugés. 8. *Londres* 1770	—	8
——— de l'Evidence intrinſèque du Chriſtianiſme, par M. Saame. 8. *Londres* 1778	—	12
——— des Faits qui ſervent de fondement à la Religion Chrétienne, par l'Abbé François. 3 vol. 12. *Paris* 1767	4	8
——— hiſtorique & politique du Gouvernement de Sparte, par M. Vauvilliers. 12. *Paris* 1769	1	4
——— de pluſieurs Préjugés & Uſages abuſifs, concernant les femmes enceintes, les accouchées, par M. Sauſſerot. 12. *Strasbourg* 1777	—	10

	m⅔	ß
Examen des prophéties qui servent de fondement à la Religion Chrétienne. 12. *Londres* 1768	1	8
—— pacifique de la Querelle de Madame Dacier & de M. de la Motte sur Homère, par Fourmont. 2 vol. 12. *Paris* 1716	2	—
—— des Recherches philosophiques sur l'Amérique & les américains. 2 vol. 12. *Berlin* 1771	4	—
—— de la Réponse de M. N. au Mémoire de M. l'Abbé Morrelet sur la Compagnie des Indes, par l'Auteur. 4. *Paris* 1769	3	8
—— de soi-même, par M. Claude. 12. *Amsterdam* 1770	1	—
—— critique de la Vie & des Ouvrages de St. Paul, par Boulanger. 12. *Londres* 1770	1	8
Excursion (l') ou l'Escapade, par Madame Brooke. 2 part. 12. *Lausanne* 1778	2	—
Exercice des Commerçans. 4. *Paris* 1776	10	—
—— (de l') du Ministère sacré, par M. Ostervald. 2 part. 12. *Amsterdam* 1737	1	8
Existence de Dieu, par Nieuwentyt. 4. *Amsterdam* 1727	13	—
Expédition de Cyrus, ou la retraite des dix mille. 2 vol. 12. *Paris* 1778	4	—
Expériences & Observations sur la Cause de la mort des noyés, par M. Champeaux & Faissole. 8. *Paris* 1768	2	8
Explication historique des Fables. 2 vol. 12. *Paris* 1711	2	8
—— de l'Ouvrage des six Jours, par Mrs les Abbés Duguet & d'Asfeld. 8. *Paris* 1740	2	—
—— abrégée de 719 Plantes. 8. *Paris* 1765	4	—
—— détaillée du Système des connoissances humaines. 12. *Wismar* 1772	—	12
Exposé des Droits des Colonies Britaniques. 8. *Amsterdam* 1776	—	10
—— ou Examen des Opérations des Ministres en Angleterre, depuis le commencement de la Guerre contre les Amériquains jusqu'ici, par le Sr. Joly de St. Valier, pour servir de suite à son Mémoire publié, l'année dernière. 8. *Londres* 1781	1	—
—— des Droits de S. Majesté le Roi de Prusse, sur le Duché de Pomméranie. 4. *Berlin* 1772	1	8

	m₤	ſ₤
Exposé d'une Méthode, par laquelle on rend les disques de verre destinés à des machines électriques. 8. *La Haye* 1778	—	4
——— des motifs qui ont engagé S. Majesté le Roi de Prusse à s'opposer au démembrement de la Bavière. 8. *Neuchâtel* 1778	1	—
Exposition anatomique de la Structure du Corps humain, par M. Winslow. 4 vol. 12. avec fig. & portrait. *Paris* 1776	12	—
——— idem 1732	6	—
——— des effets d'un nouveau Remède dénommé sirop mercuriel. 12. *Paris* 1768	1	4
——— de l'histoire de France, par M. G*** 12. *Paris* 1775	2	—
——— d'une Méthode raisonnée pour apprendre la langue latine. 8. *Paris* 1768	—	12
——— des variations de la Nature dans l'espèce humaine, par M. F. Guindant. 8. *Paris* 1771	3	8
Extrait des Assertions dangereuses & pernicieuses. 3 vol. 8. *Amsterdam* 1763	6	—
——— des Epitres de Sénèque, par M. Sablier. 12. *Paris* 1770	2	—
——— ou Morceaux choisis des meilleurs auteurs pour les Dames. Allem. & Franc. 2 part. 12. *Berlin* 1766	2	—
——— de la Sentence en faveur de la Veuve Calas. 12. *La Haye* 1765	1	—
Ezour-Védam (l') ou Ancien Commentaire du Védam. 2 vol. 12. *Yverdon* 1778	3	—

F.

Fable (la) des Abeilles, ou les Fripons devenus honnêtes gens. 4 vol. 8. *Londres* 1740	12	—
——— par M. Boissard. 2 vol. 8. fig. *Paris* 1778	10	—
Fables & Contes philosophiques, par M. Barbe. 12. *Paris* 1771	1	—
——— du Père Desbillon, traduits en françois par le même, avec le latin à côté. 2 vol. 8. *Strasbourg* 1779	3	—
——— & Dissertation sur la Nature de la Fable,		

par

	mg	fs
par Lessing, trad. de l'allemand. 8. *Paris* 1764	1	4
——— d'Esope avec celles de Philelphe. 2 vol. 8. fig. *Utrecht* 1752	4	—
——— choisies d'Esope mises en Chansons. Avec de jolies figures dessinées & gravées, par M. Chevalier. in-24. *à Samos & Paris* 1781	3	—
——— choisies, mises en vers, par J. de la Fontaine. Nouvelle édition gravée en taille-douce. Les Figures par le Sr. Fessard, le Texte, par le Sr. Montulay. 6 vol. gr. 8. relié en marbre allemand. *Paris* 1765	90	—
——— idem, avec un nouveau Commentaire, par M. Coste. 2 part. 12. *Paris* 1765	3	—
——— idem. 1757	2	—
——— idem. 1779	3	8
——— de la Fontaine, mises en Chansons, Vaudevilles & Pots-pourris, par M. Nau. in-24. *Genève & Paris* 1780	1	8
——— de le Gay, suivies du Poëme de l'Eventail, par M. de Kéralio. 8. *Paris* 1759	1	4
——— (nouvelles) par M. de la Mothe. fig. 12. *Amsterdam* 1727	2	8
——— idem. 2 part. 12. *Utrecht* 1760	2	8
——— idem, dédies au Roi. 4. fig. *Paris* 1719	12	—
——— orientales & Poésies diverses, par M. B. 3 vol. 8. *Deux-Ponts* 1772	4	—
——— de Pilpay, Philosophe Indien. 8. *Paris* 1725	1	8
——— (vingt) en Prose & en vers, tirées de l'allemand & du françois. 8. avec de belles fig. *Berne* 1780	3	—
——— nouvelles, par S. S. du Ruisseau. 8. *la Haye* 1707	1	—
Factum pour Antoine Furetière. 12. *Amsterdam* 1685	1	—
Facécieux (le) drolifique & comique, ou le Réveil-matin. 12.	—	12
Fastes (les) ou les Usages de l'année. Poëme en seize chants, par M. le Mierre. 8. *Paris* 1779	3	—
Fatalité (de la) Epitre, précédée d'un Discours sur quelques objets de Littérature & de Morale, par M. Falier. 8. 1779	1	—

Fausseté

	mg	ſs
Fausseté des Vertus humaines, par M. Esprit. 2 vol. 12. *Amsterdam* 1740	2	8
―― idem. *Amsterdam* 1709	1	8
―― idem. 1693	1	8
Faveurs (les mille & une) Contes de Cour, tirés de l'ancien Gaulois, de la Reine de Navarre, & publiés, par le Chevalier de Mouhy. 8 part. 12. *Londres* 1740	9	―
―― (les) & les Disgraces de l'Amour, ou les Amans heureux, trompés & malheureux. 3 vol. 12. avec des fig. en taille douce. *la Haye* 1731	5	―
Favori (le) de la Fortune. 2 part. 12. *Paris* 1779	2	―
Felicia, ou mes Frédaines. 12. 4 part. 1778	3	8
Félicité (de la) publique. 2 vol. 8. *Amsterdam* 1772	4	8
―― (de la) de la Vie à venir. 2 part. 8. *Amsterdam* 1700	2	―
Femme (la) dans les trois Etats de Fille, d'Epouse & de Mère. 3 vol. 12. *la Haye* 1773	3	8
―― (la) n'est pas inférieure à l'Homme. 12. *Londres* 1750	―	12
―― (les) des Césars, par M. Servies. 12. *Amsterdam* 1721	1	4
―― (les) militaires. fig. 12. *Amsterdam* 1736	1	4
―― (les) sçavantes, ou Bibliothèque des Dames, par M. N. C. 12. *Amsterdam* 1718	1	4
Féraddin & Rozéide. 3 vol. 12.	3	8
Fermier (le bon) ou l'Ami des Laboureurs, par l'Auteur de la bonne Fermière. 12. *Lille* 1769	2	8
Fermière, (la bonne) par M. L. R. 12. *Lille* 1765	1	12
Festin (le) de Xénophon. 12. *Paris* 1666	―	12
Fils. (le bon) 4 part. 12. *Paris* 1769	4	―
Flageolet (le) Conte moral, par M. le Chevalier le Féron. 8. *Genève & Paris* 1780	1	8
Florentin (le fortuné) ou Mémoire du Comte della Valle, par le Marquis d'Argens. 12. *la Haye* 1737	1	4
Foka, ou Métamorphose, Conte chinois dérobé, à M. de V. 2 part. 12. *Paris* 1777	2	―

Folie

	m͞g	f͞s
Folie de la Prudence humaine, par Madame Benoist. 12. *Paris* 1771	1	4
Folies (les) du Sr. le Sage. 12. *Amsterdam* 1700	—	12
Fonctions (les) du Capitaine de Cavalerie. 12. fig. *la Haye* 1687	2	—
Force (la) de l'Education. 12. *Londres* 1755	—	12
Fortifications (les) du Cheval. Antoine de Velle Tholosin. fig. 8. *Paris* 1696	1	8
——— nouvelles, ou Recueil de différentes manières de fortifier en Europe, par Pfeffinger. 8. *la Haye* 1740	6	—
Fragmens, sur les colonies en général, & sur celles des anglois en particulier. 8. *Lausanne* 1778	—	12
——— élémentaires d'Histoire grecque & romaine, par M. Maclot. 12. *Paris* 1780	2	8
——— des Instructions pour le Prince Royal de ***. 8. *Londres* 1767	—	12
——— idem. *Londres* 1767	—	6
——— idem. *Berlin* 1778	—	6
——— de Philosophie morale, pour servir de suite à Bélizaire, par M. Marmontel. 8. *Paris* 1768	—	6
——— d'un Poème sur Dieu. 8. *Athéopolis*.	2	—
——— sur Shakespear, tiré des Conseils à un jeune Poëte, par M. Scherlock, trad. de l'Italien, par M. D. R. 8. *Londres & Paris*.	1	—
France (la) illustre, ou le Plutarque françois, par M. Turpin. 4. avec Portraits. *Paris* 1780 28 Cahiers. à	1	8
——— (la) litteraire. 8. *Paris* 1769	10	—
Françoises (les illustres) Histoires véritables. 4 vol. 12. *Lille* 1780	6	—
——— idem. fig. *Amsterdam* 1748	4	—
Free-holder, ou l'Anglois jaloux de la liberté, Essais politiques. 12. *Amsterdam* 1727	2	—
Frères (les deux) où la Famille, comme il y en a peu, par M. Imbert. 8. *Paris* 1779	1	4

G.

Galerie (la Grande) de Versailles, par le Brun. 12. *Paris* 1753	—	6

Gamologie

	lg	f
Gamologie (la) ou l'Education des filles destinées au mariage. 2 part. 12. *Paris* 1772	2	4
Garrik, ou les Acteurs anglois. 8. *Paris* 1769	—	12
Gazette (la) françoise, par Marcellin Allard Foresien. 8. 1605	1	—
—— littéraire de l'Europe. 12. 12 Nos. par an. *Amsterdam* 1780 à	—	12
Gendarmerie (la) de France; son origine, son rang, ses prérogatives & son service, par M. d'Isnard. 8. *Paris* 1781	1	—
Génération (la) de l'homme, ou Tableau de l'Amour conjugal, par M. N. Vénete. 2 vol. 12. *Londres* 1758, avec fig.	5	—
—— harmonique, ou Traité de Musique théorique & pratique, par M. Rameau. 8. *Paris* 1737	2	8
—— (de la) des Vers dans le Corps de l'homme, par Andry. 12. *Amsterdam* 1761	1	8
Génie (le) de M. de Buffon, par M***. 12. *Paris* 1778	1	12
—— (le) de M. Hume. 12. *Paris* 1770	1	8
—— (le) de Pétrarque, ou Imitation en vers françois de ses plus belles Poésies. 8. *Paris* 1778	2	8
—— idem. 12. *Parme* 1778	2	
—— (le) & la Politesse de la Langue françoise. 12. *Bruxelles* 1761	—	12
Gentil-homme (le) cultivateur, ou Corps complet d'Agriculture, traduit de l'anglois de M. Hale, par M. Dupuy. 4. *Paris* 1761	48	—
—————— idem. *Paris*. 16 vol. 12. 1762	36	—
—————— (le) Maréchal, par Demportes. 12. *Paris* 1756	2	—
Géographie, ancienne abrégée, par M. d'Anville. 3 vol. 12. *Paris* 1768	8	—
—— comparée, ou Analyse de la Géographie ancienne & moderne des peuples de tous les Pays & de tous les âges, par M. Mentelle. 7 vol. 8. avec Atlas. *Paris* 1780	40	—
—— élémentaire ancienne & moderne, par Bauche. 2 vol. 12. *Paris* 1772	5	—
—— universelle, par le Père Buffier. Cartes. 12. *Paris* 1760	2	8

Géographie

	m§	fs
Géographie de Busching retouchée, par tout, par M. Bérenger. 9 vol. gr. 8. *Lausanne* 1776	30	—
——— idem. 1779. 2 vol.	3	—
——— royale, par M. l'Abbé. 8. *Grenoble* 1658	1	—
——— de la Nature, ou Distribution naturelle des trois Règnes sur le Surface de la Terre; suivie de la Carte minéralogique, botanique, &c., du Vivarais où cette distribution naturelle est représentée, par M. l'Abbé Giraud Soulavie. 8. *Paris* 1780	1	—
——— par M. Robbe. Voy. Méthode.		
——— rendue aisée, ou Traité méthodique pour apprendre la Géographie. 8. *Paris* 1753	2	8
——— universelle à l'Usage des Collèges, &c., par M. Robert. 2 vol. 12. *Paris* 1766	4	—
——— élémentaire à l'usage des Collèges avec un précis de la Sphère & des Cartes, par M. Robert. 12. *Paris* 1779	1	8
Géomètre (le petit) familier, ou Abrégé d'Arithmétique, d'Algèbre & de Géométrie, mis à la portée de tout le monde. 12. *Genève* 1758	—	8
Géométrie (la) des lignes & des surfaces rectilignes & circulaires, &c., par J. P. de Crousaz. 2 vol. 12. *Amsterdam* 1718	3	—
——— idem.	1	—
Géomyler (le) traduit de l'Arabe. 2 part. *Amsterdam* 1729	1	4
Ginographes (les) 2 part. 8. *la Haye* 1777	3	8
Gnomonique, ou l'Art de tracer des Cadrans, par M. de la Hire. 12. *Paris* 1682	—	12
——— mise à la portée de tout le monde, par J. B. Garnier. 8. *Marseille* 1773	5	—
——— (la) où l'on donne par un principe générale la manière de faire des Cadrans, tirée du Cours de Mathématiques de M. Ozanam. 8. *Paris* 1746	4	—
Goût (le) du Monde, par M. le Noble. 12. *Paris* 1724	1	—
Gouvernante (la) démasquée. 8. 1764	1	8
Gouvernement (du) & des Loix de la Pologne, par M. l'Abbé Mably. 12. *Londres* 1781	1	8

Graces

	mg	ſs
Graces (les) Ode de Pindare qui eſt la 14e. des Olympiques, &c. 8. ſup. fig.	10	—
Grammaire allemande & françoiſe de Curas. 8. Berlin 1778	1	—
—— allemande de M. Gottſched, &c., par M. Géraud de Palmfeld. 8. Paris 1766	2	8
—— (nouvelle & paſaite) royale, françoiſe & allemande, par des Pépliers. 8. Berlin 1777	1	4
—— (nouvelle) angloiſe, par M. Lavery. 12. la Haye 1777	1	12
—— (nouvelle) angloiſe, contenant des regles ſûres, par M. M. Robinet & Dehainin. 12. Leipzig 1774	2	—
—— françoiſe & angloiſe & angloiſe françoiſe, par M. M. Boyer & Miège. 12. Paris 1761	1	4
—— françoiſe & angloiſe, par M. C. Mauger. 12. la Haye 1707		
—— (nouvelle) françoiſe. Nieuwe franſche Grammatica, par Martin. 8. Amſterdam 1718	1	8
—— eſpagnole, ou el Arté frances, par el Abad de Vayrac. 12. 12. Paris 1714	4	—
—— (nouvelle) eſpagnole & françoiſe, par François Sobrino. 12. Lyon 1772	2	—
—— (nouvelle) univerſelle, eſpagnole & françoiſe, par Ant. Galmace & augmentée, par le R. P. Nunez. 8. Lauſanne 1775	3	8
—— françoiſe & eſpagnole en douze leçons, par J. Dacoſta fils. 4.	3	—
—— françoiſe extraite des meilleurs Grammairiens françois, &c. 8. Amſterdam 1763	1	4
—— générale, ou Expoſition raiſonnée des Elémens néceſſaires du Langage, par M. Beauzée. 2 vol. 8. Paris 1766	6	—
—— françoiſe ſur un nouveau plan, par le P. Buffier. 12. Bruxelles 1711	1	4
—— françoiſe réduite en tables à l'Uſage des Dames, &c. 2 vol. 8. Berlin 1775	6	—
—— françoiſe, par l'Abbé Desmarais. 12. Paris 1707	1	8
—— générale & raiſonnée. 12. Amſt. 1702	—	12
—— idem. Paris 1769	3	—

F Grammaire

	mg	β
Grammaire méthodique contenant les Principes de cet Art. 12. *Paris* 1681		8
———— pratique. 8. *Halle* 1761	1	
———— raisonnée, qui contient la quintessence de toutes les meilleures Grammaires. 12. *Berlin* 1762	1	
———— françoise de Rest. voy. Principes généraux françoise de M. la Roche. voy. Méthode (nouvelle) pour traiter la gramm. franç.		
Grammaire françoise, par Wailly, voyez Principes généraux & part. de la Langue franç.		
———— géographique ou Analyse exacte & courte du Corps entier de la Géographie moderne. Ouvrage traduit de l'anglois de M. Pat. Gordon. 8. *Paris* 1748	3	8
———— italienne pratique & raisonnée, par Antonini. 12. *Lyon* 1763	2	
———— idem. *Paris* 1746	2	
———— françoise & italienne, par Vénéroni. 8. *Lyon* 1778	3	
———— des Sciences philosophiques. 8. *Paris* 1749	4	
Grandeur (la) de Dieu, dans les merveilles de la Nature. Poëme. Par M. Dulard. 12. *Paris* 1767	2	
Grelot (le) 2 part. 12. *Ici.*	1	
Guerre (la dernière) des Bêtes. Fable par l'Auteur d'Abassy. 2 parts. 12. *Londres* 1758	1	8
———— des Séraphiques, ou histoire des périls qu'a couru la Barbe des Capucins. 12. *la Haye* 1765	1	8
———— (la petite) ou Traité du Service des Troupes légères en Campagne, par M. de Grandmaison. 8. *Francfort & Leipzig* 1758	2	
———— idem. 1756	2	
Guide des Corps des marchands. 12. *Paris* 1766	2	
———— (le) de la Correspondance, par M. Guiot. 4. *Paris*	10	9
———— des Enfans, avec quelques Dialogues françois & anglois. 12. *Londres* 1732		8
———— (le) du Fermier, ou Instruction pour élever, mourrir, &c., les bêtes à cornes. 2 vol. 12. *Paris* 1770	2	8
———— idem. *Paris* 1772	3	

Guide

		mg	fs
Guide (le) de Flandre & de Hollande. 12. avec une Carte. *Paris* 1779		2	8
—— (le) du malade; ouvrage de Médecine philosophique & morale, par M. de Marque. 12. *Paris* 1779		1	12
—— du Maréchal, par M. la Fosse. fig. 8. *Paris* 1771		4	8
—— des jeunes Mathématiciens, ou Commentaire des Leçons de Mécanique de M. l'Abbé de la Caille, &c., par M. Paulian. 1772		3	8
—— des jeunes Mathématiciens, ou abrégé des Mathématiques à la portée des commençans, par le R. P. Parenas. 8. *Paris* 1656		6	—
—— (le) du Navigateur, ou Traité de la pratique des Observations, &c., par M. Lévêque. 8. *Nantes* 1779		5	—
—— universel de tous les Pays-bas, par Boursingaut. 12. *Paris* 1677		—	8
—— des Voyageurs en Hollande, ou Lettres contenant des Remarques & des Observations sur les principales Villes, la Religion, le Gouvernement, le Commerce, la Navigation, les Arts, les Sciences, les Coutumes, les Usages, & les mœurs des habitans de la Hollande. 12. *La Haye* 1781		2	—
Guzmanade, ou l'Etablissement de l'Inquisition: Poème en chants. 8. *Amsterdam* 1778		1	8
Gymnastique médicinale & chirurgicale, par M. Tissot. 12. *Paris* 1780		2	12

H.

Harangues de Démosthène. 8. *Paris* 1691		1	8
Harmonie des deux Sphères céleste & terrestre. 4. *Paris* 1739		5	—
Héliogabale & Alexandre Sévère. 8. *Paris* 1777		1	8
Héloïse, (la nouvelle) par J. J. Rousseau. 6 part. 3 vol. 12. fig. *Amsterdam* 1767		9	—
Henriade (la) de Voltaire. 4. *Londres* 1728		3	—
—— travestie en Vers burlesques. 8. *La Haye* 1772		1	4

	m͟g	ſſ
Henriade nouvelle édition. 2 part. 8. 1772	3	—
—— idem. 12. avec fig. d'Eiſen. *Neuchâtel* 1772	6	—
—— id. ſup. édit. avec des fig. ſup. 8. *Paris*.	15	—
—— vengée, avec des Commentaires en réponſe à ceux du feu Sieur La Beaumelle, par M. B. 12. *Paris* 1779	2	4
Henriette de Wolmar, ou la Mère jalouſe de ſa fille. Hiſtoire véritable, pour ſervir de ſuite à la nouvelle Héloïſe, par J. J. Rouſſeau. 12. *Paris* 1768	1	8
—— idem. 12. *Amſterdam* 1769	—	12
—— Wyndham, ou la Coquette abuſée. 2 part. 12. *Amſterdam* 1775	1	12
—— traduite de l'anglois. 12. *Amſterdam* 1760	2	8
—— & Lucie. 8. fig. *Paris* 1772	1	4
Heritière (l') de Guyenne, ou hiſtoire d'Eléonore. 8. *Rotterdam* 1691	1	12
Hermite (l') ſans patrie, ou Aventures de Paul Séroni, par M. D**. 12. 3 part. *Paris* 1738	1	8
Héroïde, Armide d'Arnaud, par M. Colardeau. 8. *Londres* 1759	—	6
Heures Chrétiennes, par Jean Croiſet. 12. *Lyon* 1763	1	8
—— (les mille & une) Contes Péruviens. 2 vol. 12. *Londres & Paris* 1759	3	8
—— perdues de R. D. M. Chevalier françois. 12. 1616	1	12
—— (les quatre) de la Toilette des Dames, Poëme érotique en 4 chants, par M. Favre. gr. 8. ſup. fig. *Paris* 1779	6	—
—— dédiées à Madame la Dauphine, contenant les Offices, Veſpres, Hymnes &c. Proſe de l'Egliſe. 12. *Paris* 1750	1	8
—— nouvelles dédiées aux Dames de St. Cyr, en lat. & en françois. 12. *Paris* 1777	1	8
—— dédiées à S. A. R. Madame la Ducheſſe Douairière de Lorraine & de Bar. 8. Commercy.	2	—
Hexaméron ruſtique. 12. *Amſterdam* 1771	—	8
Hiacynte, ou le Marquis de Celtas Dirorgo, 2 vol. fig. 12. *Amſterdam* 1731	2	—

Hiérogliphes

	m̄ḡ	ſ̄
Hiérogliphes dits d'Horapolle, ouvrage traduit du Grec, par M. Requieu. 12. *Paris* 1779	1	12
Histoire de l'abolition de l'ordre des Templiers. 12. *Paris* 1779	1	12
——— de l'Académie Royale des Inscriptions & Belles-Lettres. 4. *Paris* 1780 le vol. à	13	—
——— de l'Afrique & de l'Espagne ſous la domination des Arabes. 3 vol. 12. *Paris* 1765	6	—
——— d'Agathon; ou Tableau philoſophique des mœurs de la Grèce. 8 part. 12. *Leide* 1778	7	—
——— du Cardinal Alberoni. 2 part. 12. *la Haye* 1720	1	—
——— générale d'Allemagne, par Montigny. 2 vol. 12. *Paris* 1772	3	8
——— du Détrônement d'Alphonſe VI. Roi de Portugal. 2 vol. 12. *Paris* 1742	3	8
——— de l'Amérique, par M. Robertſon 3 vol. 8. *Paris* 1778. chez Panckoucke.	15	—
——— de l'Amérique, par G. Robertſon &c. 4 vol. 12. *Neuchâtel* 1778	6	—
——— idem. *Amſterd.* 1779. avec des cartes.	9	—
——— des Amours de Henri IV. 12. *Leide* 1663	1	—
——— des Amours de Sapho de Mytilène. 12. *Paris* 1724	1	—
——— ancienne des Egyptiens, des Carthaginois, des Aſſyriens, des Babyloniens, des Mèdes & des Perſes, des Macédoniens, des Grecs, par M. Rollin. 13 vol. 12. *Amſterdam* 1733	26	—
——— ancienne & univerſelle, par Rollin, y compris la Manière d'enſeigner. 4. *Paris* 1740	10	—
——— d'Angleterre, par Rapin Thoyras. 13 vol. 4. *la Haye* 1727	117	—
——— nouvelle & impartiale d'Angleterre, depuis l'invaſion de Jules-Céſar, juſqu'aux préliminaires de la paix de 1763. 10 vol. 12. *Paris* 1771	18	—

	mg	fs
Histoire d'Angleterre, depuis l'Invasion de Jules César, jusqu'à l'évasion de Jaques II. traduit de l'anglois de M. D. Hume. Augmentée d'une Critique de cette Histoire par M. Towers & de la suite jusqu'à l'avénement de George III. au trône. 19 vol. 12. *Yverdon* 1781.	30	—
——— de ce qui s'est passé de plus mémorable en Angleterre pendant la vie de Gilbert Burnet. 4. *la Haye* 1735.	30	—
——— des Arabes sous le Gouvernement des Califes, par M. l'Abbé de Marigny. 4 vol. 12. *Paris* 1750	8	—
——— de l'Art chez les Anciens, par M. J. Winckelmann. 2 vol. 8. fig. *Paris* 1766	7	—
——— d'Arthur de Brandley. 2 part. 12. *Amsterdam* 1770	2	—
——— générale de l'Asie, de l'Afrique & de l'Amérique, par M. L. A. R. 5 vol. 4. *Paris* 1770	50	—
——— générale de l'Asie, de l'Afrique & de l'Amérique, &c. par M. L. A. R. 15 vol. 12. *Paris* 1770	30	—
——— des deux Aspasies, femmes illustres de la Grèce, par M. le Comte de Bièvre. 12. *Amsterdam* 1737	—	12
——— de l'Astronomie ancienne depuis son origine jusqu'à l'Etablissement de l'Ecole d'Alexandrie, par M. Bailly, &c. 4. *Paris* 1775	10	—
——— des Aventuriers qui se sont signalés dans les Indes, par A. O. Oexmelin. fig. 12. *Paris* 1688	1	4
——— du Bas-Empire en commençant à Constantin le Grand, par M. Le Beau, &c. 22 vol. 12. *Paris* 1757	44	—
——— de la Bible, par Hubner. 8. fig. *Neuchâtel* 1779	2	—
——— de la Ville de Bordeaux, par Dom Devienne. 4. *Bordeaux* 1771	12	—
——— de Jean de Calais sur de nouveaux Mémoires. 8. *Paris* 1710	1	—

Histoire

	mg	ß
Histoire naturelle & civile de la Californie, par M. E. 3 vol. 12. *Paris* 1767	5	—
——— d'Elizabeth Canning & de Jean Calas, &c. 12. 1775	—	4
——— du Cardinal de Polignac, contenant des Détails très-intéreffans, fur les différentes Négotiations. 2 vol. 12. 1780	4	8
——— des Caufes premières, &c. par M. Batteux. 1769	2	8
——— des Celtes & particulièrement des Gaulois & des Germains, par Simon Pelloutier. 3 vol. 12. *Paris* 1770	4	—
——— des Douze Céfars de Suétone, trad. par Hy. Orphellot de la Paufe. 4 vol. 8. *Paris* 1771	18	
——— de Charles VIII., par M. Varillas. 12. *la Haye* 1691	1	8
——— de Charles 12. R. de S. traduit du fuédois de M. J. A. Nordberg. 4 vol. 4. *la Haye* 1742	39	—
——— de Charles XII., par M. de Voltaire. 12. avec portrait. *Neuchâtel* 1772	3	
——— des Chevaliers hofpitaliers de St. Jean de Jérufalem, par l'Abbé de Vertot. 7 vol. 12. *Paris* 1772	12	—
——— abrégée &c. du Chevalier de la Plume Noire. 12. *Amfterdam* 1744	1	4
——— du Chevalier du Soleil extrait de l'ancien roman du même nom, tirée de l'efpagnol. 4 part. 12. *Amfterdam* 1769	3	—
——— moderne des Chinois, des Japonois, des Indiens, des Perfans, des Turcs, des Ruffiens &c. par M. Richer. 18 vol. 12. *Paris* 1770. le vol. à	2	—
——— moderne des Chinois &c. 30 vol. 12. *Paris* 71-78	60	—
——— de Chriftine, Reine de Suède, par M. La Combe Avocat. 12. *Paris* 1762	1	12

	mg	ſs
Histoire du Ciel considérée selon les idées des Poëtes, des Philosophes & de Moïse, par l'Abbé de Pluche. 2 vol. 12. fig. *Paris* 1739	6	—
—— du Cœur, par Mademoiselle de Mylly. 8. *Londres* 1769	—	8
—— des Colonies Européennes dans l'Amérique, par M. Burk. 6 part. 2 vol. 12. *Paris* 1780	3	8
—— du Commerce & de la Navigation des Anciens, par M. Huet. 8. *Paris* 1716	2	—
—— & Commerce des Colonies angloises dans l'Amérique septentrionale, &c. 12. *La Haye* 1738	1	—
—— des Conclaves depuis Clément V. jusqu'à présent. 2 vol. 12. *Cologne* 1703	3	8
—— de la Confédération helvétique, & abrégé chronologique de l'Histoire de la Nation jusqu'en 1664, par de Watteville. 2 vol. 8. *Yverdon* 1768	3	8
—— de la Conquête de la Chine, par les Tartares Mancheoux &c. par M. Vojeu de Brunem. 2 part. 12. *Lyon* 1754	3	—
—— de la Conquête de la Chine par les Tartares, &c., traduite de l'Espagnol de M. Palafox, par le Sr. Colle. *Amsterdam* 1723	2	—
—— de la Conquête d'Espagne, par les Mores. 2 vol. 12. *Paris* 1680	1	8
—— de la Conquête de la Floride, ou Relation de ce qui s'est passé dans la Découverte de ce Pays, par Ferdinand de Soto. 2 vol. 12. fig. *Leide* 1735	4	—
—— de la Conquête des Isles Moluques, &c. 3 vol. fig. 12. *Amsterdam* 1706	5	—
—— des contestations sur la Diplomatique, &c. 8. *Naples* 1767	1	—
—— de la grande Crise de l'Europe. 12. *la Haye* 1756	1	—
—— Histoire des Croisades, par Voltaire. 12. 1753	1	—
—— de Dannemarc, par Des Roches. 6 part. 12. *Amsterdam* 1730	6	—
—— des principales Découvertes faites dans les Arts & Sciences. 12. *Lyon* 1767	1	4

Histoire

	₥	₶
Histoire Abrégé de la Découverte & de la Conquête des Indes, par M. d'Ussieux. 12. *Bouillon* 1770	1	4
——— de la Découverte & de la Conquête du Pérou, traduite de l'espagnol, d'Augustin de Zarate, par S. D. C. 2 tomes. 12. fig. *Paris* par la Compagnie des Libraires. 1774	5	—
——— de la Délivrance de la Ville de Toulouse. 8. *Amsterdam* 1765	—	8
——— raisonnée des Discours de Cicéron, &c. 12. *Paris* 1765	1	4
——— générale des Dogmes & opinions philosophiques. 3 vol. 8. *Londres* 1769	6	—
——— générale des Dogmes & opinions philosophiques, &c. 3 vol. 8. *Londres* 1769	12	—
——— de l'Admirable Dom Inigo de Guipuscoa, Chevalier de la Vierge, &c. par le Sieur Hercule Rasiel de Selva. 2 tom. 12. *la Haye* 1738	3	—
——— de l'admirable Donquichotte de la Manche. 6 vol. avec fig. 12. *la Haye* 1768	9	—
——— & Aventures de Dona Rufine. 12. *Amsterdam* 1723	1	4
——— générale des Drogues, par Pomet. fig. 1 vol. fol. *Paris* 1694	18	—
——— de l'Electricité, traduite de l'anglois de Joseph Priestley. 3 vol. fig. 12. *Paris* 1771	6	—
——— d'Ema. 2 part. 12. 1752	2	4
——— d'Emilie Montague, par M. Brooke, imitée de l'anglois, par M. Frénais. 5 part. 12. *Paris* 1770	4	—
——— de l'Empereur Charles VI., par M. de la Lande. 6 vol. 12. *la Haye* 1743	12	—
——— de l'Empereur Jovien, & traduction de quelques Ouvrages de l'Empereur Julien, &c. par M. de la Bletterie. 2 part. 12. *Amst.* 1750	2	8
——— de l'Empire d'Allemagne. 8 vol. 12. *Paris* 1771	15	—
——— générale de l'Empire du Mogol depuis sa fondation jusqu'à présent, par le R. Pere Catrou. *Paris* 1715	6	—
——— de l'Empire Ottoman, trad. de l'Italien de Sagredo, par M. Laurent. 7 vol. 12. *Amsterdam* 1742	2	10

	mg	ſt
Histoire de l'Empire de Russie sous Pierre le Grand, par l'Auteur de l'Histoire de Charles XII. 2 vol. 8. 1759	6	—
—— de l'Empire de Russie, sous Pierre le Grand; par M. de Voltaire. 12. avec portrait. *Neuchâtel* 1772	3	—
—— de l'Esprit humain, &c. 8. fig. *Paris* 1670	1	8
—— (d') Estevanille Gonzalez, surnommé le Garçon de bonne humeur. Tirée de l'espagnol, par M. le Sage. 2 vol. 12. *Paris* 1767	4	—
—— de l'Etat présent de l'Eglise grecque & de l'Eglise Arménienne, par le Chevalier Ricaut, trad. de l'Anglois, par M. Rosemond. 12. *Middelbourg* 1692	1	8
—— de la Fable conférée avec l'Histoire Sainte, par M. Lavaur. 2 vol. 12. *Amsterdam* 1731	2	—
—— de la Félicité. 12. *Amsterdam* 1751	—	8
—— littéraire des Femmes françoises ou Lettres historiques & critiques. 5 vol. 8. *Paris* 1769	15	—
—— secrette des femmes galantes de l'Antiquité. 6 vol. 12. *Amsterdam* 1745	10	8
—— secrette des Femmes galantes de l'Antiquité. 3 vol. 12. *Amsterdam* 1726	3	8
—— d'une jeune fille sauvage, trouvée dans les bois à l'âge de dix ans. Publiée par Madame H...t. 12. *Paris* 1755	—	10
—— générale & particulière des Finances, &c., par M. du Frêne de Francheville. 3 vol. 4. *Paris* 1738	30	—
—— de la Fondation des Colonies des anciennes Républiques. 8. *Utrecht* 1778	1	4
—— de Fortunatus & de ses Enfans. 8. *Paris* 1770	1	8
—— de France, depuis l'Etablissement de la Monarchie françoise dans les Gaules, &c., par le P. G. Daniel. 10 vol. 4. *Paris* 1729	100	—
—— de France, depuis l'Etablissement de la Monarchie jusqu'au règne de Louis XIV. par M. l'Abbé Velly. 28 tomes. 12. *Paris* 1767	69	—
—— item, les vol 1 à 16. 21 & 22. le vol. à	2	—

Histoire

	m₉	f₈
Histoire littéraire de France, avec Eloges Historiques. 3 vol. 4. *Paris* 1735	24	—
——— de François Premier, Roi de France, par M. Gaillard. 8 vol. 12. *Paris* 1769	16	—
——— Obligations & Statuts de la très-vénérable confraternité des Francs-maçons. 8. *Francfort* 1742	1	4
——— de Frédéric Guillaume I. Roi de Prusse, par M. de M. 2 vol. 12. *Amsterdam* 1741	3	8
——— naturelle & civile politique, des Galligènes Antipodes de la Nation françoise, dont ils tirent leur origine, &c. 2 vol. 12. *Genève* 1770	2	—
——— amoureuse des Gaules, par le Comte de Bussi Rabutin. 5 vol. 12. 1754	10	—
——— amoureuse des Gaules, par le Comte de Bussi Rabutin. 4 vol. 8. *Londres* 1777	7	—
——— de Genève, par Béranger. 6 vol. 12. 1772	10	—
——— de Gil-Blas de Santillane, par M. le Sage. 4 vol. 12. *Neuchâtel* 1780	6	—
——— de Gil-Blas de Santillane, par M. le Sage. 4 vol. in-18. *Paris* 1781	6	—
——— naturelle du Globe, ou Géographie physique, par Sauri. 2 vol. 12. *Paris* 1778	4	8
——— du Gouvernement des Anciennes Républiques, par M. Turpin. 12. *Paris* 1769	2	—
——— des Gouvernemens du Nord, traduit de l'anglois de Williams, dans lequel on dévelope les ressources, de l'Etat actuel des Gouvernemens du Nord. 6 vol. 12. *Yverdon* 1780	10	—
——— du Gouvernement de Venise, par le Sr. Amelot. 8. *Paris* 1676	1	12
——— du Gouvernement de Venise, par le Sr. Amelot de la Houssaie. 4 part. 12. *Amsterdam* 1695	4	—
——— du Chevalier Grandisson, par l'Auteur de Pamela. 8 part. 12. *Amsterdam* 1777	9	—
——— de la Grèce, traduite de l'anglois de M. Temple Stanyan. 2 part. 12. *Amsterdam* 1744	5	—
——— générale & particulière de la Grèce, par M. Cousin Despréaux. 4 vol. 12. *Paris* 1780	8	—

Histoire

	mg	ß
Histoire (l') des Grecs, ou de ceux corrigent la fortune au jeu. 12. *Londres & Paris* 1758	2	—
———— des Guerres de Flandre, par le Cardinal Bentivoglo, trad. de l'Italien, par M. Loiseau. 4 vol. 12. *Paris* 1769	6	—
———— des Guerres civiles de le Grenade. 3 vol. 12. 1683	2	8
———— des Guerres de l'Inde, ou des événemens militaires arrivés dans l'Indoustan depuis l'année 1745. 2 vol. 12. *Amsterdam* 1765	3	8
———— de la dernière Guerre & des Négociations pour la Paix, par M. T. Massuet. 2 vol. 8. *Amsterdam* 1737	9	—
———— de Guillaume le Conquérant, Duc de Normandie & Roi d'Angleterre, par M. l'Abbé P. 2 vol. 12. *Paris* 1712	4	—
———— de Henri le Grand, par Messire Hardouin de Peréfixe. 12. *Paris* 1776	2	8
———— secrette de Henry, Duc de Rohan, Pair de France, 12. *Cologne* 1697	—	12
———— de Henri de la Tour d'Auvergne, Duc de Bouillon, &c., par M. Marsollier. 3 vol. 12. *Paris* 1719	3	8
———— d'Hercule le Thébain tirée de différens Auteurs, &c. 8. *Paris* 1758	6	—
———— (des) Anciens principaux Historiens, dont il nous reste quelques ouvrages. 4. *Paris* 1646	2	—
———— de la Hollande. 2 part. 12. *Amsterdam* 1704	1	8
———— naturelle de la Hollande équinoxiale, &c. par Philippe Fermin. 8. *Amsterdam* 1765	2	—
———— naturelle de l'Homme &c. par M. le Clerc. 2 vol. 8. *Paris* 1767	8	—
———— de l'Homme. 3 vol. 12. *Yverdon* 1781	4	8
———— générale de Hongrie, depuis la première invasion des Huns, jusqu'à nos jours, par M. de Sacy. 3 vol. 12. *Yverdon* 1780	4	8
———— d'Hypolite, Comte de Duglas, par Madame d'Aulnoy. 2 tomes, avec fig. *Paris* 1733	2	—

	mg	ß
Histoire de la Jamaïque, traduite de l'anglois, par M. 2 vol. 12. fig. *Londres* 1751	4	—
—— de Jean de Bourbon, Prince de Carency. par M. d'Aulnoy. 2 vol. 12. *Paris* 1729	1	8
—— impartiale des Jésuites. 2 vol. 12. 1768	4	—
—— des Imaginations extravagantes, fig. 12. 2 part. *Amsterdam* 1710	1	4
—— de l'Impératrice Irène. 12. *Amsterdam* 1762	1	8
—— générale des insectes &c. par J. Swammerdam. 4. fig. *Utrecht* 1682	3	—
—— Abrégée des Insectes, par M. Geoffroy. 2 vol. 4. fig. *Paris* 1764	45	—
—— des Insectes nuisibles à l'Homme, aux bestiaux, à l'Agriculture & au Jardinage, avec les moyens qu'on peut employer pour les détruire, ou s'en garantir, ou remédier aux maux qu'ils ont pu occasionner. 12. *Paris* 1781	1	12
—— secrette des Intrigues de la France. 2 vol. 8. *Londres* 1713	2	8
—— de Joseph accomp. de 10 figures gravées sur les modèles de Rembrand, par M. le Comte de Caylus. Ouvrage utile au Jeunes gens, tant pour les moeurs, que pour le dessein. fol. *Amsterdam* 1757	10	—
—— naturelle & morale des Isles Antilles, enrichie d'un gr. nombre de figures en Taille douce avec un vocabulaire Caraïbe. 4. *Rotterdam* 1665	8	—
—— de l'Isle de Corse. 2 vol. 8. *Berne* 1778	5	8
—— de d'Irlande, depuis l'invasion d'Henri II. avec un Discours préliminaire sur l'ancien état de ce Royaume, par Thomas Leland. 7 vol.	14	—
—— des Juifs, par Flav. Josephe, trad. par Arn. d'Andilly. 1 vol. fol. avec fig. *Amsterdam* 1722	30	—
—— justifiée contre les Romuns, par M. l'Abbé Lenglet du Fresnoy. 12. *Amsterdam* 1735	1	8

	mg	fs
Histoire & Description du Kamtchatka. 2 vol. fig. 12. *Amsterdam* 1770	3	8
——— de Lady Julie Harley, par Madame Griffith. 2 part. *Paris & Amsterdam* 1777	2	—
——— de la Laponie, sa description l'origine, manière de vivre de ses habitans leur Réligion, leur Magie & les choses rares du Pays, &c., trad. du latin de M. Schæfer. 4. *Paris* 1678	6	—
——— générale des Larrons, &c. 8. *Lyon* 1652	1	—
——— de Laurent Marcel ou l'observateur sans préjugé. 4 vol. in-16. *Lille* 1779	6	—
——— de Lideric premier, Comte de Flandres. 2 part. 12. *Paris* 1737	2	8
——— de Loango Kakongo & autres Royaumes d'Afrique, par l'Abbé Proyart. 12. *Paris* 1776	2	8
——— de Louis Anibal Roi d'Essénie en Afrique. 12. *Paris* 1740	1	—
——— de Louis de Bourbon, Prince de Condé, &c., par M. Coste. 2 tom. 4. *la Haye* 1748	8	—
——— de Louis XI., par M. Duclos. 2 vol. 8. *la Haye* 1745	5	—
——— de Louis XIII. 12. 10 vol. *Amsterdam* 1701	24	—
——— de la Vie de Mahomet, Législateur de l'Arabie, par M. Turpin. 3 vol. 12. *Paris* 1773	6	—
——— générale de l'Auguste maison d'Autriche, contenant une Description exacte de tous ses Empereurs, Rois, Ducs, Archiducs & autres Princes, tant ecclésiastiques que séculiers, &c. ornés de Portraits, par Jean Laurent Krafft. 3 vol. fol. fol. *Bruxelles*	48	—
——— de Marie du Bourgogne, &c. 12. *Paris* 1757	1	4
——— du M. le Marquis de Cressy. 12. *Amsterdam* 1758	—	8
——— de Mathide d'Aquilar, par Mademoiselle Scuderi. 12. *la Haye* 1736	1	—
——— de la Médecine depuis Gallien jusqu'au commencement du 16 Siècle, &c., par J. Freind. 4. *Leide* 1727	8	—

Histoire

	mɞ	ſ̄s
Histoire de Milady Julie Mandeville. 2 part. 12. *Amsterdam* 1764	1	4
———— du Ministère du Cardinal Duc de Richelieu ſour le règne de Louis le juſte Roi de France & de Navarre. 4 part. 12. *Paris* 1650	2	8
———— du Ministère du Chevalier Robert Walpool &c. 3 vol. 12. *Amsterdam* 1764	5	—
———— des Modes françoiſes depuis l'établiſſement de la Monarchie. 12. *Paris* 1773	2	—
———— de la Moldavie & de la Valachie, avec une Diſſertation ſur l'Etat actuel de ces deux Provinces, par M. C. 12. *Neuchâtel* 1781	1	8
———— du Monde primitif, ou des Atlantes. 2 vol. gr. 8. fig. *Paris* 1780	11	—
———— du Monde, ſacrée & profane, &c. pour ſervir à l'introduction à l'Histoire des Juifs, par M. S. Shukford. 3 vol. 12. *Leide* 1738	4	—
———— naturelle, génér. & particulière avec la Description du Cabinet du Roi, par Mrs. de Buffon & Daubenton. 20 vol. 4. avec Supplément. *Amsterdam* 1766 à 69	130	—
———— naturelle, par M. le Comte de Buffon. 14 vol. 4. *Paris* 1770 à 79. le vol.	14	—
———— naturelle de M. le C. de Buffon. 35 vol. 12. *Paris* 1778	100	—
———— naturelle contenant les Epoques de la Nature, par M. le C. de Buffon. 2 vol. 12. *Paris* 1778	6	—
———— naturelle des Oiſeaux, par Buffon. 3 vol. fol. *Paris* 1770	48	—
———— des Navigations aux Terres auſtrales, &c. 2 tom. *Paris* 1756	15	—
———— de Nicolavi, Roi de Portugal & Empereur des Mamelus. 8. *St. Paul* 1756	—	8
———— des Oracles, par M. de Fontenelle. 12. *Paris* 1698	1	—
———— naturelle, civile & géographique de l'Orénoque, &c., par J. Gumilla. 3 vol. 12. *Avignon* 1758	6	—
———— de l'ordre royal & militaire de Saint-Louis, par M. d'Aſpect. 3 vol. 8. *Paris*	12	—
———— d'Osman Empereur des Turcs & de l'Impératrice Aphendia Ashada, par Madame Gomez. 2 vol. 12. *Amsterdam* 1734	3	—

Histoire

	m‹	ß
Histoire du Comte d'Oxfort & de Milady d'Herby, par Madame de Gomez. 12. *la Haye* 1738	1	—
——— du Parguay sous les Jésuites, &c. 3 vol. 8. *Amsterdam & Leipzig* 1780	12	—
——— du Parlement de Paris, par l'Abbé Bey. 2 vol. 8. *Amsterdam* 1770	3	—
——— de Messieurs *Paris*, par M. de L***. 12. 1776	1	4
——— naturelle de la Parole, ou Précis de l'origine du Langage & de la Grammaire universelle, extrait du Monde primitif, par M. Court de Gebelin. 8. *Paris* 1776	5	—
——— générale des Pays-Bas, &c. 4 vol. 12. *Bruxelles* 1743	18	—
——— abrégée des plus fameux Peintres, Sculpteurs & Architectes espagnols, trad. de l'espagnol de Don Antonio Pamino Velasco. 12. *Paris* 1749	2	—
——— des Perruques. 12. *Avignon* 1777 par J. B. Thiers.	2	—
——— de Perse, depuis le commencement de ce Siècle. 3 vol. 12. *Paris* 1750	6	—
——— d'un peuple nouveau, &c. 2 part. 12. *Londres* 1757	1	4
——— abrégée des Philosophes & des Femmes célèbres, par M. de Bury. 2 tom. 12. *Paris* 1773	4	—
——— de Philippe Roi de Macédonie, par M. Olivier. 2 vol. 12. *Paris* 1740	3	8
——— philosophique & politique des Etablissemens & du Commerce des Européens dans les deux Indes & Supl. 11 vol. gr. 8. avec fig. *la Haye* 1774	37	—
——— philosophique & politique de l'Abbé Raynal. 7 vol. 8. *Amsterdam* 1773	10	—
——— philosophique, par M. l'Abbé Raynal. 4 vol. 4. avec de superbes figures & un volume d'Atlas. *Genève* 1781	72	—
——— philosophique, par M. l'Abbé Raynal. 10 vol. 8. avec de superbes figures & un volume d'Atlas in-4. *Genève* 1781	36	—
——— philosophique. 10 vol. 12. avec l'Atlas in-4. *Genève* 1781	30	—

	mg	f
Histoire philosophique & politique des établissemens des Européens dans les 2 Indes, par G. Th. Raynal. 10 vol. 8. & un Atlas 4. *Genève* 1781	36	—
———— philosophique & politique des Etablissemens & du Commerce des Européens dans la deux Indes, par M. l'Abbé Raynal. 10 vol. 12. fig. *Genève* 1781	18	—
———— philosophique de la Religion. 2 vol. 8. *Liège* 1780	6	8
———— de Pierre I. enrichie de Plans & Med. 1 vol. 4. *Amsterdam & Leipzig* 1744	10	—
———— & Anecdotes de la vie du Règne, du Détrônement & de la Mort de Pierre III. dernier Empereur de toutes les Russies, par M. de la Marche. 12. *Londres* 1776	1	4
———— (nouvelle) de Pierre de Provence & de la belle Maguelonne. 8. *Paris* 1778	1	—
———— & Aventures de Sir William Pickle. 4 vol. 8. *Amsterdam* 1776	7	—
———— des Plantes vénéneuses de la Suisse, contenant leur Description, leurs mauvais effets sur les hommes & sur les animaux, avec leurs antidotes, &c. par M. Vicat. 8. fig. *Tverdon* 1776	4	—
———— (l'.) poétique pour l'Intelligence des Poètes & des Auteurs anciens, par P. Gautruche. 12. *La Haye* 1681	—	12
———— (nouvelle) poétique du P. Gautruche, 12. *Paris* 1738	1	8
———— (nouvelle) poétique & deux Traités abrégés &c. 2 vol. 12. *Paris* 1751	3	8
———— des Poissons Cont. la Description anatomique de leurs parties externes & internes, &c. par M. Ant. Gouan. 4. fig. *Strasbourg* 1770	6	—
———— générale de Pologne, par M. le Chev. de Solignac. 5 vol. 12. *Amsterdam* 1751	7	—
———— du Grand Pompée, par M. Moline. 2 part. 12. *Paris* 1776	2	—
———— critique des Pratiques superstitieuses, &c. 12. *Paris & Amsterdam* 1702	1	8
———— du Prince Erastus Fils de l'Empereur Dioclétien. 12. *Paris* 109	1	4

	mg	ſſ
par M. l'Abbé de Vertot. 2 vol. 12. *Paris* 1772	2	8
Histoire du Prince Eugène de Savoye, &c. 5 vol. 12. fig. *Amsterdam* 1740	5	—
—— idem. 5 vol. 12. *Vienne* 1770	7	8
—— idem. 2 vol, 8. *Londres* 1739	2	—
—— des Princesses de Bohème, par Madame. 2 part. 12. *la Haye* 1749	1	8
—— de la Princesse Jaïven, Reine du Mexique. 2 part. 12. *la Haye* 1751	1	—
—— des Provinces-unies des Pays-bas, par Leclerc. 2 tom. fol. avec fig. *Amsterdam* 1723	54	—
—— générale des Provinces-unies. 8. vol. 4. avec Planches & Portraits. 1757	60	—
—— politique des grandes Querelles entre l'Empereur Charles V. & François I. Roi de France, par M. de G**, &c. 2 vol. 8. *Paris* 1777	6	—
—— des Rats, pour servir à l'Histoire universelle. 8. fig. *Rapopolis* 1738	1	—
—— naturelle de la Reine des Abeilles, avec l'art de former des essaims de M. A. G. Schirach, par J. J. Blaissière. 8. *la Haye* 1771	2	—
—— du Règne de la Reine Anne d'Angleterre, &c. 12. *Amsterdam* 1765	2	—
—— du Règne de Louis XIII. Roi de France & de Navarre, par M. M. le Vassor. 10 vol. 12. *Amsterdam* 1701	24	—
—— du Règne de Marie Thérèse, précédée de Tables généalogiques & chronologiques, par M. Pfeffel. 12. *Bruxelles* 1781	2	—
—— de la Reine Marguerite de Valois, première Femme du Roi Henri IV., par M. A. Mongez. 8. *Paris* 1777	4	8
—— du Règne de Philippe II., Roi d'Espagne, par M. Watson. Ouvrage traduit de l'anglois. 4 vol. 12. *Amsterdam* 1777	8	—
—— secrette de la Reine Zarah & des Zaraziers. 12. 1712	1	—
—— de la République de Gènes depuis l'an 464 de sa fondation de Rome jusqu'à présent. 12. 1697	2	—

Histoire

	mg	fs
Histoire des Révolutions d'Angleterre, par le P. d'Orléans. 4 vol. 12. *Paris* 1724	9	—
——— des Révolutions d'Angleterre, par le Père d'Orléans. 3 vol. 4. *la Haye* 1729	16	8
——— des Révolutions d'Angleterre, depuis le commencement de la Monarchie, par le Père d'Orléans, &c. 4 vol. 12. *Paris* 1767	8	—
——— des dernières Révolutions d'Angleterre, par M. Burnet, avec fig. 7 vol. 12. *la Haye* 1727	14	—
——— des Révolutions des Arabes, par M. l'Abbé de Marigny. 4 vol. 12. *Paris* 1750	10	—
——— des Révolutions de l'Isle de Corse & de l'élévation de Théodore I. sur le trône de cet état. 12. *la Haye* 1738	2	—
——— des Révolutions de Corse, &c., par Germanes. 2 vol. 12. *Paris* 1771	2	8
——— des Révolutions de l'Empire de Maroc depuis la mort du dernier Empereur Muley Ismael, &c. 12. *Amsterdam* 1731	2	4
——— des Révolutions de l'Empire romain, par Linguet. 2 vol. 12. *Liège* 1777	3	8
——— des Révolutions de l'Empire de Russie, par M. Lacombe. 12. *Amsterdam* 1760	1	8
——— des Révolutions d'Espagne, par Joseph d'Orléans, &c. 5 vol. 12. *Paris* 1737	8	—
——— des Révolutions de France, &c., par M. de la Hode. 4 vol. 12. *la Haye* 1738	8	4
——— des Révolutions du Royaume de Naples, par Madame de Lussan. 4 vol. 12. *Paris* 1757	6	—
——— des Révolutions de Pologne, depuis la mort d'Auguste III. jusqu'à l'année 1775. 2 vol. 8. *Paris* 1778	6	—
——— des Révolutions de Portugal, voyez Révolutions de Portugal.		
——— des Révolutions arrivées dans le Gouvernement de la République Romaine, par M. l'Abbé de Vertot. 3 vol. 12. *la Haye* 1737	6	—
——— des révolutions arrivées dans le Gouvernement de l'Empire Romain, par l'Abbé Vertot. 2 vol. 12. *Paris* 1772	4	—
——— des révolutions de Suède, où l'on voit les changemens qui sont arrivés dans Royaume,		

	m₨	ſs
Histoire de la rivalité de la France & de l'Angleterre, par M. Gaillard. 3 vol. 12. *Paris* 1771	5	—
———— de Robert le Diable, Duc de Normandie, & de Richard sans peur, son Fils. 8. *Paris* 1769	1	8
———— de Rochefort cont. l'Etablissement de cette Ville, de son Port & Arsenal de Marine & les Antiquités de son Château. 4. *Paris* 1733	4	—
———— Romaine, depuis la fondation de Rome jusqu'à la Bataille d'Actium, par M. Rollin. 16 vol. 12. *Paris* 1769	30	—
———— romaine écrite, par Xiphilin Zonare & par Zosime. 12. *Paris* 1686	2	—
———— du Royaume de Majorque, avec ses Annexes, pour servir a l'Histoire de France & à celle d'Espagne, par M. d'Hermilly. 4. *Mastricht* 1777	4	—
———— civile & naturelle du Royaume de Siam, par M. Turpin. 2 vol. 12. *Paris* 1771	4	—
———— (nouvelle) de la Russie, depuis l'origine de la Nation Russe, jusqu'à la mort du Grand-Duc Jaroslaws premier, par Michel Lomonossow &c. traduit de l'allemand par M. E. 8. *Paris* 1776	3	—
———— sainte, par le P. Gautruche. 2 vol. 12. *Caen* 1677	1	8
———— (les) de Salluste, traduites en françois avec le latin, par Beauzée. 12. *Paris* 1775	2	12
———— de la Santé & de l'Art de la conserver, par J. Mackenzie. 8. *la Haye* 1759	2	—
———— des Sarrasins, &c. Traduit de l'anglois de Simon Oekley. 2 vol. 12. *Paris* 1748	4	—
———— des Sévarambes, &c. fig. 12. 2 vol. *Amsterdam* 1716	3	—
———— politique du Siècle, par M. Maubert. 2 vol. 12. *Londres* 1767	2	8
———— du seizième Siècle, par M. Duard. 4 vol. 12. *la Haye* 1734	6	—
———— raisonnée des premiers siècles de Rome, par M. Palissot. 2 vol. 12. *Londres* 1756	2	—

Histoire

	mg	s
Histoire des Singes & autres Animaux curieux. 12. *Paris* 1752	1	—
——— de Sophie de Francourt, par M. ***. 2 part. 12. *Paris* 1768	3	—
——— succinte de la Succession à la Couronne de la Grande-Brétagne, &c. avec des Remarques & une Carte chonologique. 12. 1714	1	—
——— abrégée de Suède, depuis les Rois de la Maison de Vasa, jusqu'au I. de l'année 1776, par le Colonel du Champigny. *Amst.* 1776	4	—
——— de Suger, Abbé de St. Denis, &c. 3 vol. 12. *Paris* 1721	4	—
——— naturelle de la Suisse dans l'ancien monde, trad. de l'Allemand de M. A. S. Grouner. 12. *Neuchâtel* 1776	—	8
——— du Système des Finances sous la minorité de Louis XV. 3 vol. 12. *la Haye* 1739	4	8
——— de Tamerlan, Empereur des Mogols & Conquérant de l'Asie. 2 part. 12. *Paris* 1722	2	8
——— de l'ordre Militaire des Templiers, ou Chevaliers du Temple de Jérusalem, par Pierre Dupuis. 4. *Bruxelles* 1751	24	—
——— Crit. du V. Testament, par le R. P. Rich. Simon. *Paris* 1680	4	—
——— de Théâtre & de l'Opéra en France. 2 vol. 8. *Paris* 1753	3	8
——— de Tom Jones, ou l'Enfant trouvé, par M. Fielding. 4 vol. 8. fig. *Dresde* 1750	6	—
——— naturelle, civile & Politique, du Tonquin, par M. l'Abbé Richard. 2 vol. 12. *Paris* 1778	5	—
——— des anciens Traités, ou Recueil hist. & chronol. des Traités répandus dans les auteurs grecs & latins, &c., par M. Barbier. 2 tom en 1 vol. fol. *Amsterdam* 1739	26	—
——— du Triumvirat de Jules César Pompée & Crassus, &c. 2 vol. 12. *Paris* 1694	3	—
——— littéraire des Troubadours, contenant leurs vies, les extraits de leurs pièces, & plusieurs particularités sur les mœurs, les usages & l'histoire du douzième & du treizième siècles. 3 vol. 12. *Paris* 1774	9	—
——— du Vicomte de Turenne, &c. 4 vol. 8. *Paris* 1736	6	—
——— idem. 4 vol. 12. *Amsterdam* 1749	8	—

102

	mē	ſz
Histoire du Vicomte de Turenne, par l'Abbé Raguenet. 2 tom. en 1 vol. 12. *Paris* 1769	3	—
——— du Vicomte de Turenne, par l'Abbé Raguenet. 2 part. 12. *Paris* 1769	2	8
——— de Miſs Werwick, trad. de l'anglois. 2 part. 8. *Amſterdam* 1781	2	—
——— de M. de Vaubrun écrite par lui-même recoeuillie & miſe en ordre, par M. Goehignar. 8 part. 12. *Amſterdam* 1772	2	—
——— Hiſtoire véritable. 12. *Baſſora* 1756	—	8
——— de la vie & des Ouvrages de M. d'Arnaud. 12. *Liege* 1697	1	—
——— de la vie du Duc d'Epernon, par M. Girard. 4 vol. 12. *Paris* 1730	4	8
——— de la vie & des Miracles de J. Chriſt, par Calmet. 12. *Bruxelles* 1721	1	4
——— de la vie du règne & du Détrônement d'Ivan III. Empereur de Ruſſie, par M. de M. 12. *Londres* 1766	—	12
——— de la vie de Louis XIII. Roi de France & de Navarre, par M. Barq. 4 vol. 12. *Paris* 1768	8	—
——— de la vie de Mahomet, législateur de l'Arabie, par M. Turpin. 2 vol. 12. *Paris* 1773	3	8
——— de la vie du Pape Sixte V. 2 part. 12. *Paris* 1702	1	8
——— de F. Wills ou le triomphe de la bienfaiſance. 2 part. 8. *Neuchâtel* 1774	3	—
——— générale & particulière du Viſat en France. 4 vol. 12. *la Haye* 1743	5	—
——— univerſelle, par Boſſuet. 2 vol. 8. *Paris* 1766	4	—
——— univerſelle de Diodore de Sicile, par l'Abbé Terraſſon. 7 vol. 12. *Amſt.* 1738	10	—
——— de l'Univerſité de Paris, par M. Crévier. 7 vol. 12. *Paris* 1781	12	—
——— littéraire de Voltaire, par le Marquis de Luchet. 6 vol. 8. *Caſſel* 1780	15	—
——— générale des voyages. 25 vol. 4. *la Haye* 1747 à 1777	375	—
——— d'un Voyage littéraire fait en 1733, en France, en Angleterre & en Hollande, par un Diſcours préliminaire de M. la Croze. 12. *la Haye* 1736	1	8

Historiette

	m̄g	ß
Historiette, ou Nouvelles en Vers, par M. Imbert. gr. 8. fig. *Paris* 1774	3	8
——— (nouvelles) en Vers, par M. Imbert. gr. 8. *Paris* 1781	3	—
Hochets (les) moraux, ou Contes pour la première enfance, dédiées à L. A. S. Mesdames d'Orléans & de Chartres, par M. Monget. 12. *Paris* 1781	1	—
Hollande (la) au 18e Siècle. 12. *La Haye* 1779	3	8
Homélie prononcée à Londres en 1765. 8. 1767	—	12
Homère vengé, par le Père S. F. 8. *Paris* 1715	1	12
Hommage à la Vertu guerrière, ou Eloges de quelques-uns des Officiers françois qui ont vécu sous Louis XV. 12. *Hambourg* 1779	1	8
Hommes (les) 12. *Paris* 1712	—	12
——— idem, 5e. édit. 2 vol. 12. *Paris* 1751	2	8
——— (l') aimable, par M. Marin. 8. *Paris* 1752	1	—
——— conduit par la raison. 12. *Paris* 1770	1	8
——— confondu par lui-même, par M. le Marquis de ———, 12. *Bouillon* 1770	—	12
——— content, enseignant l'Art de bien vivre. 12. *Liège* 1764	1	8
——— (l') de Cour, traduit de l'Espagnol de Balth. Gracian, par Amelot de la Houssaye. 4. *Paris* 1684	3	—
——— idem. 12. *Paris* 1685	1	4
——— (l') Dieu, ou l'Univers seule famille. Poëme épique. Par le Chev. De Mainvilliers. 8. *Londres* 1754	1	4
——— (l') d'Etat par Nicolo Donato. 3 vol. 12. *Paris* 1767	7	—
——— (de l') de ses Facultés intellectuelles & de son Education par Helvétius. 3 vol. 12. *Amsterdam* 1774	5	—
——— (de l') & de la femme considérés moralement. 2 vol. 12. *Paris* 1773	2	8
——— (de l') & de la femme considérés physiquement dans l'état du mariage, par M. de L*** avec fig. 2 part. 12. *Lille* 1772	4	—
——— idem. 2 vol. pet. 12. *Paris* 1773	2	8

	m̄g	ß
Homme (l') juste à la Cour, ou les Mémoires du Chevalier De R. 2 part. 12. *Paris* 1771	2	8
——— (l') au Latin, ou la Destinée des Sçavans. 8. *Londres* 1769	1	—
——— (l') de Lettres & l'homme du Monde, par M. D. 12. *Berlin* 1774	2	4
——— (l') de Lettres, par M. Garnier. 2 part. 12. *Paris* 1764	1	8
——— (l') d'un Livre, ou Bibliothèque entière dans un seul petit livre. 12. *Leide* 1718	1	8
——— (l') moral, par P. Char. Lévesque. 8. *Amsterdam* 1775	2	—
——— (l') moral opposé à l'homme physique de M. R. 12. *Toulouse* 1756	1	—
——— (l') pensant, ou Essai sur l'histoire de l'Esprit humain, par P. Ch. Lévesque. 12. *Amsterdam* 1779	2	—
——— (de l') & de la reproduction des différens individus. 12. *Paris* 1761	1	8
——— (l') en Société, ou nouvelles Vues politiques & économiques. 2 vol. 12. *Amsterdam* 1763	2	8
——— idem. 2 vol. 8. *Amsterdam* 1773	3	8
——— (l') ou Tableau de la Vie. Histoire des passions, par feu l'Abbé Prévost. 2 part. 12. *Paris* 1764	2	8
——— (l') aux trente-six fortunes, ou le François à Constantinople & ailleurs. 8. *Constantinople* 1769	1	—
——— (l') universel, traduit de l'Italien, par B. Gracien. 8. *Paris* 1723	2	—
——— idem. 12. *La Haye* 1724	1	8
Honnêtetés littéraires. 8. 1767	1	—
Honneur (l') considéré, en lui-même & relativement au duel, par M. C. 12. *Paris* 1752	2	—
——— (l') françois, ou Histoire des Vertus & des Exploits de notre Nation. 2 vol. 12. *Paris* 1769	4	—
Honny-soit qui mal y pense, ou Histoire des Femmes célèbres du 18e. Siècle. 3 part. 12. *Londres* 1780	5	—
Horoscope (l') politique de la Pologne, où se trouve le Portrait caractéristique du Prince héréditaire de Prusse. 8. 1779	1	—

Humanité

	mg	ſs
Humanité (l') Histoire des Infortunes du Chev. de Dampierre. 2 part. 12. *Paris* 1765	2	—
Hydrologie (nouvelle) ou nouvelle Exposition de la Nature des Eaux. 12. *Londres & Paris* 1772	1	12
Hygienne (l') ou l'art de conserver sa Santé. Poëme latin de M. Geoffroy, trad. par de Launay. 8. *Paris* 1774	5	—
Hylaire, par un Métaphisicien. 12. *Amſt.* 1767	1	
Hylas & Philas. 12. *Paris* 1780	1	—
Hymen (l') réformateur des abus du mariage, ou le code conjugal. 12. 1764	—	8
Hymne au Soleil. 12. *Paris* 1777	1	—
Hypothèse démonstrative, philosophique, physique & géométrique sur le flux & le reflux de la Mer. 4. *Genève* 1748	—	8

J.

	mg	ſs
Jacintes, (des) de leur anatomie, reproduction & culture, par M. de St. Simon. 4. fig. *Amſterdam* 1768	8	—
Jardinier (le) fleuriste & historiographe. 2 tom. 12. *Amſterdam* 1708	3	8
——— (le) portatif, ou la Culture des 4 classes de jardins & de l'éducation des fleurs. 12. *Liège* 1774	1	8
——— (le) solitaire, ou Dialogues entre un curieux & un Jardinier solitaire. Avec des réfléxions sur la Culture des arbres. 12. *Paris* 1738	2	—
Idée générale, ou abrégée de l'administration de la Justice & principalement de la Justice civile. 12. *Paris* 1765	1	—
— générale de l'astronomie, par M. Dicquemare, avec 24 pl. 8. *Paris* 1769	4	—
— singulières, ou le Pornographe & le Mimographe. 2 vol. 8. *Londres* 1769	6	—
Idylles de Berquin. 8. *Yverdon* 1776	—	12
——— & Pièce fugitives trouvées dans une hermitage, au pied du Mont Ste. Odile. 8. *Paris* 1781	1	8

	l	s
Idylles & Poëmes Champêtres de M. Gesner, trad. de l'allemand, par M. Huber. 8. *Lyon* 1762	1	2
Jean Jacques Rousseau vangé par son amie, ou Morale pratico-philosophico-encyclopédique des Coryphées de la Secte. 8. Au temple de la vérité. 1779	1	—
Je ne sai quoi (le) par M. Cartier de St. Philip. 2 part. 12. *la Haye* 1723	1	8
——— ——— idem, augmenté de 31 articles nouveaux, par M. de Mirone. 4 part. en 2 vol. 12. *Utrecht* 1741	5	—
——— ——— par je ne sai qui, prix je ne sais combien, imprimé je ne sais quand, & se vend je ne sais où. 12. 1780	1	—
Jérusalem délivrée. Poëme du Tasse. 2 vol. 12. *Paris* 1774	3	—
——— ——— idem. 2 vol. pet. 8. fig. *Paris* 1671	6	—
——— ——— idem, nouvelle trad. 2 vol. gr. 8. avec sup. fig. & culs de Lampes. *Paris* 1774	48	—
Jésuitiques (les) 12. *Rome* 1762	—	8
Jeu d'armoiries, par Oronce Tiné. 12. *Lyon* 1665	—	12
——— (le) des Echecs, trad. de l'Italien. 12. *Paris* 1714	1	—
——— (les) d'Enfans. Poëme tiré du hollandois, par M. Feutry. 8. *Neuchâtel* 1781	—	8
——— (le) du Trictrac. 8. *Paris* 1776	2	8
Jézennemours, Roman dramatique. 2 vol. 12. fig. *Amsterdam* 1748	2	8
Iliade (l') d'Homère trad. nouvelle, par M. Bitaubé. 3 vol. 8. *Paris* 1780	10	4
Imitation de l'Art d'aimer & du remède d'amour d'Ovide. 8. *Amsterdam* 1744	—	12
Imposteur (l'heureux) ou Aventures du Baron de Janzac, histoire véritable, par M. Mirone. 12. *Utrecht* 1740	1	—
——— ——— (les) démasqués & les Usurpateurs punis. 12. *Paris* 1776	2	4
——— ——— (les) de l'histoire ancienne & profane. 2 vol. 12. *Paris* 1770	3	8
——— ——— (les) insignes. 2 vol. 12. fig. *Bruxelles* 1728	4	—

Incas

	mg	ß
Incas (les) ou la destruction de l'Empire du Pérou, par M. Marmontel. 2 vol. 8. *Paris* 1777	6	—
—— le même, avec fig.	8	—
Inconvéniens des Droits Féodaux. 8. *Paris* 1776	1	—
Indifférence (l') des Religions. 12. *Amsterdam* 1692	—	8
Influence (de l') des opinions sur la Langue, par M. Michaelis. 8. *Brème* 1762	1	—
Infortuné (l') Napolitain, ou les Aventures du Seigneur Rozelli. fig. 2 vol. 12. *Amsterdam* 1777	4	—
Ingénieur (l') François, par M. N. 8. fig. *Paris* 1696	1	8
—— moderne, ou Essai de Fortifications, par le Baron F. D. R. 8. fig. *la Haye* 1744 & 56	3	—
Ingénu (l') histoire véritable tirée des Manuscripts du Père Quesnel. 8. *Utrecht* 1767	1	4
Innocence (l') en danger, ou les événemens extraordinaires, par M. Rétif-de-la-Brétonne. 8. *Liège* 1779	—	12
—— (l') justifiée, histoire de Grenade, par Mademoiselle. 5 part. 12. *la Haye* 1694	1	8
Inoculation (l') rectifiée, par M. de Ponsard, Docteur en Médecine, ouvrage très-utile aux Pères & Mères qui veulent garantir leurs enfans des ravages meurtriers de la petite vérole naturelle. 12. *Bordeaux* 1776	1	—
Instinct (l') divin recommandé aux hommes, par M. de M. 12. *Londres* 1753	1	4
Institution astronomique, ou de l'Usage des Globes & Sphères célestes & terrestres. 4. Par Guillaume Blaeu. *Amsterdam* 1669	1	8
—— du calcul numérique & littéral, par J. J. Blaissère. 2 vol. 8. *la Haye* 1770	4	—
—— au droit de Légitime, par M. P. Roussilhe. 2 vol. 12. *Avignon* 1770	2	8
—— mathématiques, servant d'Introduction à un Cours de Philosophie, par l'Abbé Sauri. 8. *Paris* 1777	3	8
—— physiques de Madame la Marquise du Chastellet. fig. 8. *Amsterdam* 1742	2	8

Institution

Inſtitutions politiques, par le Baron de Bielefeld. 12. *Paris* 1762 — 9 | —

——— ——— des ſourds & muets, par la voie des ſignes méthodiques. 2 part. 12. *Paris* 1776 — 1 | 12

——— ——— ſur la Réligion chrétienne, par Jean Calvin, trad. par Ch. Ricard. fol. *Bremen* 1713 — 12 | —

Inſtruction chrétienne. 5 vol. 12. *Lauſanne* 1771 — 7 | —

——— ——— élémentaire & raiſonnée de la Conſtruction pratique des Vaiſſeaux, en forme de Dictionnaire, par M. de Duranté de Lironcourt. 8. *Paris* 1771 — 2 | 8

——— ——— ſur l'hiſtoire de France & Romaine, par M. Ragois. 2 vol. 12. gg. *Paris* 1764 — 2 | 8

——— ——— idem. 12. *Paris* 1705 — 1 | 12

——— ——— pour les Jeunes Dames, par Madame le Prince de Beaumont. 2 vol. 12. *la Haye* 1767 — 4 | —

——— ——— ſur la manière d'élever & de perfectionner la bonne eſpèce des bêtes à laine de Flandre. 12. *Paris* 1763 — — | 8

——— ——— de Sa Maj. Imp. Cathérine II. pour former le Code des Loix. 8. *Amſterdam* 1771 — 1 | 8

——— ——— ſur la nouvelle méthode de préparer le Mortier Loriot. 8. *Paris* 1775 — — | 8

——— ——— militaire, pour le Service de Garniſon & de campagne, par M. Bouſquet. 2 vol. 12. *Rouen* 1779 — 3 | —

——— ——— militaire du Roi de Pruſſe pour ſes Généraux, par M. Fæſch. 3 part. 12. avec planches. *Londres* 1777 — 4 | 4

——— ——— idem. *Londres* 1762 — 1 | 8

——— ——— importantes au Peuple ſur l'économie animale, par P. Fermin. 12. *la Haye* 1767 — 2 | 4

——— ——— d'un Père à ſa Fille, par DuPuy. 12. *Baſle* 1766 — 1 | —

——— ——— d'un Père à ſes Enfans ſur la Nature & ſur la Réligion, par A. Trembley. 2 vol. 8. *Neuchâtel* 1779 — 4 | 8

——— ——— d'un Père à ſes Enfans ſur la Réligion naturelle & révélée, par A. Trembley. 3 vol. 8. *Genève* 1779 — 8 | —

109

	mg	fs
Instruction d'un Père à son fils, sur la manière se conduire dans le monde, par M. du Puy. 12. *Basle* 1764	2	8
———— d'un Père à son fils. 8. *Utrecht* 1774	1	12
———— (de l') publique, ou Considérations morales & politiques sur la nécessité, la nature & la source de cette Instruction. Ouvrage demandé pour le Roi de Suède. 8. *Francfort* 1776	—	12
———— secrette dérobée à S. M. le R. de P. traduite de l'allemand, par le Prince de Ligne. 8. *Westphalie* 1779	1	8
———— Tarifs & Placarts, concernant le Commerce. 12. *Nantes* 1729	1	4
Intérêts (les) Colonies hollandoises au sud de l'Amérique, par M. C. de St. C. 8. *la Haye* 1776	—	4
———— (les vrais) du Commerce, par J. B. J. N. 8. *Londres* 1773	—	8
———— (les) des Nations de l'Europe, dévelopés rélativement au Commerce. 2 tom. 4. *Leyde* 1766	15	—
———— (de) social, par rapport à la valeur, à la circulation, à l'industrie & au Commerce intérieur & extérieur. Ouvrage élémentaire dans lequel on discute quelques Principes de M. l'Abbé de Condillac, par M. le Trosne. 8. *Paris* 1777	2	—
———— (les) présens des Puissances de l'Europe, par J. Rousset. 2 tom. 4. *la Haye* 1733	17	—
Intolérance (l') ecclésiastique, ou les malheurs d'un hétérodoxe. 2 part. 12. *Neuchatel* 1779	3	8
Intrigue (l') du cabinet, sous Henry IV. Louis XIII. terminée par la Fronde. 4 vol. 8. *Paris* 1780	9	—
———— du Sérail, histoire turque en 2 part. par M. Malebranche. 12. *la Haye* 1739	1	8
Introduction à l'art Equestre, par Jean Jaques Puech, Citoyen de Genève. 8. *Genève* 1775	—	12
———— à la Connoissance géographique & politique des Etats de l'Europe, par M. A. F. Busching. 8. *Strasbourg* 1779	1	4

Introduction

	mg	fs
Introduction à la Connoissance de l'Esprit humain. 12. *Paris* 1747	1	12
——— générale à l'Etude des Sciences & des belles-lettres. 8. *la Haye* 1731	2	8
——— (nouvelle) à la Géographie moderne; par M. Palairet. 3 vol. 12. *Londres* 1754	6	—
——— à la Géographie, la Politique, la Commerce & les Finances des Etats de l'Europe, par A. F. Busching. 12. *Amst.* 1781	1	—
——— à la Géographie, par le Sr. Sanson, *Paris* 1747	1	—
——— à la Grammaire des Dames, A l'usage de toutes sortes de commençans. 8. *Berlin* 1775	3	—
——— à l'Histoire naturelle & à la Géographie physique de l'Espagne: trad. de l'espagnol de Bowles, par Flavigny. 8. *Paris* 1776	3	4
——— à l'Histoire de Dannemarc, par M. Mallet. 4. *Copenhague* 1755	9	—
——— à la Mignature, par Mayot. 12. fig. *Amsterdam* 1771	2	—
Joujou (le) des Demoiselles. 8. *Londres* 1753	—	8
Jouissance (la) de soi-même. 12. *Amsterdam* 1749	1	8
Jour, (l'heureux) Epitre à mon ami. 8. avec fig. d'Eisen. *Paris* 1768	1	12
Journal abregé, concernant le Passage de M. le Comte de Hagha en Hollande. Avec un précis de la Révolution de Suède en 1772. 8. *la Haye* 1780	—	12
——— & Anecdotes intéressantes du Voyage de M. le Comte de Falckenstein en France. 12. *Francfort* 1777	—	12
——— Britannique, par M. Matty Leide, le vol.	1	—
——— historique, ou, Aventures de M. de T. écrit par lui-même. 12. *Londres* 1766	—	12
——— historique de la Révolution opérée dans la constitution de la Monarchie françoise, par M. de Maupeou. 7 vol. 12. *Londres* 1774	14	—
——— historique du Voyage fait au Cap de Bonne-Espérance, par M. l'Abbé de la Caille. 12. fig. *Paris* 1776	2	—

Journal

	mg	ß
Journal de Littérature, des Sciences & des Arts. No. 1 à 36. 12. *Paris* 1780	36	—
———— de la Résidence du Sr. L'Ange, Agens de S. M. Impériale de toute les Russies, à la Cour de Pékin. 8. *Leide* 1726	1	—
———— des Savans, combiné avec les meilleurs journaux anglois. 12. *Amsterdam* 1770 à 1781	1	—
———— des Savans pour l'année 1778, par le Sr. de Hédouville. 12. *Amsterdam* 1778	18	—
———— du Second Voyage du Capitaine Cook. 8. *Paris* 1777	4	—
———— d'un Voyage à la Louisiane fait en 1720, par M. Capitaine de Vaisseau. 12. *la Haye & Paris* 1768	1	—
———— du Voyage fait à la Mer du Sud avec les flibustiers de l'Amérique, par Raveneau. 12. *Paris* 1705	1	8
———— du Voyage de Michel Montaigne en Italie, par la Suisse & l'Allemagne, en 1680 & 1681. 3 vol. 12. *Rome* 1774	5	—
———— d'un Voyage qui contient différentes observations minéralogiques, par M. Collini. 8. fig. *Manheim* 1776	2	8
———— d'un Voyage au Nord en 1736 & 37, par M. Outhier. 4. fig. *Paris* 1744	7	—
Journaux des Sièges de la Campagne de 1746 dans les Pays-Bas. 12. fig. *Amsterdam* 1750	1	4
Isabelle, ou la bonté récompensée, histoire attendrissante destinée à instruire le beau Sexe. 8. *Rotterdam* 1781	1	12
Italiennes, (les) ou Mœurs & Coutumes de l'Italie, ouvrage traduit de l'anglois, par M. Baretti. 12. *Paris* 1773	1	4
Itinéraire des Routes les plus fréquentées, ou Journal d'un voyage aux villes principales de l'Europe. 8. *Paris* 1775	1	4
Juge (le) prévenu, par Mad. de V**. 5 part. 12. *Paris* 1774	3	8
Jugement (le) de Pâris. poëme en IV. Chants suivi d'œuvres mêlées, par M. Imbert. gr. 8. magnif. fig. *Amsterdam* 1774	9	—
———— idem. 8. *Amsterdam* 1777	1	—

Jugement

	m̄ℓ	ß
Jugement des Savans sur les auteurs qui ont traité de Rhétorique, par Gibert. 16 vol. 12. *Amsterdam* 1725	36	—
Julie Benson, ou l'Innocence opprimée histoire, où l'on démontre, par des faits authentiques le danger des passions déréglées & du ressentiment des femmes, trad. de l'anglois. 2 part. 8. *Paris & Rotterdam* 1780	2	8

L.

Laïs (la) philosophe, ou Mémoires de Madame D***. 12. *Bouillon* 1761	1	8
Langage (le) de la Réligion, par M. le Marquis de Carraccioli. 12. *Liège* 1743	2	8
Langue (la) ou Mêlange curieux de Réflexions morales & de bons mots, par M. S***. 12. *Leide* 1735	1	12
Langue (la) nouv. édit. 2 tom. 12. *Mæstricht* 1716	3	—
Leçons élémentaires d'Astronomie géométrique & physique, par M. l'Abbé de la Caille. 8. *Paris* 1764	4	—
—— de Chymie de l'Université de Montpellier, où l'on explique les Préparations avec la meilleure Physique, & l'usage de chaque remède, fondé sur la meilleure pratique de Médecine. 12. *Paris* 1750	2	—
—— de Droit de la Nature & des Gens, par le Professeur de Félice. 4 vol. 8. *Lyon* 1769	6	—
—— sur l'Econmie animale, par Sigaud de la Fond. 2 vol. 12. *Paris* 1767	3	8
—— de Géométrie théorique & pratique, à l'Usage de Messieurs les Eleves de l'Académie royale d'Architecture, par M. Mauduit. 8. fig. *Paris* 1773	5	—
—— élémentaires de Mathématiques, ou Elémens d'Algèbre & de Géométrie, par M. l'Abbé de la Caille. 2 vol. 8. *Paris* 1772	3	—
—— idem.	3	—
—— élémentaires de Mécanique, ou Traité abrégé du mouvement & de l'Equilibre, par M. l'Abbé de la Caille. 8. *Paris* 1764	2	—

Leçons

	mg	fs
Leçons de Morale, de Politique & de Droit public, puisées dans l'Histoire de notre Monarchie, ou nouveau Plan d'étude de l'Histoire de France. 8. *Versailles* 1773	2	—
—— de Navigation, par Dulague. 8. *Rouen* 1775	4	—
—— élémentaires d'Optique, par M. de la Caille. 8. *Paris* 1764	3	—
—— d'Optique, de Mécanique, d'Astronomie, Géométrie & Physique, par l'Abbé de la Caille. 8. fig. *Paris* 1764	3	—
—— philosophique, ou le Germe des connoissances humaines, par M. l'Abbé Guinot. 2 vol. 12. *Paris* 1778	6	—
—— (les) de Thalie, ou les Tableaux des divers ridicules. 2 vol. 12. *Paris* 1751	2	8
Lecteur (le) royal, ou Recueil de Pensées, Maximes, pour l'amusement de S. A. R. Monseig. Frédéric. 12. *Hambourg* 1733	1	8
Lectures amusantes, ou les moeurs du Siècle. 3 vol. 12. *Paris* 1759	3	8
—— pour les Enfans, ou Choix de petits Contes. 2 part. 18. *Paris* 1777	3	12
—— idem. 12. *Neuchâtel* 1777	2	4
Légende dorée, ou Histoires morales. 12. *Genève* 1768	1	12
Législation (sur la) & le Commerce des Grains, par M. Necker. grd. 8. *Paris* 1775	4	—
—— orientale. Ouvrage dans lequel on montre quels sont en Turquie, en Perse & dans l'Indoustan, les principes fondamentaux du Gouvernement, &c. Par M. Anquetil Duperron. 4. *Amsterdam* 1778	6	—
—— (de la) ou Principes des Loix, par M. l'Abbé de Mably. 12. *Amsterdam* 1777	1	12
Legs d'un Père à ses filles, par feu M. Grégori, trad. de l'anglois. 12. *Lausanne* 1775	—	12
Lettres d'Adélaïde de Dammartin, Comtesse de Sancerre à M. Le Comte de Rancé son ami, par Madame Riccoboni. 2 part. 12. *Paris* 1767	2	—
—— africaines, ou Histoire de Phénima & d'Abensar, par M. Butini. 12. *Londres & Paris* 1771	1	8
	1	12

Lettres

	mg	ſſ
Lettres de M. d'Alembert à M. Linguet, sur l'aliénation des Biens ecclésiastiques. 8. *Berlin* 1780	—	12
—— d'Amour du Chevalier De ***. 4 part. 12. *Londres* 1752	2	—
—— sur l'Amour de la Patrie. 8. *Berlin* 1779	—	12
—— (seconde) d'un Anonime à M. J. J. Rousseau sur Emile, ou de l'Education. 12. *Paris* 1767	1	12
—— sur les anglois & les françois & sur les Voyages. 12. *Cologne* 1725	1	—
—— sur les anglois & les françois & sur d'autres sujets. 12. 1728	2	8
—— sur les anglois, les françois, & les Voyages, avec la lettre sur l'Esprit fort. 2 vol. 12. *Paris* 1747	3	8
—— sur l'Art d'écrire, par G. Laurent. 8. *Paris* 1773	1	4
—— d'Aspasie, traduites du grec. 12. *Amsterdam* 1756	1	—
—— athéniennes, extraites du Porte-feuille d'Alcibiade, par M. de Crébillon fils. 2 vol. 12. *Maestricht* 1779	4	8
—— sur l'Atlantide de Platon, & sur l'ancienne histoire de l'Asie, pour servir de suite aux lettres sur l'origine des Sciences adressées à M. de Voltaire, par M. Bailly. gr. 8. *Paris* 1779	3	—
—— d'un Aumonier de l'armée autrichienne au Rév. Père, &c. 8. 1760	4	—
—— diverses de Balzac. 2 vol. 12. *Paris* 1664	1	4
—— du Baron d'Olban. 8. *Paris* 1772	1	—
—— de M. le Baron D. W. de Lynden, à L. H. P. &c. 8. 1781	—	12
—— de Barnevelt dans sa prison à Truman son ami. 8. *Paris* 1766	2	—
—— idem. *la Haye* 1764	—	12
—— de M. de la Beaumelle, à M. de Voltaire. 12. *Londres* 1763	1	—
—— Bérybériennes, suivies d'un Essai sur l'Esprit humain, par M. Beryber. 12. *Berlin* 1754	1	8
—— de Biblis à Caunus son frère, par Blin de Sainmore. 8. fig. *Paris* 1765	2	—

Lettres

	mg	ſs
Lettres curieuſes de Littérature & de Morale, par M. l'Abbé de Bellegarde. 12. *la Haye* 1734	1	8
——— ſur différens Sujets, &c. par M. J. Bernouilli. 3 vol. 8. *Berlin* 1779	4	8
——— de M. l'Abbé Le Blanc, hiſtoriographe des bâtimens du Roi. 3 vol. 12. *Lyon* 1758	6	—
——— de Madame du Boccage, contenant ſes Voyages en France, en Angleterre, Hollande & Italie. 8. *Dresde* 1771	2	—
——— de Brutus ſur les Chars anciens & modernes. 8. *Londres* 1771	2	6
——— à M. le Chev. de Born ſur la Tourmaline du Tirol, par M. Müller. 4. fig. *Bruxelles* 1779	1	4
——— de M. le Chevalier de Bouflers, &c. 8. 1775	—	4
——— cabaliſtiques, ou Correſpondance philoſophique, hiſtorique & critique, &c. 7 vol. 12. *la Haye* 1769	10	—
——— de Cain à Méhala ſon Epouſe. 8. fig. *Paris* 1765	2	—
——— de J. Calas à ſa femme & à ſes enfans, par Blin de Sainmore. 8. fig. *Paris* 1767	3	—
——— de Camille Trillo, Fauſſet de la Cathédrale d'Auſch. 12. *Paris* 1777	—	4
——— du Cardinal Mazarin, &c. 2 vol. 12. *Amſterdam* 1690	2	—
——— du Comte de Catanea à l'illuſtre M. de Voltaire. 12. *Berlin* 1754	—	12
——— de Caton d'Utique à Céſar. fig. 8. *Paris* 1766	2	—
——— d'une Chanoineſſe de Lisbonne à Melcourt, Officier en France. 12. *Paris* 1775	1	4
——— de M. Chais à Sutherland, &c. 12. *la Haye* 1768	—	4
——— de Cheſterfield. 4 vol. 12. *Amſt.* 1779	9	—
——— de Feu Ph. Dormer Stanhope, Comte de Cheſterfield, à ſon Fils Ph. Stanhope, Ecuyer. Traduites de l'anglois. 8. *Amſterdam.* 6 vol. le vol. à	2	—
——— chinoiſes, ou Correſpondance philoſophique, hiſtorique & critique, &c. 6 vol. 12. *la Haye* 1769	9	—
——— idem. 5 vol. 12. *la Haye* 1751	5	—

116

	mg	fs
Lettres chinoises, indiennes & Tartares à M. Paw, &c. 8. *Londres* 1776	1	—
——— choisies de Messieurs de l'Académie Françoise, sur toutes sortes de sujets, avec la traduction des Fables de Faerne, par M. Perrault. 12. *Paris* 1708	1	12
——— choisies de feu Guy Patin. 12. *Paris* 1687	1	8
——— idem. 3 vol. 12. *Cologne* 1687	6	
——— idem. 2 vol. 12. *Amsterdam* 1718	4	
——— choisies de Pope sur différens sujets, par M. Genet. 2 part. 12. *Paris* 1753	1	8
——— choisies de M. Simon, &c., par M. Bruzen la Martinière. 4 part. 12. *Amsterdam* 1730	5	—
——— choisies de M. de Voiture, dans lesquelles ce célèbre Ecrivain a répandu le plus d'agrémens, par sa manière fine & délicate de loüer les Grands, & par son galant badinage. 12. *Madrid & Paris* 1779	2	—
——— de Cicéron à Atticus, avec des Remarques, par M. L. Mongault. 4 vol. 12. *Paris* 1714	8	—
——— du Colonel Talbert, par Madame, Auteur d'Elisabeth. 4 part. 12. *Amsterdam* 1767	5	8
——— sur le Commerce des Grains. 12. *Amsterdam & Paris* 1768	2	—
——— d'un Cosmopolite à un Membre belgique. 8. *Middelbourg* 1781	—	8
——— de William Coxe à M. W. Melmoth, sur l'Etat politique, civil & naturel de la Suisse, trad. de l'anglois. 8. *Paris* 1781	3	—
——— critiques d'un Voyageur anglois, sur l'Article de Genève, &c. 2 vol. 8. *Copenhague* 1766	2	8
——— critiques avec des Songes moraux, &c. 12. *Amsterdam* 1767	1	4
——— de Dalis à son Ami, par M. Mercier. fig. 8. *Paris* 1767	2	—
——— d'une Dame anglaise, Résidente en Russie, à son Amie en Angleterre, avec des Notes historiques, traduites de l'anglois. 8. *Rotterdam* 1776	1	12

	m§	ß
Lettres (nouvelles) d'une Dame portugaise, avec les Réponses. 2 part. 12. *Bruxelles* 1722	—	12
—— sur le Dannemarc. 8. *Genève* 1757	2	8
—— sur la Découverte de l'ancienne ville d'Herculane, par M. Seigneux de Correvon. 2 vol. 8. *Yverdon* 1770	3	8
—— sur différens sujets, par Madame de L. E. 8. *La Haye*. 1775.	1	4
—— de M. Déronie Delisle, à M. Bertram, sur les Polypes d'eau douce. 12. *Paris* 1766	—	6
—— de Don Carlos à Elizabeth de France. fig. 8. *Paris* 1769	1	12
—— de la Duchesse de - - - au Duc de - - - *Londres* 1768	2	—
—— de la Duchesse de la Vallière à Louis XIV, par Blin de Sainmore. 8. *Paris* 1773	—	12
—— d'un ecclésiastique & de la fille, &c. 8. *Lausanne* 1773	—	12
—— écossoises. 2 part. 12. *Paris* 1777	1	12
—— égyptiennes & anglaises, &c. 8. *Amsterdam* 1742	1	8
—— sur l'Electricité, dans lesquelles on examine les dernières découvertes qui ont été faites sur cette matière, & les conséquences que l'on en peut tirer, par M. l'Abbé Nollet. 12. *Paris* 1753	3	—
—— d'Emérance à Lucie, par Madame le Prince-de-Beaumont. 2 part. 12. *Lyon* 1765	2	8
—— sur l'Emprunt & l'Impôt, par M. Rilliet de Saussure. 8. 1779	1	8
—— familières & autres de M. le Baron de Bielfeld. 2 vol. 12. *la Haye* 1763	5	—
—— familières de M. Boileau Despréaux & Brossette. 3 vol. 12. *Lyon* 1770	3	—
—— familières & galantes, ci-devant choisies par René de Milleran. 8. *Halle* 1762	1	8
—— familières du Président de Montesquieu à divers amis d'Italie. 12. 1775	1	12
—— idem. 1767	1	1
—— fanatiques. 2 vol. 12. *Londres* 1739	3	—
—— de la Fillon. 12. *Cologne* 1751	—	12

	mg	fz
Lettres de M. Fléchier, Evêque de Nismes, sur divers sujets. 12. *Lyon* 1711	1	12
—— de Furetière à Doujat. 12. *la Haye* 1688		12
—— de Gabrielle d'Etrée à Henri IV. 8. fig. par M. Blin de Sainmore.	2	8
—— de M. Gellert, traduites de l'allemand, par C. Barbot de Terceville. 8. *Brieg* 1761		12
—— de M. Gervaise Holmes, &c. 12. *Cambridge* 1750		8
—— d'un habitant de Berlin à son ami à la Haye. 12. *Berlin* 1773		6
—— de M. de Haller contre de M. de Voltaire, trad. de l'allemand, par F. L. Kœnig. 2 vol. 8. *Berne* 1780	3	8
—— amoureuses d'Héloïse & d'Abeilard, précédées de l'Epitre d'Héloïse, de M. Colardeau. 8. *Paris* 1766	1	8
—— historiques & galantes, par Madame de C***. 7 vol. 12. *Cologne* 1733	8	—
—— historiques & galantes de Madame du Noyer. 9 vol. 12. *Londres* 1757	12	—
—— sur la Hollande. 2 vol. 12. *La Haye* 1780	4	—
—— d'un hollandois à un Membre du Parlement d'Angleterre, sur la mort du Roi de Suède.	12	4
—— sur les Jardins anglois. 8. *Paris* 1775	—	4
—— (quatre) sur les Jeux de hazard. 12. *La Haye* 1713	1	—
—— (trois) d'un Iman Tartare converti. 8. *Moscow* 1761		12
—— de quelques Juifs portugais & allemands, à M. de Voltaire, &c. 12. *Paris* 1769	2	4
—— Juives, ou Correspondance historique & critique. 6 vol. 12. *en suisse*. 1738	9	—
—— idem. 6 vol. *La Haye* 1742	10	—
—— idem. 8 vol. *La Haye* 1766	10	—
—— sur la Législation, par J. D. H. 3 vol. 12. *Berne* 1775	4	8
—— de Linguet à M. le Cte de Vergennes. 8. *Londres* 1777	—	8
—— sur la Littérature allemande. 8. *Berlin* 1781		5

Lettres

		mg	ß
Lettres de Lorédano, noble Vénétien. 12. Bruxelles 1712		1	8
——— de Louis XIV, au Comte de Brionne. 12. *La Haye* 1728		1	—
——— de Louis XIV, aux Princes d'Europe, à ſes Généraux, ſes Miniſtres, &c. par M. Roſe. 2 vol. 12. *Paris* 1755		2	4
——— de M***, à différentes perſonnes ſur les Finances, les Subſiſtances, les Corvées, les Communautés réligieuſes, &c. 12. *Amſterdam* 1778		1	12
——— de M*** à M. S. B. Docteur en Médecine à Kingſton. 8. *La Haye* 1776		1	—
——— du Père Malbranche à un de ſes amis. 2 vol. 12. *Rotterdam* 1686		1	12
——— ſur la manière de former le caractère des jeunes gens. 12. *Saint Omer* 1780		1	12
——— marchandes &c. par J. C. May. 8. *Altona* 1778		1	4
——— de Maupertuis. 12. *Dresde* 1752		1	4
——— & Mémoires du Baron de Pollnitz. 2 vol. 12. *Francfort* 1738		1	12
——— & Mémoires pour ſervir à l'Hiſtoire du Cap-Bréton, &c. 12. *La Haye* 1760		1	8
——— Mémoires & Négociations du Chevalier Carleton &c. 3 vol. 12. *La Haye* 1759		6	—
——— de Mentor à un Jeune Seigneur, traduites de l'anglois, par l'Abbé Prévot. 12. *Londres* 1764		1	4
——— de Milady Bedfort, traduites de l'anglois, par Madame de B. G. 12. *Paris* 1769		1	4
——— de Milady Juliette Catesby à Milady Henriette Campley ſon amie. 8. *Amſterdam* 1759		—	8
——— de Milady Lindſey, ou l'Epouſe pacifique, &c., par Madame de Malarine. 2 part. 12. *Londres & Paris* 1780		2	—
——— de Milady Marie Wortley Montague, &c. 3 vol. 12. *Rotterdam* 1774		3	—
——— militaires. 8. *Paris* 1779		1	—
——— modernes avec leurs Réponſes, par M. Denis de Villecomte, ital. & fr. 12. *Turin* 1776		2	8

	m₴	ſ₴
Lettres de Madame Dumontier, recueillies par Madame le Prince-de-Beaumont. 2 vol. 12. *Lyon* 1773	3	8
—— de Madame Dumontier & de la Marquise de ***, &c. 8. *Liège* 1769	1	8
—— morales & critiques sur les différens états & les diverses occupations des Hommes, par le Marquis d'Argens. 12. *Amsterdam* 1737	1	—
—— morales pour former le Cœur, traduites de l'allemand, par Mademoiselle de Hahn. 12. *Königsberg* 1765	1	12
—— sur la mythologie, par M. Blanchtwell. 2 vol. 12. *Paris* 1771	1	12
—— & Négociations du Marquis de Feuquières. 3 vol. 12. *Amsterdam & Paris* 1753	5	—
—— de M. Nicolini, M. Francoulini, Procureur de St. Marc. 8. *Cologne* 1771	—	8
—— de Ninon de l'Enclos au Marquis de Sévigné. 2 part. 12. *la Haye* 1750	1	4
—— de Ninon de l'Enclos au Marquis de Sévigné, avec sa Vie. 2 part. 12. *Paris & Leipzic* 1763	2	8
—— de Ninon de l'Enclos. 2 vol. 12. *Amsterdam* 1768	4	—
—— de Ninon de l'Enclos à Madame de Sévigné, avec sa Vie. 2 vol. 12. *Amsterdam* 1777	2	8
—— & autres Oeuvres de M. de Voiture. 2 vol. 12. *Amsterdam* 1709	3	8
—— sur l'Origine des Sciences, & sur celles des Peuples de l'Asie adressées à M. de Voltaire, par M. Bailly. 8. *Paris* 1777	2	—
—— originales de Madame la Comtesse Dubarry. 8. *Londres* 1779	1	8
—— sur les Panégiriques, par Irénée Létés. 8. *la Haye* 1767	—	2
—— intéressantes du Pape Clément XIV. 3 part. 12. *Liège* 1777	6	—
—— du Pape Clément XIV, (Ganganelli) 3 vol. 12. *Paris* 1777	6	—

	mg	ſs
Lettres Pariſiennes ſur le déſir d'être heureux. 2 part. 12. *Amſterdam* 1759	2	8
———— ſur les Peintures, Sculptures & Gravures de Mrs. de l'Académie Royale, expoſées au Sallon du Louvre depuis 1767 juſqu'en 1779, commencées par feu M. de Bachaumont, &c. depuis ſa mort continuées, par un Homme de Lettres. 12. *Londres* 1780.	2	—
———— d'un Perſan en Angleterre à ſon ami à Ispahan, par M. de Montesquieu, &c. 12. *Londres* 1770	1	12
———— d'une Péruvienne. 12. *Paris* 1748	—	12
———— perſannes. 2 part. 8. *Amſterdam* 1764	1	8
———— perſannes, par M. Montesquieu. n. e. augmentée de 12 Lettres. 12. *Amſterdam* 1781	2	—
———— aux perſonnes affligées qui pleurent en ſecret ce qu'elles avoient de plus cher par Hermès. 12. 1766	—	10
———— philoſophico-théologique ſur l'éternité des peines. 8. *Amſterdam* 1771	—	8
———— philoſophiques & critiques, par Madame Co**, avec les Réponſes de M. d'Ary**. 12. *la Haye* 1744	1	4
———— philoſophiques, où l'on réfute le Déiſme de l'Homme physique, par J. J. Rouſſeau. 12. *Toulouſe* 1761	1	4
———— philoſophiques ſur le principe, la cauſe du mouvement machinal des êtres organiſés. *Amſterdam* 1754	—	12
———— phyſiques & morales ſur l'Hiſtoire de la Terre & de l'Homme, adreſſées à la Reine de la Grande-Brétagne, par J. A. de Luc. 6 part. 8. *la Haye* 1779	20	—
———— phyſiques & morales ſur les Montagnes & ſur l'Hiſtoire de la Terre & de l'Homme, par M. J. A. de Luc. 8. en Suiſſe 1778	2	—
———— (Seconde) de M. de Pinto. 8. *la Haye* 1776	—	10

	mg	ſſ
Lettres de Madame la Marquiſe de Pompadour depuis 1753, jusqu'à 1762. 12. *Londres* 1774	3	12
——— idem. 12. *Londres* 1773	1	12
——— ſur les Préjugés du Siècle. 8. *la Haye* 1760		12
——— de M. le Prince L. ou obſervations ſur l'ouvrage intitulé, de la littérature allemande, &c., par M. Rauquil Lieutaud. 8. 1781		8
——— à une Princeſſe d'Allemagne ſur divers ſujets de Phyſique & de Philoſophie. 3 vol. 8. *Mietan & Leipzig* 1770	8	
——— ſur les vrais Principes de la Religion, &c. 2 vol. 12. *Amſterdam* 1741	3	8
——— ſur la Profeſſion d'Avocat, ſur les Etudes relatives à cette Profeſſion, & ſur la manière de l'exercer; avec un Catalogue raiſonné des Livres de Droit qu'il eſt le plus utile d'acquérir & de connoître, par M. Camus. 12. *Paris* 1777	2	8
——— à un Provincial ſur la juſtice des motifs de la Guerre, & ſur les conjonctures préſentes de de l'Europe, avec les Réponſes. 5 vol. 12. *Neuchâtel* 1745	6	
——— de l'Abbé de Rancé à un ami, &c., par M. Barthe. 8. fig. *Paris* 1766	1	4
——— raiſonnée à un Membre de la Régence, dans le Quartier des ſept Forêts, &c. en réponſe à quelques Queſtions intéreſſantes, concernant l'Affaire de S. A. le Duc de Brunſwic. 8. 1781.		8
——— ſur la Religion eſſentielle à l'homme. 2 vol. 12. *Londres* 739	4	
——— idem. 2 part. 12. *Amſterdam* 1738	2	
——— (les plus belles) françoiſes de Richelet, &c. 2 vol. 12. *Amſterdam* 1737	3	8
——— (les plus belles) françoiſes ſur toutes ſortes de ſujets, &c., par P. Richelet. 2 vol. 12. *Amſterdam* 1755	4	
——— de Milord Rivers à Sir Charles Cardigan, par Madame Riccoboni. 2 part. 12. *Amſterdam* 1777	1	8

Lettres

	m̄g	ſs
Lettres de Madame la C. de Rivière à Madame la Baronne de Neufpont ſon Amies. 2 vol. 12. Paris 1777	4	—
——— de J. J. Rouſſeau ſur divers ſujets. 3 vol. 12. Genève 1749	3	8
——— de J. B. Rouſſeau ſur différens ſujets. 12. 5 vol. Genève 1750	7	—
——— écrites de la Montagne, par J. J. Rouſſeau. 2 part. 12. Amſterdam 1774	1	8
——— de J. J. Rouſſeau.	—	3
——— de Meſſire Roger de Rabutin, Comte de Buſſy, &c. 6 vol. 12. Amſterdam 1752	8	—
——— d'un Sauvage dépayſé, y joint les lettres d'un Sauvage civiliſé, &c. 8. 3 vol. Amſterdam 1746 à 1750	6	—
——— ſecrettes, touchant la dernière Guerre, &c. 12. Franc.ort 1773	1	12
——— ſecrettes de M. de Voltaire, publiées par M. L. B. 12. Genève 1765	1	—
——— ſemi-philoſophiques, du Chev. de * * *, au C. de * * *. 3 vol. 12. Amſterdam 1757	2	8
——— de Madame de Sévigné à Madame la Comteſſe de Grignan ſa Fille. 2 vol. 12. 1733	3	8
——— (Recueil des) de Madame Sévigné. 7 vol. 12. Dresde 1753	12	—
——— (Recueil des) de Madame de Sévigné. 8 vol. 12. Paris 1754	12	—
——— de Madame la Marquiſe de Sévigné à Madame la Comteſſe de Grignan ſa Fille. 10 vol. 12. Mæſtricht 1780	16	—
——— de Stéphanie, ou l'Héroïſme du Sentiment. Roman hiſtorique, par Madame la Comteſſe de Beauharnais. 2 part. 12. Liège 1779	4	—
——— (nouvelles) Suiſſes ſur divers ſujets, & ſur-tout ſur les affaires préſentes de l'Europe. 12. Amſterdam 1746	1	—
——— de l'Abbé du Thay à un de ſes amis. 12. Paris 1726	—	12
——— ſur le Théatre anglois, &c. 2 vol. 12. 1752	3	—
——— ſur la Théorie des Loix civiles, &c. 12. Amſterdam 1770	1	6

	mg	s
Lettres sur les Truffes du Piémont, &c. par M. Borch. 8. fig. *Milan* 1780	2	8
—— de Valcour, Officier françois à Zeila jeune sauvage &c. 8. *en France* 1764	1	8
—— du Lord Velford à Milord Dirton son oncle. 8. fig. 1765	3	—
—— de M. de Wicquefort avec les Réponses du M. Barlée, en fr. & en latin. 12. *Amsterdam* 1696	1	8
—— de Madame la M... de Villars. 12. *Amsterdam* 1760	1	—
—— de M. l'Abbé Winckelmann, à M. le Comte de Brühl, trad. de l'allemand. 4. *Paris* 1764	3	—
—— & autres Oeuvres de M. de Voiture. 2 vol. 12. *Amsterdam* 1709		
—— de M. de Voltaire à ses amis du Parnasse, avec des notes historiques & critiques. 8. *Geneve* 1766	1	8
—— d'un Voyageur anglois. 8. *Geneve* 1779	1	—
—— (nouvelles) d'un Voyageur anglois, par M. Sherlock. 8. *Londres & Paris* 1780	2	8
—— d'un Voyageur anglois. 2.part. 8. *Neuchâtel* 1781	1	12
Liberté (la) de la Navigation & du Commerce des Nations neutres pendant la Guerre, &c. 8. *Londres* 1780	2	
Libertés (nouvelles) de penser. 12. *Amsterdam* 1743	1	
Libertin (le) devenu vertueux ou Mémoires du Compte D... 2 vol. 12. *Londres* 1777	2	4
Lieb-Rose, ou épreuve de la vertu, histoire Scytes. 3 vol. 12. *Paris* 1770	2	8
Lyre (la) d'Apollon & le Flageollet de Pan, &c. 12. *la Haye* 1744	1	
Liste des postes principales en faveur des Voyageurs qui partent de Strasbourg, pour l'Allem. la Holl. & la Suisse. 8. *Strasbourg* 1765	—	8
Littéraires (nouvelles) de divers pays. 8. *Berlin* 1776		8
Littérature (de la) Allemande des défauts qu'on peut lui reprocher, &c. 8. *Berlin* 1780	—	10
—— idem. 12. *Amsterdam* 1781	—	6

Liturgie

	mg	ſs
Liturgie, (la) ou la manière de célébrer le Service divin dans la Ville de Genève. 4. *Genève* 1743	1	—
——— (la) ou la manière de célébrer le Service divin à Neuchâtel. 4. *Neuchâtel* 1772	1	8
Livres académiques de Cicérons, traduits & éclaircis, par M. de Castillon. 2 vol. 8. *Berlin* 1779	5	8
——— (le) de tous les Ages, ou le Pibrac moderne, Quatrains moraux, par M. P. Sylvain Maréchal. 12. *Cosmopolis & Paris* 1779	1	—
——— pour apprendre à bien lire le françois, &c. 12. *Paris* 1740	—	6
——— (les) de Babel, ou l'Histoire du Siège Romain, par Jacques Cappel. 12. *Sedan* 1616	2	—
——— (les) de Hiérosme Cardanus, médecin milanois. 8. *Paris*	6	—
——— utile aux Négocians de l'Europe, &c. par l'Abbé S**. 12. *Paris* 1775	2	—
——— (le) sans titre, par Coutan. 12. *Amsterdam* 1775	1	4
Logique, (la) ou l'Art de penser, &c. 12. *Paris* 1714	1	4
——— (la) ou l'Art de penser, dégagée de la servitude de la Dialectique, par l'Abbé Jurain. 8. *Paris* 1765	2	—
——— & principe de Grammaire, par M. du Marsais. en 2 part. 12. *Paris* 1769	2	8
Loisirs, (vos) par M. Carpentier, Auteur des nouveaux Contes moraux. 3 part. 8. *Amsterdam & Paris* 1768	3	—
——— (les) du Chevalier d'Eon-de-Beaumont, &c. 13 vol. 8. *Amsterdam* 1774	24	—
——— d'un jeune Savant, &c. 12. *Londres* 1775	1	4
——— de Madame de Maintenon. 8. *la Haye* 1757	1	—
——— (mes) ou Pensées diverses de M. le Chevalier d'Arc. Avec l'Apologie du Genre humain. 12. *Paris* 1755	—	12
Loisir (le) philosophique, ou Pièces diverses, par M. Vattel. 8. *Dresde* 1747	1	8
——— (le) philosophique, ou Pièces diverses de Philosophie, de Morale, & de Amusement, par M. de Vattel. 8. *Genève* 1747	2	—

Loix

	mg	s
Loix du magnétisme, par M. le Monnier. 2 part. 8. *Paris* 1776	4	8
——— naturelles de l'Agriculture & de l'Ordre social, par M. de Butré. 8. *Neuchâtel* 1781	1	12
——— de Platon, par le Traducteur de la République. 2 vol. 12. *Amsterdam* 1769	4	—
Londres, ouvrage d'un françois. 3 vol. 8. *Neuchâtel* 1770	6	—
Louis XIV., ou la Guerre de 1701, Poème en XV. Chants, par M. de Virouze. 8. *la Haye & Paris* 1778	2	8
Louise, ou le pouvoir de la vertu du Sexe, Conte moral, traduit par Junker. 8. *Francfort* 1771	1	—
Lucien de la Traduction de N. Perrot, &c. 3 vol. 12. *Paris* 1687	5	—
Lusiade (la) du Camoens poëme héroïque, &c. par M. Duperon. 3 vol. 12. *Paris* 1735	5	—
Lutrin (le) Poëme héroï-comique de Boileau Despréaux traduit en vers latins, avec fig. 8. *Paris* 1780	2	8
Lyonnoises (les) &c. par Z. de Pazzi-Bonneville. 8. fig. *Amsterdam* 1771	8	—

M.

Maçon (le) démasquée, où le vrai Secret des Francs-maçons. 12. fig. *Londres* 1751	1	4
Maçons (les Francs) écrasés &c. 12. *Amsterdam* 1747	2	—
Magazin des enfans, &c. par Madame le Prince-de-Beaumont. 8. *Genève* 1773	1	12
——— des enfans, par Madame le Prince de Beaumont. 12. *la Haye* 1777	2	—
——— idem, le même ouvrage. *la Haye* 1767	3	—
——— idem. 4 part. 8. *Lausanne*.	3	—
——— des Enfans, ou Dialogues d'une sage Gouvernante avec ses Elèves de la Ire distinction, par Madame le Prince-de-Beaumont. 2 vol. 12. *Neuchâtel* 1780	2	12

Magazin

	mg	s
Magazin des Enfans & des Adolescentes &c. par Madame le Prince-de-Beaumont. 8 vol. 8. *Yverdon* 1780 & 81	8	—
—— Enigmatique &c. 12. *Paris* 1767	2	—
—— des petits Enfans, par Mlle De Los Rios. 12. *La Haye* 1774	—	12
—— des pauvres Artisans, Domestiques &c. par Madame le Prince-de-Beaumont. 2 vol. 12. *Londres* 1768	2	8
—— historique pour l'Esprit & le Cœur. 2 part. 12. *Strasbourg* 1768	2	—
—— des jeunes Dames qui entrent dans le monde, par Madame le Prince de Beaumont. 2 vol. 12. *Londres* 1768	3	—
—— (nouveau) des jeunes Demoiselles. 12. *Neuchâtel* 1780	1	—
Maître (le) d'Histoire, ou Chronologie élémentaire &c. 12. *Paris* 1776	1	12
—— (le) Italien, par le Sr. Vénéroni. 12. *Venize* 1760	1	8
—— (le) Italien, ou la Grammaire françoise & italienne de Vénéroni. 8. *Lyon* 1774	3	—
—— (le) Italien, ou la Grammaire de Vénéroni. 8. *Francfort* 1778	3	—
—— (le) & le Serviteur, ou les devoirs réciproques d'un souverain & de son Ministre, &c. par T. C. de Moser. 8. *Hambourg* 1760	1	—
—— (le) Toscan, ou nouvelle méthode, pour apprendre la Langue italienne, par Marcel Bozzacchini. 8. *Paris* 1777	2	8
Maladies (des) des Yeux, par M. H. Boerhave. 12. fig. *Paris* 1749	1	12
Malédiction paternelle, lettres Sincères & véritables de N. &c. 2 part. 12. *Leipzig* 1780	6	—
Malheurs de l'Inconstance, ou Lettres de la Marquise de Syrcé & du Comte de Mirabelle. 2 part. 8. *Neuchâtel* 1773	1	8
—— (les) utiles, ou l'ambitieux corrigé, anecdote historique & morale. 12. *Genève* 1769	1	8
Mandement du Mupheti &c. 8. *Constantinople* 1768	—	12
Manes (aux) de Louis XV. & des Grands Hommes qui ont vécu sous son règne &c. 12. *Lausanne* 1777	1	12

Manne-

128

	mg	ƒs
Mannequins. (les)	—	6
Mappemonde géographique & historique, donnant des premières connoissances de Géographie, de l'Histoire des Voyages, &c. Ouvrage rédigé pour l'Education, par M. Maclot. 2 vol. 12. *Paris*.	3	—
Marianne, ou la nouvelle Paméla, &c. 2 vol. 12. *Rotterdam* 1765	2	—
Masque (le) de Fer, ou les Avantures admirables du Père & du Fils. 3 part. 12. *la Haye* 1779	2	—
Mathématique universelle, abrégée, à la portée & à l'usage de tout le monde, &c. 2 vol. 4. *Paris* 1758	14	—
Matière médicinale raisonnée, ou précis des médicamens, &c. avec les formules médicinales, par M. Bourgerat. 2 vol. 8. *Lyon* 1765	4	—
——— médicale tirée, de Halleri, &c. par M. Vicat. 2 vol. 8. *Berne* 1776	5	—
——— médicale réformée, ou Pharmacopée médico-chirurgicale, par M. Vitet. 4. *Lyon* 1780	10	—
Matinées (les) Liégeoises. 2 part. 8. *Liege* 1778	2	—
Maximes de Baltazar Gracien, traduit. de l'espanol, &c. 12. *Paris* 1730	2	—
——— du Droit public françois. 2 vol. 4. *Amsterdam* 1775	12	—
——— (nouvelles) sur l'Education des Enfans. 12. *Amsterdam* 1718	—	ƒ12
——— d'Etat, ou Testament politique d'Arnaud du Plessis De. de Richelieu. 2 vol. 12. *la Haye* 1770	3	—
——— avec des Exemples, &c. 2 vol. 12. *la Haye* 1740	2	8
——— (les) du Gouvernement monarchique, &c. 4 vol. 8. *Londres* 1778	15	—
Manière (la) d'apprendre & d'enseigner l'arithmétique, par L. F. Périchart. 8. *Bruxelles* 1751	3	—
——— très-facile d'apprendre à parler bien françois, allem. & fr. *Leipzig* 1772	1	—
——— d'enseigner & d'étudier les belles lettres, par M. Rollin. 4 part. 12. *Amsterdam* 1736	6	—

Manière

	m̄	ß
Manière (de la) d'enseigner & d'étudier les Belles-lettres, par M. Rollin. 4 vol. 12. *Amsterdam* 1745	12	—
———— (de la) d'enseigner & d'étudier les Belles-lettres, par rapport à l'esprit & au cœur, par M. Rollin. 4 vol. 8. *Paris* 1764	8	—
———— (nouvelle) de jouer aux Echecs, selon la Méthode du Sr. Philippe Stamma natif d'Alep. 12. *Utrecht* 1777	1	8
———— de négocier avec les souverains, par M. Callières. 2 part. 12. *Londres* 1750	3	—
———— d'ouvrir & de traiter les Abscès, &c. 12. *Paris* 1765	2	8
———— de faire le pain de pommes de terre, sans mélange de farine, par Mr. Parmentier. 8. *Neuchâtel* 1779	—	8
———— de rendre toutes sortes d'édifices incombustibles, &c. 8. *Paris* 1754	1	8
Manuel de l'Artificier. 12. *Paris* 1757	2	—
———— des Artistes & des Amateurs, &c. 4 vol. 12. *Paris* 1770	14	—
———— de Cavalerie, &c., par M. de la Guérinière. 8. fig. *la Haye* 1742	3	—
———— des Champs, ou Recueil choisi, instructif & amusant de tout ce qui est le plus nécessaire & le plus utile pour vivre à la Campagne, &c., par M. de Chanvolon. 12. *Paris* 1775	2	4
———— du Chasseur, avec de la Musique. 12. *Paris* 1780	1	8
———— du jeune chirurgien, &c. 8. *Paris* 1770	3	8
———— (le Chronologiste) pour servir d'introduction au Géographe manuel, dans lequel on trouve les principales Epoques de l'Histoire de chaque Peuple, &c. Ouvrage d'une utilité générale & d'un usage journalier. *Paris* 1770	2	8
———— des Dames de Charité ou formule de médicamens faciles à préparer. 12. *Paris* 1765	2	8
———— des Ecuyers, &c., par M. Carbon de Bégrières. 8. *Paris* 1725	1	8
———— (le) des Enfans, ou les Maximes des Vies des Hommes illustres de Plutarque, par M. Sabathier. 12. *Paris* 1769	2	—

Manuel d'Epictète, &c., par M. Dacier. 2 part. 12. *Paris* 1715 . . . . 3 —
——— de l'Etranger qui voyage en Italie. 12. *Paris* 1778 . . . . 3 —
——— des femmes enceintes, de celles qui font en couche, & des Mères qui veulent nourrir, par M. le Febure. 12. *Paris* 1777 . . . 1 — 8
——— des Grammairiens. 12. 1777 . . 1 12
——— historique, géographique & politique des Négocians, &c., 3 vol. 8. *Lyon* 1762 . 10 —
——— de l'Homme du monde, &c. 8. *Paris* 1761 . . . . 2 — 8
——— des Jeunes Orateurs. 2 vol. 12. *Moruon* 1777 . . . . 3 —
——— de la jeunesse, ou Instruction familière, &c., par Madame le Prince-de-Beaumont. 2 vol. 12. *Paris* 1773 . . . . 3 —
——— Lexique, ou Dictionnaire portatif, &c. 2 vol. 8. *Paris* 1755 . . . . 7 —
——— à l'usage des marchands. 12. 1771 . — 8
——— des Marins, ou explication des termes de Marine, par M. Bourdé. 2 vol. 8. *l'Orient* 1773 . . . . 4 —
——— de Médecine pratique, royale & bourgeoise, ou Pharmacopée tirée des trois Règnes, appliquées aux maladies des habitans des villes. Ouvrage utile à tout Citoyen, par M. Buc'hoz. 8. *Paris* 1771 . . . . 3 8
——— médical & usuel des plantes, tant exotiques qu'indigènes, par M. Buc'hoz. 2 vol. 12. *Paris* 1770 . . . . 4 —
——— utile aux Curieux sur la mesure du Temps, par M. Gabory. 12. *Paris* 1770 . . 1 —
——— moral, ou Maximes pour se conduire sagement dans le monde. 8. *la Haye* 1774 — 6
——— du Naturaliste dédié à M. le Comte de Buffon. Ouvrage utile aux Voyageurs & à ceux qui visitent les Cabinets d'Histoire naturelle & de Curiosités. 8. *Paris* 1774 . 3 8
——— du Philosophe, ou Dictionnaire des Vertus & des Qualités. 8. *Berlin* 1769 . 2 —
——— des Jeunes Physiciens, ou Nouvelle Physique élémentaire, par M. Wandelaincourt. 12. *Yverdon* 1778 . . . . 2 —

	m$	f$
Manuel tironien, ou recueil d'abréviations, &c. par M. Feutry. 8. *Paris* 1775	3	8
Méchanique (la) du Feu, &c., par M. G. 12. fig. *Amsterdam* 1714	2	—
———— (la) des Langues, & l'Art de les Enseigner, par M. Pluche. 12. *Paris* 1751	2	—
Médailles de grand & moyen bronze du Cabinet de la Reine Christine gravées, par P. Sto. Barthole, trad. par Sig. Haverkamp. 1 vol. fol. *la Haye* 1742	36	—
Médecin (le) des Dames, ou l'Art de les conserver en santé. 12. *Paris* 1773	1	8
———— (le) des Hommes, depuis la puberté jusqu'à extrême vieillesse. 12. *Paris* 1772	2	—
———— (le) de Soi-même, ou l'Art de se conserver la santé. 12. *la Haye* 1709	1	12
———— (la) pratique de Londres, &c. 3 vol. 12. *Yverdon* 1779	5	8
———— rurale & pratique, &c. 12. *Paris* 1768	1	8
———— vétérinaire, par M. Vitet. 3 vol. gr. 8. *Lyon* 1771	12	—
Méditations chrétiennes pour tous les jours de l'année, par le R. P. Chapuis. 3 vol. 12. *Paris* 1753	4	8
———— chrétiennes, &c. par M. Géraud. 12. *Amsterdam* 1700	1	—
———— d'Hervey, traduites de l'anglois, par M. le Tourneur. 2 part. 12. *Paris* 1771	1	12
———— philosophiques de D'Aguesseau. 4 vol. 12. *Yverdon* 1780	4	8
———— philosophiques sur Dieu, le Monde & l'Homme, par T. L. Lau. 12. *Königsberg* 1770	—	12
Mélanges tirés d'une grande bibliothèque. 8. *Paris* 1780	3	—
———— d'Histoire naturelle, par M. A. D. 6 vol. 12. *Lyon* 1763	12	—
———— d'Histoire naturelle, par M. Dalac. 6 vol. 12. *Lyon* 1765	15	—
———— historiques, politiques & critiques, &c. par M. Ducrot. 4 part. 8. *Paris* 1780	5	—

	mg	β
Mélanges historiques & critiques contenant diverses pièces relatives à la France. 2 vol. 12. Paris 1768	3	—
—— historiques, critiques, de physique, &c., par M. d'Orbessan. 2 vol. 8. Paris 1768	8	—
—— historiques, recueillis & commentés, par M. 12. Amsterdam 1718	1	4
—— littéraires & philosophiques, &c. 8. Berlin 1755	1	—
—— de Littérature, dédiés à S. A. R. Mgr. le Prince de Prusse. 8. Breslau 1779	3	—
—— de Littérature dédiés à S. A. R. le Prince de Prusse, par Madame de Monbart. 12. Breslau 1779	2	—
—— de Littérature, d'Histoire & de Philosophie. 5 vol. 12. Amsterdam 1767	8	—
—— idem. 4 vol. 12. Amsterdam 1760	6	—
—— (nouveaux) de littérature, d'histoire & de philosophie d'un Centenaire, &c. 8. 1769	2	—
—— de littérature, de morale & de physique. 7 vol. 12. Amsterdam 1775	12	—
—— de Littérature orientale, &c., par M. Cardonne. 2 vol. 12. Paris 1770	4	—
—— (nouveaux) philosophiques, historiques, critiques, &c. 7 vol. 8. 1765	12	—
—— philosophiques, par M. Formey. 2 vol. 12. Leide 1754	3	—
—— de poésies, de littérature & d'histoire, par l'Académie des Belles-Lettres de Montauban. 8. Montauban 1750	3	—
—— de Poésies, par M. de Voltaire. 2 vol. 12. Neuchâtel 1773	5	—
—— de politique & de littérature, par M. Linguet. 8. Bouillon 1778	2	8
—— en Prose françoise, par M. Ebeling. 8. Hambourg 1778	3	—
—— de Remarques critiques, historiques & sur les Dieux, &c. de M. Toland, par M. Benoist. 8. Delf 1712	2	8
—— curieux des meilleures Pièces attribuées à M. de Saint-Evremont & de quelques autres Ouvrages rares & nouveaux. 2 vol. 8. lig. Amsterdam 1726	4	—

Mélanges

	mg	ß
Mélanges de traductions de différens ouvrages Grecs, latins, & anglois. 8. *Paris* 1779	3	—
——— de traductions de différens ouvrages de morale, italiens & anglois. 12. *Paris* 1779	1	8
Mémoire artificielle des principes relatifs à la fidelle représentation des animaux, tant en peinture qu'en sculpture, &c. par feu Mr. Goiffon & par Mr. Vincent. 2 vol. fol. fig. *Alfort* 1779	33	—
Mémoires politiques & militaires, par l'Abbé Millot. 6 vol. 12. *Paris* 1781	10	—
——— de M. l'Abbé de Montgon. 7 vol. 12. 1750	14	—
——— de M. d'Ablancourt. 12. *la Haye* 1701	1	4
——— sur les Abus dans les mariages, & sur les moyens d'y remédier. 12. *Paris* 1766	—	12
——— de l'Académie des Sciences, contenant les Ouvrages adoptez par cette Académie avant son renouvellement en 1699. 6 vol. 4. avec fig. *la Haye* 1731	39	—
——— sur l'Administration des Finances d'Angleterre. 2 vol. 12. *Londres* 1768	2	8
——— concernant l'Administration des Finances sous le Ministere de l'Abbé Terrai. 12. *Londres* 1776	2	—
——— sur l'Administration provinciale, par M. Necker. 8.	—	12
——— d'un Américain, avec une description de la Prusse & de l'Isle de St. Domingue. 2 part. 12. *Lausanne* 1771	1	12
——— de deux Amis, &c. par M. Delasolle. 2 vol. 12. *Londres* 1754	2	8
——— & anecdotes de la Cour & du Clergé de France, par le Sieur J. B. Denis. 12. *Londres* 1712	1	4
——— sur les Objets les plus importans de l'Architecture, par M. Patte. avec fig. 4. *Paris* 1769	12	—
——— sur l'Art de la Guerre de Maurice, Cte de Saxe &c. 8. *Dresde* 1757	7	8
——— d'Artillerie, &c. par le Sr. Surirey de St. Remy. 2 vol. 4. fig. *Amsterdam* 1702	24	—

	mg	fs
Mémoires d'Artillerie contenant l'Artillerie nouvelle, par M. de Scheel. 4. *Copenhague* 1777	15	—
———— secrets de Bachaumont, tomes 15 & 16	3	8
———— 1 tome 11.	2	—
———— 1 tome 11 à 12.	3	8
———— de Madame de Barneveldt. 2 vol. 12. *Amsterdam* 1732	1	12
———— (nouveaux) du Baron de Pollnitz, &c. 12. *Francfort* 1738	1	8
———— de Mad. la Baronne de St. Lys. 8. *Lausanne* 1776	1	8
———— de Caron de Beaumarchais, par M. Goëzman, &c. 12. *Paris* 1775	1	12
———— & Aventures d'un Bourgeois qui s'est retiré du monde. 2 vol. 12. *la Haye* 1750	3	—
———— pour Donat Pierre & Louis Calas. 12. *la Haye* 1763	—	12
———— sur les Campagnes d'Italie de 1745 & 46. 12. *Amsterdam* 1777	1	8
———— des deux dernières Campagnes de M. de Turenne en Allemagne. 12. *Strasbourg* 1734	1	4
———— du Cardinal de Retz. 6 vol. 12. *Genève* 1777	12	—
———— de Cécile écrite, par elle-même. 12. *Paris* 1756	1	12
———— sur l'ancienne Chevalerie, considérée comme un établissement politique & militaire, par M. de la Curne de Sainte-Palaye. 2 vol. 12. *Paris* 1759	3	8
———— sur l'ancienne Chevalerie, considérée comme un établissement politique & militaire, par M. de la Curne de Sainte-Palaye. 3 vol. 12. *Paris* 1781	6	—
———— de M. le Chevalier de Melville, &c. 12. *Amsterdam* 1705	—	12
———— (nouveaux) du Chevalier Guillaume Temple, &c. 8. *la Haye* 1729	1	12
———— & Aventures du Chevalier de St. Vincent. 12. *Londres* 1770	1	—
———— & observations de Chirurgie, par M. Trécourt. 12. *Bouillon* 1769	2	—

	mg	ß
Mémoires de Clarence Weldone, où le Pouvoir de la Vertu, Histoire angloise, par Madame de Malarme. 2 part. 12. *Londres & Paris* 1780	2	—
—— touchant le Code primitif & conventionel des Nations. 8. *Groningue* 1780	—	4
—— & Considérations sur le Commerce & les Finances d'Espagne, avec des Réflexions sur la nécessité de comprendre l'étude du Commerce & des Finances dans celle de la Politique. 2 vol. 8. *Amsterdam*	4	8
—— des Commissaires de S. M. T. Chrétienne & ceux de S. M. Britannique. 12. *Amsterdam* 1755	5	—
—— sur la Compagnie des Indes, par M. le Comte de Lauragais. 3 part. 8. 1770	3	—
—— du Comte de Baneston, par le Chev. de Fourville. 2 part. 12. *la Haye* 1755	1	12
—— du Comte de Bonneval, &c. 3 part. 12. *Londres* 1738	2	12
—— idem. 3 vol. 12. *la Haye* 1738	2	12
—— (les) de la vie du Comte D***, touchant sa retraite, &c. 2 vol. 12. *Amsterdam* 1705	2	8
—— du Comte de Forbin, Chef d'Escadre. 2 vol. 12. *Amsterdam* 1730	3	—
—— de la Vie du Comte de Grammont, &c. 12. *Cologne* 1714	1	—
—— de Comte de Guiche concernant les Provinces-unies, &c. 12. *Londres* 1744	2	—
—— de Mr. le Comte de St. Germain. 12. *Amsterdam* 1779	1	12
—— idem. 8. en Suisse. 1779	2	—
—— authentiques de Madame la C. du Barry, &c., par M. le Ch. F. N. 12. 1775	1	—
—— à présenter à Monsieur le Controlleur général. 1777	—	6
—— sur les corvées, &c. par M. l'Abbé Baudeau. 12. 1775	—	12
—— secrets de la Cour de Charles VII. Roi France. 2 part. 12. *Amsterdam* 1735	1	4
—— de la Cour de France pour les années 1688 & 89, par Mad. la Comtesse de la Fayette. 12. *Amsterdam* 1731	1	8

	m̄g	ſs
Mémoires de M. De ***, pour servir à l'Histoire des Négociations depuis le Traité de Riswick. 3 vol. 12. *La Haye* 1757	5	—
——— historiques critiques de la Cour de France. 4 vol. 12. *Amsterdam* 1765	6	—
——— sur la Culture du Sain-foin, &c. ses avantages dans la Haute Champagne, par M. ***. 12. *Amsterdam* 1764	1	—
——— instructif sur la manière de rassembler, préparer, &c. les diverses curiosités d'Histoire naturelle. fig. 8. *Lyon* 1758	2	8
——— sur une découverte dans l'art de bâtir, faite par le Sr. Loriot, &c. 8. *Paris* 1774	—	10
——— sur les découvertes faites dans la mer du Sud, &c. par M. Pingré. 4. fig. *Paris* 1778	4	—
——— sur les défrichemens, par M. le Marquis de Turbilly. 8. *Amsterdam* 1762	1	8
——— du Duc de Villars, Pair de France. 3 vol. 12. *La Haye* 1734	4	—
——— de Mad. la Duchesse de Némours. 8.	1	4
——— d'Edmond Ludlow, contenant ce qui s'est passé sous le règne de Charles I. jusqu'à Charles II. 3 vol. 12. *Amsterdam* 1699	5	—
——— sur l'éducation des vers à Soie, par l'Abbé Boissier de Sauvage. 3 part. 8. *Nimes* 1763	3	8
——— sur l'Egypte ancienne & moderne suivis d'une Description du Golfe arabique, ou de la Mer Rouge, par M. d'Anville. 4. *Paris* 1766	10	8
——— de l'Eléphant. 8. *Paris* 1771	—	12
——— historiques, militaires & politiques de l'Europe, par l'Abbé Raynal. 3 vol. 8. *Amsterdam* 1754	5	—
——— & Réflexions sur les Principaux évènem. du Règne de Louis XIV. pour M. L. M. D. L. F. 12. *Rotterdam* 1716	—	12
——— historiques, militaires & politiques sur les principaux événemens arrivées dans le Royaume & l'Ile de Corse, &c. par M. Jaussin. 8 vol. 12. *Lausanne* 1758	4	8

Mémoire

	mg	ß
Mémoire d'une honnête femme, écrits, par elle-même, &c. 3 part. 12. *Amsterdam* 1762	1	4
——— sur les Finances & sur le Commerce d'Angleterre. 12. *Leide* 1769	1	8
——— historique, entre la France &c. l'Angleterre en 1761	—	12
——— de Gaudence de Lucques, &c. 4 part. fig. *Liege* 1777	3	—
——— géographique, physique & historique de l'Asie, l'Afrique & l'Amérique. 6 vol. 8. *Yverdon* 1767	8	—
——— idem. 4 vol. 12. *Paris* 1767	7	—
——— justificatif pour le P. J. B. Girard, contre Marie Cadière, &c. 3 vol. 8. *la Haye* 1731	4	—
——— 2 vol.	2	4
——— sur la dernière guerre de l'Amérique septentrionale entre la France & l'Angleterre, par M. Pouchot 2 vol. 12. *Yverdon* 1781	2	8
——— touchant le Gouvernem. d'Angleterre. 12. *Amsterdam* 1764	1	8
——— secrets de la Guerre d'Hongrie, par le Comte de Schmettau. 12. *Francfort* 1772	1	8
——— de M. Guay Trouin &c. avec figures. 12. *Amsterdam* 1756	2	12
——— de Guy Joly. 3 vol. 12. *Genève* 1751	4	—
——— de Hambourg, de Lubeck & de Holstein, &c. par Maurier. 12. *la Haye* 1737	1	8
——— de Henry de Lorraine, Duc de Guise. 2 vol. 12. *Amsterdam* 1703	2	8
——— (nouveaux) d'histoire, de critique & de littérature, par M. l'Abbé d'Artigny. 7 vol. 12. *Paris* 1753	12	—
——— historiques, politiques, critiques & littéraires, par Amelot de la Houssaie. 2 vol. 12. *Amsterdam* 1731	5	8
——— concernant l'histoire, les sciences, les arts, les mœurs, &c., des Chinois. 8 vol. 4. *Paris* 1776	80	—
——— (nouveau) pour servir à l'Histoire des Cacouacs. 12. *Amsterdam* 1757	1	—

138

	mg	ſt
Mémoire pour servir à l'Histoire des Couplets de 1710. 12. *Bruxelles* 1752	—	12
——— Anecdotes pour servir à l'Histoire de M. Duliz. 12. *Londres* 1739	1	4
——— (nouveaux) pour servir à l'Histoire de l'Esprit & du Cœur, par le Marquis d'Argens. 2 vol. n2. *la Haye* 1745	3	—
——— pour servir à l'histoire de la fête des foux, par M. du Lilliot. 8. *Lausanne & Genève* 1751	1	8
——— pour servir à l'Histoire générale des Finances, par d'Eon de Beaumont. 2 part. 8. 1780	2	—
——— pour servir à l'Histoire de Fréderic le Grand, &c. 2 vol. 12. *Lausanne* 1740	3	—
——— pour servir à l'Histoire d'Hollande, &c. 12. *Paris* 1697	1	—
——— idem. 1690	1	—
——— & aventures d'un Homme qualité qui s'est retiré du Monde, 8 vol. 12. *Amsterdam* 1745	7	—
——— idem. fig. 12. *Paris* 1776	10	—
——— politiques & militaires pour servir à l'Histoire de Louis XIV. & de Louis XV. par l'Abbé Millot. 6 vol. 12.	10	—
——— pour servir à l'Histoire de Malte, &c. 12. *Utrecht* 1742	1	8
——— pour servir à l'Histoire de la Maison de Brandebourg. 12. *la Haye* 1751	3	8
——— pour servir à l'Histoire de M. de Maintenon. 15 vol. 12. *la Haye* 1757	18	—
——— pour servir à l'Histoire de la Maison de Brandebourg. 3 part. 4. *Berlin* 1767	6	—
——— pour servir à l'Histoire de Madame de Maintenon, &c., par M. de la Beaumelle. 16 vol. 12. *Maſtricht* 1778	24	—
——— pour servir à l'Histoire du Monde moral & politique, 12. *Amsterdam* 1773	1	—
——— pour servir à l'Histoire des mœurs du 18e Siècle, par M. Duclos. 12. *Londres* 1752	—	12
——— pour servir à l'Histoire naturelle des Animaux & des Plantes, par Messieurs de l'Académie Royale des Sciences. 6 vol. 4. *Amsterdam* 1736	39	—

Mémoires

	mg	ß
——— de M. de pour servir à l'Histoire des Négociations depuis le Traité de Riswick jusqu'à la Paix d'Utrecht. 3 tomes. 12. *la Haye* 1757	6	—
——— secrets pour servir à l'Histoire. 12. *Amsterdam* 1745	1	4
——— pour servir à l'Histoire des Pétrification, dans les 4 parties du Monde, avec fig. 4. *la Haye* 1742	12	
——— pour servir à l'Histoire de la Vie du Lord William Pitt. 8. *Amsterdam* 1766	—	8
——— pour servir à l'Histoire de Pierre III. avec Supplément, &c. 8. *Francfort* 1763	2	—
——— Secrets pour servir à l'Histoire de la République des Lettres en France, par M. de Bachaumont. tome 1 à 12. 12. *Londres* 1777 à 81	24	
——— idem. tome 15 & 16. le vol.	3	8
——— pour l'Histoire des Sciences & des Beaux-Arts. 12. *Amsterdam* 1701	13	—
——— pour servir à l'Histoire du 18e Siècle, &c., par M. de Lamberty. 8 vol. 4. *la Haye* 1724	80	
——— pour servir à l'Histoire du XVIII. Siècle, par Lamberty. 4.	10	
——— idem. complet. 14 vol. 1735	135	—
——— pour servir à l'Histoire du 18e Siècle, &c., par M. de Lamberty. 14. vol. 4. *Amsterdam* 1740	10	
——— ou Essai pour servir à l'Histoire de M. le Tellier, Marquis de Louvois. 8. *Amsterdam* 1740	1	
——— pour servir à l'Histoire de notre tems. 12. *Francfort & Leipzig* 1759	1	4
——— pour servir à l'Histoire de la vie & des Ouvrages de M. Langlet du Fresnoy. *Paris* 1761	1	—
——— & Anecdotes, pour servir à l'Histoire de Voltaire, depuis sa naissance jusqu'à sa mort. 12. *Liège* 1780	1	8
——— touchant l'importance & la nécessité, où se trouvent les Provinces-unies de fournir à l'Angleterre, les Secours stipulés, par les Traités. 8. *Utrecht* 1779	—	8

Mémoires

	m͟	ſt
Mémoires ſur l'Infanterie, ou Traité des Légions, par le Maréchal de Saxe. 8. *la Haye* 1753	1	—
—————— politiques amuſans & ſatiriques de Meſſire J. N. D. B. de C. 3 part. 12. *Veritopole* 1735	2	12
—————— ſur l'Inoculation de la petite vérole, par de la Condamine. 12. *la Haye* 1754	—	4
—————— du Sr. Joly de St. Valier, ou expoſé de ſa conduite, &c. 8. *Londres* 1780	1	—
—————— (nouveaux) ou Obſervations ſur l'Italie & ſur les italiens, &c. 3 vol. 12. *Londres* 1764	6	—
—————— juridique, &c. 8. 1781	—	6
—————— contre la Légitimité des naiſſances prétendues, traduites par M. Louis. 8. *Paris* 1764	—	12
—————— pour M. Linguet. Avocat à Paris. 12. *Paris* 1775	1	4
—————— littéraires ſur différens ſujets, traduit de l'anglois, par M. Eidons. 12. fig. *Paris* 1750	2	—
—————— de Louis XV. Roi de Navarre. 12. *Rotterdam* 1775	—	6
—————— idem. 1775. 8.	—	6
—————— de Lucile, par M. le Baron de V. S. 3 part. 12. *Paris* 1761	2	—
—————— de M. D. L. R. &c. 12. *Cologne* 1664	1	4
—————— Secrets & Aventures galantes de Mahomet, tirés d'un Manuſcrit trouvé, &c. 2 part. 12. *Conſtantinople* 1781	1	12
—————— hiſtoriques, ſur la Maiſon de Coucy, par M. de Belloy. 8. *Paris* 1770	1	—
—————— ſur les maladies épidémiques, &c., par M. Barberet. 8. *Paris* 1766	1	8
—————— du Maréchal de Baſſompierre, &c. 2 vol. 12. *Cologne* 1665	2	8
—————— du Maréchal de Bervick, écrit par lui-même, &c., avec ſon portrait & une Carte de ſes Campagnes. 2 vol. 12. *Paris* 1780	4	—
—————— du Maréchal de Tourville, Vice-Amiral de France, &c. 3 vol. 12. *Amſterdam* 1758	3	8

	mg	ß
Mémoires de Marguerite de Valois, Reine de France & de Navarre. 12. *Liège* 1713	2	—
—— — du Marquis de Chouppe. 2 vol. 12. *Paris* 1753	2	4
—— — de Madame le Marquise de Crenay. 2 vol. 12. *Lyon* 1766	3	8
—— — du Marquis d'Argens. 8. *Londres* 1753	2	8
—— — sur divers sujets de Médecine, &c., par la Camus. 8. *Paris* 1760	2	—
—— — de Jacques Melvil, &c. 2 vol. 12. *la Haye* 1694	3	—
—— — sur la meilleure méthode de raffiner le salpêtre, par M. Tronson. 8. *Paris* 1774	1	—
—— — de Miladi Varmonti, Comtesse de Barneshau, traduits ou imités de l'anglois, par M. le Comte de M.... 2 part. *Londres* 1778	2	—
—— — d'un Militaire, par M. R***. 12. *Wesel* 1759	1	—
—— — de M. de Montschal, Archevêque de Toulouse, contenant des particularités de la Vie & du Ministère du Cardinal de Richelieu. 2 vol. 12. *Rotterdam* 1718	3	—
—— — sur les moyens de se garantir de la foudre dans les Maisons, par M. Deromas. 12. *Bourdeaux* 1776	1	4
—— — de Madame du N**** écrite par elle même. 5 vol. 12. *Cologne* 1710	7	—
—— — sur la Nature sensible & irritable des parties du corps animal, par M. de Haller. 4 vol. 12. *Paris* 1756	9	—
—— — de M. Necker, au Roi, sur l'Etablissement des Administrations provinciales. 4. *Londres* 1781	—	8
—— — de M. Necker, avec plusieurs autres pièces relatives, &c. 4. 1781	2	8
—— — historique sur la négociation, &c. 8. *Amsterdam* 1761	1	4
—— — & Négociations secrettes de la Cour de France touchant la paix de Munster. 1 vol. fol. *Amsterdam*	10	—
—— — & secrettes de Ferdinand Bonaventure, Comte d'Harrach, &c., par M. de la Torre. 5 vol. 12. *la Haye* 1720	3	

	mg	ſc
Mémoires & Négociations secrettes de diverses cours de l'Europe, par M. de la Torre. 5 vol. 12. la Haye 1721.	7	—
—— sur les observations météorologiques faites à Franeker, en Frise, &c., par J. H. van Swinden. 8. Amsterdam 1780	3	8
—— très-fidèles & très-exacts, &c., par un Officier distingué. 2 vol. 12. Paris 1734	2	8
—— de la Vie de Milord Duc d'Ormond. 12. la Haye 1738	1	8
—— de Pamela, écrits par elle-même. 2 part. 12. Londres 1743	1	8
—— sur le pays des Cafres & la terre de nuit, &c. 8. Amsterdam 1718	1	—
—— sur la Peinture à l'encaustique & sur la Peinture à la cire, par M. le Comte de Caylus & M. Majault. 8. Paris 1780	2	—
—— de Mess. Ph. de Commines. 1 vol. Paris 1615	10	—
—— de Philippe de Commines, Chevalier Seigneur d'Argenton. 12. Paris 1716	1	8
—— de Physique pure sans Mathématiques de toutes les acc. des Sciences, pour les ann. 1665-66 & 67. 4. Lausanne	5	—
—— de diverses espèces de plantes propres à servir de fourrage aux bestiaux, par M. L. Clouet. 4. Erfort 1780	1	—
—— du Sieur de Pontis. 2 vol. 12. Amsterdam 1749	4	—
—— sur la population, &c. 8. Londres 1768	—	12
—— de M. de la Porte lû Valet de Chambre de Louis XIV. 8. Genève 1756	2	—
—— sur les Professions réligieuses en faveur de la raison, contre les préjugés. 12. Avignon 1766	1	8
—— d'un Protestant condamné aux Galères de France, par Cause de Réligion. 12. Rotterdam 1757	1	8
—— sur les Questions proposées, par l'Académie de Bruxelles en 1775. 4. Bruxelles 1779	5	—

	m͞g	ſs
Mémoires ſur le Rang que tiennent les Chapitres de Cathédrale dans l'Ordre Hiérarchique, contre les principes de trois Lettres publiées à Auxerres en 1779. 12. 1780	1	—
———— du Règne de Cathérine Imp. de toutes les Ruſſies. la Haye 1728	2	8
———— hiſtoriques, critiques & Anecdotes des Reines & Régentes de France. 6 vol. 12. Amſterdam 1776	10	—
———— ſecrets de la Républiques des Lettres. 7 vol. 12. Amſterdam 1744	9	—
———— ſur les dernières Révolutions de la Pologne, par un Gentilhomme Polonois. 8. Rotterdam 1710	1	4
———— de Rigobert Zapata, publiés par M. de Liguac, auteur de l'Homme & de la Femme conſidérés phyſiquement dans l'état du Mariage. 2 part. 12. Lille 1780	2	—
———— préſenté au Roi ſur la néceſſité d'un Règlement général au ſujet des enterremens & embaumemens, par Jaques Jean Bruhier. 12. Paris 1759	—	12
———— hiſtoriques & géographiques du Royaume de la Morée, Négrepont, & des Places maritimes, juſques à Theſſalonique, par M. Coronelli. 12. fig. Amſterdam 1686	3	—
———— (les) de Meſſire Royer de Rabutin, Comte de Buſſy. 2 vol. Amſterdam 1692 & 1731	4	—
———— ſur les Samojedes & les Lappons. 8. Copenhague 1766	—	8
———— ſur la Situation actuelle de la Comp. des Indes, par l'Abbé Morrelet. 4. 1769	4	8
———— de la Société établie à Genève pour l'avancement des arts & de l'Agriculture. 4. Genève 1778	—	12
———— pour les ſouverains de la Communion de Rome, par M. D. C. 1 Juillet 1778. 12.	1	—
———— de Mademoiſelle de Sternheim, publiés par M. Vieland, & traduits de l'Allemand, par Madame. 2 part. 12. la Haye 1773	3	8

	m̄g	ſ
Mémoire inutile ſur un Sujet important. 8. *Londres* 1778	—	8
—— de Maximilien de Béthune, Duc de Sully. 10 vol. 12. *Londres* 1778	18	—
—— ſur la Teinture en noir, &c., par J. B. Beunie. 8. *Rotterdam* 1777	—	8
—— de M. de Torcy, &c. 3 vol. 12. *Amſterdam* 1757	3	12
—— Turcs, ou Hiſtoire galante de deux Turcs, pendant leur Séjour en France. 2 vol. 12. *Amſterdam* 1780	1	12
—— inſtructifs ſur la vacance Impériale des Droits des Electeurs & de l'Empire, &c. par le Baron de D*. 8. *Amſterdam* 1741	1	4
—— hiſtoriques & géographiques ſur la Valachie, par M. de B**. 8. *Francfort* 1778	1	—
—— de Victoire. 2 part. 12. *Paris* 1769	1	4
—— inſtructifs pour un voyageur dans les états divers de l'Europe. 2 vol. 8. *Amſterdam* 1738	3	—
Mémorial (le) d'un Mondain, par M. le Comte M. 8. *Francfort* 1775	1	—
—— d'un mondain. 2 vol. 8. *Londres* 1776	4	—
Ménage (le) des Champs & de la Ville, ou nouveau Cuiſinier françois, accommodé au goût du tems. 12. *Paris* 1738	2	—
—— (le) univerſel &c. par de la Ferrière. 8. *Bruxelles* 1725	3	—
Mendiant Boiteux, (le) ou les Avantures d'Ambroiſe Gwinett, par M. Caſtillion. 2 part. 8. *Bouillon* 1770	1	8
Mentor (le) moderne, &c. 4 part. *Amſterdam* 1727	5	—
Mépriſes, (les) ou les Illuſions du Comte d'Orabel, par M. Nougaret. 2 vol. 12. *Paris* 1780	8	4
Mercure de France par une Société de gens de lettres de 1770 à 81. 12. *Amſterdam*	—	12
Meſure des 3 prem. degré du Méridien dans l'hémiſphère auſtral, &c. par M. de la Condamine. 4. *Paris* 1751	8	—
Métamorphoſes (les) d'Ovide, &c. par M. l'A-Bannier en 3 vol. 12. fig. *Amſterdam* 1764	9	—
—— idem 2 vol. *Paris* avec le Latin à côté à	3	8

Métamor-

	m₧	ſ₧
Métamorphoſes (les) d'Ovide, par M. Pierre du Ryer. fol. *Paris* 1660	15	—
——— d'Ovides, en latin & en françois de M. P. Du-Ryer. fol. fig. *Amſterdam* 1702	18	—
——— (les) d'Ovide, par M. Du-Ryer. 3 vol. fig. *Amſterdam* 1718	7	8
Météorographie, ou Art d'obſerver d'une manière commode & utile les Phénomènes de l'Atmoſphère, par M. Changeux. 8. *Paris* 1781	1	—
Méthode abrégée & facile pour apprendre la Géographie, &c. avec un Abrégé de la Sphère, par M. la Crozat. 12. *Paris* 1774	3	8
——— pour la meſure des Surfaces, la dimenſion des Solides, leur Centre de peſanteur, &c. par M. Carre. 4. fig. *Paris* 1750	4	—
Mexique (le) conquis. 2 part. 8. *Paris* 1752	2	—
——— le même ouvrage en 2 part. 8. *Caſſel* 1759	—	12
——— le même ouvrage. 8. *Berlin* 1775	1	4
Méthode facile pour arpenter ou meſurer toutes ſortes de ſuperficies, &c. par M. Ozanam. 12. *Paris* 1725	1	12
——— claire, cert. & facile pour apprendre l'Art d'écrire, &c. avec recepte pour faire toutes ſortes d'encres, par Blondel. 4. *Stockholm* 1738	2	—
——— (nouvelle) raiſonnée du Blaſon, ou de l'Art héraldique du P. Méneſtrier, par M. L. 8. *Lyon* 1780	6	—
——— très-facile de traiter par principes tous les changes étrangers, par Bernard. Bertho. 12. *Liège* 1772	1	8
——— pour bien prononcer un diſcours, & pour le bien animer, par M. Réné Barry. 12. *Leide* 1708	—	10
——— pour élever & conſerver les Enfans en bonne ſanté, par Blackey. 12. *Paris* 1777	—	8
——— (nouvelle) géographique, par l'Abbé Compan. 2 vol. 12. *Paris* 1771	6	—
——— abrégée & facile, pour apprendre la Géographie, &c. 12. *Paris* 1745	1	8

K Méthode

	m.	s.
Méthode pour apprendre facilement la Géographie, contenant un Abrégé de la Sphère, la Division de la Terre en ses Continens, Empires, Royaumes, Etats, Républiques, Provinces, &c. par M. Robbe. 2 vol. 12. *la Haye* 1704	7	—
———— pour étudier la Géographie, &c. 4 vol. 12. *Amsterdam* 1718	6	—
———— (nouvelle) pour traiter la Grammaire françoise, &c. par M. la Roche. 8. *Leipzic* 1748	1	—
———— facile pour apprendre l'Histoire d'Angleterre, &c. 12. *Amsterdam* 1698	1	—
———— pour étudier l'Histoire, avec un Catalogue des principaux Historiens, &c. par M. l'Abbé Lenglet du Fresnoy. 12 vol. avec Supplément. 12. *Paris* 1734	20	—
———— facile pour apprendre à bien parler italien, &c. 8. *Brunswic* 1768	1	8
———— (nouvelle) raisonnée pour apprendre facilement la langue françoise, &c., par Barir. 8. *Amsterdam* 1776	1	8
———— (nouvelle) pour apprendre facilement la langue latine. 8. *Paris* 1711	2	—
———— pour étudier & pour enseigner l'ortographe & la langue françoise, par M. Jacquier. 12. *la Haye & Francfort* 1742	2	—
———— (la) d'étudier & d'enseigner chrétiennement & solidement la Philosophie, par Thomassin. 8. *Paris* 1685	2	—
———— (nouvelle) d'extraire la Pierre de la vessie urinaire par-dessus le pubis, &c. avec figures. 12. *Yverdon* 1779	2	8
———— pour lever les Plans & les Cartes, &c. 12. *Paris* 1693	1	8
———— aisée pour conserver sa santé jusqu'à une extrême vieillesse. 12. *Paris* 1752	2	—
Militaire (le) citoyen, ou l'emploi des hommes, par M. Jacquet de Malzet. 12. *Amsterdam* 1760	1	8
———— (le) en Franconie, par le Marquis de B. &c. 8. 2 vol. fig. *Liège* 1777	9	—
Milord d'Ambi, Histoire angloise, par Madame Beccary. 2 part. 12. *Paris* 1781	2	—

Mimographe

	mg	s
Mimographe, (la) ou Idées singulières d'une honnête femme, &c. 8. *Amsterdam* 1770	4	8
——— le même. 2 vol.	6	—
Ministre (le) public dans les Cours étrangères, &c. par le S. J. de la Sarraz du Franquesnay. 12. *Amsterdam* 1731	1	—
——— (le) de Wackefield, Histoire supposée écrite par lui-même. 2 part. 12. *Londres & Paris* 1768	2	8
Miotomie humaine & canine, ou la manière de disséquer les muscles de l'homme & des chiens; suivie d'une Miologie, ou histoire abrégée des muscles, par Réné Croissant de Garengeot. 2 part. 12. *Paris* 1750	3	8
Miroir (le) d'or, ou les Rois du Chechian, Histoire véritable. 4 part. 8. *Francfort* 1773	2	8
Miscellanea, Amusemens d'un Solitaire des bords de la Vienne, &c. 12. *Poitiers* 1780	2	8
Mirza-nadir, ou Mémoires & Avantures du Marquis de S. T. 4 part. 8. *la Haye* 1749	3	—
Minéralogie ou Description générale des substances du Règne minéral, par J. G. de Wallerius. 2 vol. 8. *Paris*	8	—
——— Sicilienne docimastique & métalurgique, par de Borch. 8. *Turin* 1780	5	—
Minéralogistes (les anciens) du Royaume de France, avec des Notes, par M. Gobet. 2 vol. 8. *Paris* 1779	12	—
Modelles de Conversations pour les personnes polies, par M. l'Abbé de Bellegarde. *la Haye* 1730	1	8
Modèle d'Eloquence, ou les Traits brillans des Orateurs françois les plus célèbres. 12. *Paris* 1753	1	8
——— de l'Héroïsme & des vertus militaires, ou Histoire abrégée des plus célèbres Guerriers anciens & modernes. 2 vol. 12. *Paris* 1780	4	—
Modèles de Lettres sur différens sujets. 12. *Bouillon* 1761	1	—
——— de Lettres sur toutes sortes de sujets, par Isaac de Colom du Clos. 8. *Gottingue* 1760	1	—

	mg	ſs
Modèles de Lettres ſur toutes ſortes de ſujets, pour enſeigner à appliquer les Règles du Stile, ouvrage publié en faveur de ceux qui apprennent la Langue françoiſe, par Iſaac de Colom du Clos. 8. *Gottingue* 1764	4	—
Mœurs. (les) 2 part. 8. *Amſterdam* 1748	3	8
—— & coutumes des François dans les premiers tems de la Monarchie, par M. l'Abbé le Gendre. 12. *Paris* 1753	1	4
—— (les) Coutumes & Uſages des anciens Peuples, pour ſervir à l'Education de la Jeuneſſe de l'un & de l'autre Sexe, par M. Sabbathier. 3 vol. 12. *à Châlons-ſur-Marne* 1770	6	—
—— des ſauvages américains, comparés aux mœurs des premiers tems, par le P. Lafitau. 4 part. 12. fig. *Paris* 1724	4	—
Moine (le) marchand, ou Traité contre le Commerce des Réligieux. 2 vol. 12. *Amſterdam* 1761	2	—
Mois (les) Poëme, en douze Chants, par M. Roucher. 2 vol. 4. ſuperbes figures. *Paris* 1779	27	—
—— (les) Poëme en douze Chants, par M. Roucher. 4 vol. 12. *Paris* 1779	6	—
Momus (le) françois, ou les aventures divertiſantes du Duc de Roquelaure. 12. *Lyon* 1778	2	—
Monarque (le) accompli, ou prodige de bonté, &c., de S. M. I. Joseph II., par de Lanjuinais. 3 vol. 8. *Lauſanne* 1774	4	12
Monde, (le) ſon origine & ſon Antiquité. 12. *Londres* 1751	1	—
—— (le) ſon Origine & ſon Antiquité, de l'ame & de ſon immortalité. Eſſai ſur la Chronologie. 8. *Londres* 1778	2	8
—— (le) ſon Origine & ſon Antiquité, &c. 8. *Londres* 1778	2	—
—— primitif, analyſé & comparé, avec le monde moderne, par M. Court de Gebelin. 4. fig. *Paris* 1777	10	—
Monialiſme, (le) Hiſtoire galante. 2 part. 12. *Rome* 1777	1	4
Monument élevé à la Gloire de Pierre le Grand, ou Rélation des travaux & des moyens méchaniques qui ont été employés pour transporter		

à Péters-

	m£	f£
à Pétersbourg un rocher de trois millions pesant destiné à servir de base à la Statue équestre de cet Empereur, &c., par le Comte Marin Carburi de Céphalonie. fol. fig. *Paris* 1777	15	—
Monumens de la mythologie & de la Poésie des Celtes pour servir de Supplément à l'Introduction à l'Histoire de Dannemark, par Mallet. 4. *Copenhague* 1756	2	—
——— érigé à M. le Professeur Gellert, &c. 4. *Leipzig* 1770	1	8
——— authentiques de la Réligion des Grecs, par le Sr. J. Aymon. 4. *la Haye* 1708	7	8
——— précieux de la Sagesse de nos Rois. 4. 1753	—	8
Morale chrétienne, par Pictet. 2 vol. 4. *Genève* 1710	12	—
——— (la) du Citoyen du Monde, ou la Morale de la Raison, par l'Abbé Sauri. 12. *Paris* 1777	2	—
——— (les) de Plutarque, Sénèque, Socrate & Epictète. 12. *Paris* 1659	1	—
——— des Princes, traduite de l'italien du C. J. Comazi. 2 part. 12. *Paris* 1754	3	8
——— universelle, ou les Devoirs de l'Homme fondés sur sa nature. 3 vol. 8. *Amst.* 1776	8	—
Morgagni (Jo. Bapista) *de Sedibus & causis Morborum*, par *Anatomi Indagatis*, &c. 3 vol. 4. *Ebrodoni* 1779	18	—
Mort (la) d'Abel, Poème en cinq Chants, traduit de l'allemand de M. Gessner, par M. Huber. 12. *Amsterdam* 1760	2	—
——— (de la) par M. Formey. 8. *Berlin* 1759	1	12
Mots (les bons) & les maximes des orientaux, par M. Galland. 12. *Paris* 1736	1	4
Mouche, (la) ou les Aventures de M. Bigand, traduites de l'italien, par le Chevalier de Mouhy. 4 part. 12. *Paris* 1736	4	—
Moyens propres à combattre les fièvres putrides & malignes, par M. J. B. D. M. 12. *Yverdon* 1779	—	18
——— (des) les plus propres à éteindre les maladies Vénériennes, &c., par M. Bourru. 8. *Paris* 1771	—	12

	₶	ſ
Moyen court & très-facile de faire Oraiſon, &c. par B. S. J. 8.	2	—
—— (le) d'être heureux, ou le Temple de Cythère, avec les Avantures de Chanſy. 2 part. 8. *Amſterdam* 1750	1	8
Muſes grecques, ou traduction en vers françois de Plutus, comédie d'Ariſtophane, &c., par Poinſinet de Sivry. 8. *Paris* 1771	2	8
—— (les) helvétiennes, ou Recueil de Pièces fugitives de l'Helvétie en Vers & en Proſe. 8. *Lauſanne* 1775	2	—
Myſtère, (le Grand) ou l'Art de méditer ſur la Garderobe, par Swift, &c., penſées Hazardées, par M. le Saye. 8.	1	—
Myſtères (les) les plus ſecrets des hauts grades de la Maçonnerie dévoilés, ou le vrai Roſe-Croix, trad. de l'anglois, &c. 12. fig. *Jeruſalem* 1774	1	—
Mythologie, ou Recoeuil des Fables Grecques Eſopiques, &c., par M. P. de Fraſnay. 2 vol. 12. *Orleans* 1750	3	—

N.

	₶	ſ
Nagzag, (le) ou les Mémoires de Chriſtophe Ruſtaut dit l'Afriquain. 8. *Paris* 1781	1	—
Nature conſidérée ſous ſes différens aſpects ou journal des trois règnes de la Nature, &c., par M. Buc'hoz. *Paris* 1780	—	10
—— (de la) des Bains de Bourbon, &c., par J. Cattier. 8. *Paris* 1650	1	—
—— (la) philoſophe, ou Dictionnaire des comparaiſons & Similitudes, par M. Moiſſy. 8. *la Haye* 1776	3	—
—— (la) opprimée par la Médecine moderne, ou la Néceſſité de recourir à la Méthode ancienne, par M. Touſſaint Guindant. 12. *Paris* 1768	1	12
—— (la) expliquée, par le Raiſonnement & par l'Expérience, le tout enrichi de figures en taille douce, par M. Denyſe. 12. *Paris* 1719	3	8

	mg	f8
Naudéana & Patiniana, ou Singularités remarquables, &c. 12. *la Haye* 1748	1	8
Naufrage & Aventures de M. P. Viaud, natif de Bordeaux, &c. *Liège* 1770	1	—
Nazaréen (le), ou le Christianisme des Juifs, des Gentils & des Mahométans, traduit de l'anglois de J. Toland. 8. *Londres* 1777	4	
Nécessité (la) du Culte public parmi les Chrétiens, &c. par M. A. de la Chapelle. 8. *la Haye* 1746	2	8
Négoce (le) rendu facile, &c. par le P. Momirer de Claire-combe. 4. *Londres* 1708	2	8
Négociant (le) Anglois, &c. 2 vol. 8. *Amsterdam.*	3	—
——— (le) patriote, contenant un Tableau qui réunit les avantages du Commerce, la connoissance des Spéculations de chaque Nation. Ouvrage utile aux Négocians, Armateurs, Fabriquans & Agricoles, par un Négociant. 8. *Bruxelles & Paris* 1779	3	8
Négociations du Comte d'Avaux en Holland, depuis 1679 jusqu'en 1688. 6 vol. 8. *Paris* 1754	6	—
Neraïr & Melhoé, Conte, ou Histoire, &c. 12. 1748	2	8
Newcastle (le nouveau) ou nouveau Traité de Cavalerie, &c. *Genève* 1744	1	8
Noblesse (la) commerçante. 12. *Paris* 1756	1	—
——— des Franc-Maçons. Poême, par S. le M. 12. *Francfort* 1756	—	8
Noeud (le) Gordien. 4 part. 12. *Londres* 1770	4	
Nosologie méthodique, &c. par M. F. Boissier de Sauvage. 3 vol. 8. *Paris* 1770	15	—
——— méthodique, ou distribution des Maladies, par Fs. B. de Sauvage. 10 vol. 12. *Lyon* 1772	20	—
Notionaire, ou Mémorial raisonné de ce qu'il y a d'utile & d'intéressant dans les Connoissances acquises, par M. Garsault. fig. 8. *Paris* 1741	8	
Nourriture de l'ame, ou Recueil de prières, &c. par J. Ostervald. 8. *Neuchâtel* 1774	2	—

Nouveautés

	mg	ß
Nouveautés dédiées à gens de différens états, &c. 2 vol. 12. *Paris* 1724	4	—
Nouvelles espanoles de Michel de Cervantes. Traduction nouvelle, avec des Notes; ornée de figures en taille-douce. 2 vol. gr. 8. *Paris* 1778	16	—
———— espagnoles, par M. d'Ussieux. 2 vol. 12. *Paris* 1772	3	—
———— françoises, par M. d'Ussieux. 8. fig. 2 vol. *Paris* 1775	20	—
———— (suite des) historiques, par M. d'Arnaud. 8. superbes figures. tome 2. troisième Nouvelle. Le Comte de Strafford *Paris* 1781	3	—
———— littéraires de divers Pays. 4 Cayer. 8. *Berlin* 1776	3	—
———— (les) de Marguerite, Reine de Navarre. gr. 8. avec de superbes figures, dessinées par M. Freudenberg, & exécutées par les plus célèbres Graveurs de Paris. Les Vignettes & Culs de Lampes sont dessinées & gravées par M. Dunker. *Berne* 1778	5	—
———— (nouvelles) en vers. 8. *Philadelphie* 1779	1	—
———— (les cent nouvelles) 4 vol. *Londres* 1744	2	8
Nuits (les) attiques d'Aulugelle. 2 vol. 12. *Paris* 1776	3	8
———— Clémentines, françoises & italiennes, par Georgi Bertoia. 12. *Paris* 1778	2	4
———— (les mille & une) Contes Arabes, traduits en françois, par M. Galland. 6 vol. 12. *Paris* 1774	14	—
———— (la) & le moment, ou les matinées de Cythère Dialogues. 12. *Paris* 1764	1	8
———— (les) d'Young, traduites de l'anglois, par M. le Tourneur. 4 vol. 12. *Paris* 1710	10	—
———— d'Young en vers françois, 4me, 12me & 15me. 8. *Paris* 1771	—	12

O.

Objets des remontrances du Parlement du 19 May 1763. 12. sur les Edits du mois d'Avril 1763	—	12

Observateur

	mg	ß
Observateur (l') Anglois, ou Correspondance secrette entre Milord All'eye & Milord Alle'ar. 4 vol. 12. *Londres* 1779	10	—
———— (l') Hollandois sur l'état présent des affaires de l'Europe. 8. *Liège* 1756	1	8
———— (l') François à Londres, ou Lettres sur l'état présent de l'Angleterre, rélativement à ses forces, à son commerce & à ses mœurs, &c. 3 vol. 12. *Londres* 1769	6	—
Observations d'un Alsacien sur l'affaire des Juifs d'Alsace. *Francfort* 1779	—	12
———— (nouvelles) sur l'Angleterre, par l'Abbé Coyer. 12. *Yverdon* 1779	2	—
———— (nouvelles) sur l'Angleterre, par un Voyageur. 12. *Paris* 1779	1	12
———— sur l'Architecture, par l'Abbé Laugier. 12. *à la Haye & à Paris* 1765	2	—
———— sur l'Art de faire la Guerre en 3 part. 8. *Amsterdam* 1744	1	4
———— sur les Arts, & quelques morceaux de Peinture & de Sculpture. *Leyde* 1748	1	4
———— sur les causes & les accouchemens laborieux, par M. A. Levret. 2 vol. 8. *Paris* 1750	4	8
———— sur la Comète qui a paru au mois de Décembre 1680 & Janv. 1681. par M. Cassieu. 4. *Paris* 1681	1	8
———— historiques sur les Commentaires de Folard & sur la Cavalerie, par le Comte de Brézé. 2 vol. 8. fig. *Turin* 1772	9	—
———— sur le Commerce & sur les Arts d'une partie de l'Europe, de l'Asie, de l'Afrique, & même des Indes Orientales, par J. C. Flachat. 2 vol. 12. avec fig. *Lyon* 1766	6	—
———— sur la constitution militaire & politique des Armées de Sa M. Prussienne. 8. fig. *Suisse* 1778	1	—
———— en forme de Lettres adressées à l'Auteur des Remarques sur un Ecrit intitulé, Lettres d'un suédois demeurant à Londres &c. 4.	—	10
———— sur le froid rigoureux du Mois de Janvier 1776, par J. H. van Swinden. 8. *Amsterdam* 1778	2	8

	mg	s
Observation sur la guérison d'une phtisie pulmonaire, par M. Daffy d'Arpajean. 8. *Lausanne* 1778	—	6
—————— sur l'Histoire de la Grèce, ou des causes de la prospérité & des malheurs des Grecs, par M. l'Abbé Mably. 12. *Genève* 1766	1	8
—————— (nouvelles) physiques & pratiques sur le Jardinage & l'art de plantes, avec le Calendrier des Jardiniers. Ouvrage traduit de l'anglois de Bradley, enrichi de figures en taille-douce. 2 vol. 12. *Paris* 1756	5	—
—————— sur la littérature en France, sur le Barreau, les journaux, &c. 12. 1780	—	8
—————— chyrurgicales, sur les maladies de l'Urèthre, traitées suivant une nouvelle méthode, par M. Daran. 12. *Paris* 1768	1	12
—————— & dissertations de médecine pratique, publiées en forme de Lettres, par M. Tissot. 2 vol. 12. *Lausanne* 1780	1	12
—————— sur le Mémoire justificatif de la Cour de Londres, par P. A. C. de Beaumarchais. 8. *Londres* 1780	—	8
—————— sur le Mémoire justificatif de la Cour de Londres. 4. *Paris* 1780	2	8
—————— (graves) sur les bonnes Mœurs par le frère Paul Hermite de Paris, &c. 8. *à l'Hermitage* 1780	1	4
—————— sur la nature & sur le traitement de la rage, par M. Portal. 12. *Yverdon* 1779	1	—
—————— historiques & géographiques sur les Peuples barbares qui ont habité les Bords du Danube & du Pont-Euxin, par M. de Peyssonnel. 4. fig. & Cartes. *Paris* 1765	10	—
—————— de Physique & d'Histoire naturelle sur les eaux minérales, par M. de Secondat. 8. *Paris* 1750	1	8
—————— Physiques, dédiées au Roi, par M. Gautier. 6 vol. 12. *Paris* 1753	12	—
—————— sur la religion, les Loix, le Gouvernement & les mœurs des Turcs, trad. de l'anglois par M. Dorter. 2 part. 12. *Neuc.* 1750	1	12

Observations

	mg	ß
Observations sur les Romains, par M. l'Abbé de Mably. 12. *Genève* 1767	1	12
—————— sur la Statue de Marc-Aurèle, par E. Falconnet. 8. *Amsterdam* 1771	1	8
—————— sur le Traité des Délits & des peines de l'Italien. *Amsterdam* 1767	—	12
—————— sur le Traité de Paix conclu à Paris le 10 Février 1763. 12. *Amsterdam* 1780	1	4
Occupations (les) du Siècle, par M. — — *Amsterdam* 1739	1	8
Occellus Lucanus en grec & en françois, avec des Dissertations, &c. par M. le Marq. d'Argent. 12. *Berlin* 1762	1	8
—————— de la Nature de l'Univers, &c. par l'Ab. Batteux. 8. *Paris* 1768	3	8
Odalisque (l') ouvrage, traduit du Turc. 8. *Constantinople* 1779	—	12
Odazir, ou le jeune Syrien, Roman philosophique, composé d'après les Mémoires d'un Turc, par M. ***. *la Haye* 1772	1	8
Odes Anacréontiques, par M. de Sauvigny. 12. *Paris* 1762	1	—
— & autres ouvrages de M. de la Motte. 12. *Amsterdam* 1714	—	12
— de M. de la Motte de l'Académie françoise. 3 vol. 12. *Amsterdam* 1719	4	8
— nouvelles & autres Poésies, par Mr. Sabatier. 12. *Paris* 1766	1	8
— au Roi de Prusse sur ses Poésies. 8. *Paris* 1760	—	4
— sacrées, ou les Pseaumes de David, en vers françois. 8. *Amsterdam* 1764	2	8
Odyssée (mon) ou le journal de mon retour de Saintonge, Poème à Chloé. 8. *La Haye* 1769	1	—
Oeconomiques, (les) par L. D. H. 4. *Amsterdam* 1769	4	—
Oeconomie générale de la Campagne, ou nouvelle Maison rustique par le sieur Liger. 4. *Amsterdam* 1701	6	—
Oeuvre (le grand) dévoilé en faveur des personnes qui ont grand besoin d'argent. 8. *Paris* 1779	—	12

Oeuvres

	mg	fs
Oeuvres diverses de M. Abauzit, &c. tome 1. 8. *Londres* 1770	3	—
—— diverses de M. le Comte d'Albon. 12. *La Haye* 1778	1	8
—— dramatiques d'Apostolo Zeno. 2 vol. 12. *Paris* 1758	2	8
—— d'Arnaud, Epreuves du Sentiment. 12. 2 vol. *Paris* 1772	4	—
—— de M. Autreau. 4 vol. 12. *Paris* 1749	5	—
—— complettes de Mr. de Beaumarchais. 4 vol. 8. 1780	12	—
—— mêlées de Madame le Prince de Beaumont, par servir de Suite à ses autres ouvrages. 6 vol. 12. *Mastricht* 1775	9	—
—— de l'Abbé de Bellegarde, sur la Politesse des mœurs. 15 vol. 12. *La Haye* 1761	15	—
—— complettes de M. de Belloy 6 vol. 8. *Paris*.	20	—
—— de M. Bernard. 12. *Paris* 1775	1	—
—— mêlées en prose & en vers de M. l'Abbé de Bernis. 12. *Gottingue* 1756	1	—
—— mêlées du Cardinal de Bernis, en prose & en vers. 12. *Amsterdam* 1759	—	12
—— complettes de M. le Cardinal de B***. in-24. 2 vol. *Londres* 1779	3	8
—— de M. Boileau Despréaux. Avec des Eclaircissemens historiques donnés par lui-même, & rédigés par M. Brossette, &c. par M. de Saint-Marc. 5 vol. gr. 8. fig. *Paris* 1747	25	—
—— de M. Boileau Despréaux. 3 vol. 12. *Paris* 1768	6	—
—— le même ouvrage. 5 vol. 8. fig. *Paris* 1772	24	—
—— de Monsieur Boindin. 2 vol. 12. *Paris* 1753	3	—
—— d'Histoire naturelle & de Philosophie, par Charles Bonnet. 7 vol. 4. fig. la suite nouvelle. *Neuchâtel* 1779 à 82	70	—
—— de Monsieur Bosc d'Antic. 2 vol. 12. fig. *Paris* 1780	5	8
—— du Chevailler de Boufflers. 8. *La Haye* 1780	2	—
—— le même ouvrage. 8. *Francfort sur l'Oder* 1780	1	8

Oeuvres

	mg	f
Oeuvres du Comte de Cataneo. 3 vol. 12. *Berlin* 1756	4	—
—— de Chapelle & Bachaumont. 12. *La Haye & Paris* 1755	1	8
—— de Chaulieu. 2 vol. 8. *La Haye & Paris* 1774	6	—
—— de Chaulieu, d'après les manuscrits de l'Auteur. 2 vol. in-24. *La Haye* 1777	4	—
—— de Nivelle de la Chaussée. 5 vol. 12. *Paris* 1777	10	—
—— posthumes de Claude. 5 vol. *Amsterdam* 1688	6	—
—— complettes de Colardeau. 2 vol. 12. *Liège* 1778	3	8
—— de M. l'Abbé de Condillac 3 vol. 8. *Paris* 1777	9	—
—— (les) de Feu de Cordemoy, &c. contenant les discours sur la Distinction du Corps & de l'Ame. 4. *Paris* 1704	8	—
—— (collection complette des) de M. l'Abbé Coyer. tom. I. 8. *Neuchâtel* 1780	2	4
—— de Crébillon. 1 vol. pet. 12. *La Haye* 1712	1	—
—— (collection complette des) de M. de Crébillon le fils. 12. *Londres* 1779	18	—
—— diverses du Sieur D***. 2 part. 12. *Amsterdam* 1697	1	—
—— diverses du Sieur D***. 1 vol. 12. *Paris* 1713	2	—
—— posthumes de M. de ***, contenant ses Harangues au Palais, les Discours Académiques. 8. *Lyon* 1757	2	—
—— de M. Destouches. 10 vol. 12. *Amsterdam* 1772	12	—
—— diverses de M. Desmahis. 8. *Genève* 1762	1	8
—— complettes de M. Desmahis. 12. *Mæstricht* 1777	1	8
—— (les) morales de M. Diderot, contenant son traité de l'Amitié & celui des Passions. 2 vol. 8. *Francfort* 1770	2	—
—— de Diderot. 6 vol. 12. *Amsterdam* 1772	12	—

	m̄g	fs
Oeuvres complettes de Dorat. 9 vol. 8. *Neuchâtel* 1776 à 80	20	—
——— d'Etienne Falconet, Statuaire, contenant plusieurs ecrits relatif aux beaux Arts. 6 vol. 8. *Lausanne* 1781	12	—
——— diverses de Madame la Comtesse de la Fayette. 2 vol. 12. *Mæstricht* 1779	2	8
——— diverses de la Fontaine. 4 vol. 12. *la Haye* 1729	6	—
——— idem. 4 vol. 12. *Paris* 1750	7	—
——— pothumes de M. de la Fontaine. 1 vol. 12. *Paris* 1696	1	—
——— choisies de Fontenelle. 2 vol. 12. *Liège*	3	—
——— en vers & en prose de M. de Forges Maillard, &c. 2 vol. 12. *Amsterdam* 1759	3	8
——— de M. Franklin, Docteur ès Loix, trad. de l'anglois par M. Barbeu du Bourg. 2 vol. 4. fig. *Paris* 1773	15	—
——— de l'Abbé Girard. 2 part. 12. *Leide* 1762	2	8
——— meslées de M. de la Grange. 8. *la Haye* 1724	1	4
——— diverses de Grécourt. 2 vol. 12. *Luxembourg* 1761	4	8
——— diverses de Grécourt. 8 vol. 12. *Londres*.	12	—
——— (les) de Gresset. 2 vol. 12. *Amsterdam* 1748	2	8
——— de M. Gresset. 2 vol. 8. belles fig. *Londres* 1780	6	—
——— du Comte Antoine Hamilton. 7 vol. 12. 1777	10	8
——— de la Harpe. 4 vol. 8. *Yverdun* 1777	6	—
——— idem. même ed. en 3 vol.	4	8
——— complettes de M. Helvétius. 5 vol. 12. *Londres* 1777	8	—
——— d'Homère, traduites en françois, par Madame Dacier. 4 vol. 8. *Genève* 1779	14	—
——— d'Horace en latin & en françois, avec rem. de Dacier & autres. 10 vol. 12. *Hambourg* 1733	15	—
——— philosophiques de M. D. Hume, traduits de l'anglois. 5 vol. 8. *Londres* 1764	8	—

Oeuvres

Oeuvres de Jean d'Espagne, Ministre du St. Evangile. 2 vol. 12. la Haye 1674	2	4
—— diverses de Joncourt. 2 part. 12. la Haye	1	4
—— de Linguet. 8. 1780	2	—
—— idem. le même. 8. la Haye 1780	4	—
—— diverses de M. de la Louptière. 2 vol. 8. Paris 1774	3	—
—— de M. 12. Londres 1761	1	8
—— mêlées de M. ***. 1 vol. 12. Paris 1732	1	4
—— politiques de M. l'Abbé Mably. 4 vol. 8. Amsterdam & Leipzig 1777	9	—
—— posthumes de J. L. Magnet. 1 vol. 8. 1775	2	—
—— de Clément Marot, &c. 4 vol. 4. avec portraits & ordres. la Haye 1731	24	—
—— (nouvelles) de M. l'Abbé de Maucroix. 8. Paris 1726	1	8
—— mêlées en prose & en vers de M. L. D. B. 12. Genève 1753	1	12
—— philosophique de M. de la Mettrie. 3 part. 12. Berlin 1775	4	—
—— dramatiques de M. de Moissy. 3 vol. 8. Berlin 1773	6	—
—— de Molière. 8 vol. 12. Paris 1710	10	—
—— idem. 8 vol. Paris 1768	12	—
—— de Molière, avec des Remarques grammaticales, des avertissemens & des observations sur chaque pièce, par M. Bret. 6 vol. 8. Neuchâtel 1775	15	—
—— de Molière, avec des Remarques grammaticales, par M. Bret. 8 vol. 12. Paris 1778	10	—
—— choisies de M. de la Monnoye. 3 vol. 8. La Haye 1770	9	—
—— de Monsieur de Montesquieu. 7 vol. 12. Londres 1772	14	—
—— de Pierre Du Moulin, &c. 8. Genève 1734	1	—
—— de Fc. Lamothe Levayer. 14 vol. 8. Dresde 1756	28	—
—— mêlées de M. l'Abbé Nadal. 3 vol. 12. Paris 1738	6	—

Oeuvres

	mg	fs
Oeuvres d'Ovide, trad. p. Martignac. 9 vol. 12. *Lyon* 1697	14	—
——— (les) galantes & amoureuses d'Ovide. 2 vol. 8. *Cythère* 1774	1	8
——— de M. Palissot. 7 vol. 8. fig. *Liège* 1777	36	—
——— complettes de M. Pallissot. 7 vol. 12. *Londres* 1779	9	—
——— mathématiques, contenant les Elemens de Géométrie, &c. par le P. J. G. Pardies. 12. avec fig. *Amsterdam* 1725	2	8
——— de M. le Chevalier de Parny. 8. *Lisle* 1780	1	8
——— d'Etienne Pavillon de l'Académie françoise. 2 part. en prose & en vers. 12. *Amsterdam* 1750	2	—
——— diverses de M. Pélisson. 3 vol. 12. *Paris* 1735	5	—
——— du Philosophe bienfaisant. 4 part. 12. *Paris* 1764	8	—
——— du Philosophe de Sans-Souci. 12. *Amsterdam* 1760	1	12
——— idem. 2 part. 12. *Francfort* 1762	3	—
——— d'Alexis Piron, avec figures en taille-douce, d'après les dessins de M. Cochin. 3 vol. 12. *Paris* 1758	15	—
——— complettes d'Alexis Piron, publiées par M. Rigoley de Juvigny. 9 vol. 12. *Paris* 1776	18	—
——— complettes d'Alexis Piron, publiées par M. Rigolay de Juvigny, &c. 7 vol. 8. *Neuchâtel* 1777	18	—
——— (les) de Platon, &c. 2 vol. 12. *Amsterdam* 1700	3	—
——— complettes d'Alexandre Pope, traduites en François, nouv. édit. revue, corrigée, augmentée du Texte anglois mis à côté des meilleures pièces, & ornée de superbes gravures. 8 vol. gr. 8. *Paris* 1779	48	—
——— diverses de M. Pope. 2 parties. 8. *Amsterdam & Leipzig* 1749	3	—
——— diverses de M. Pope. 7 vol. 12. fig. *Amsterdam* 1763	13	—
——— de M. Pradon. 2 vol. 12. *Paris* 1744	2	8

	mg	ß
Oeuvres diverses du Sieur R***. 12. *Soleure* 1719	1	12
—— de J. Racine. 3 vol. 12. avec de superbes figures. *Amsterdam & Leipzig* 1763	12	—
—— de Racine. 2 vol. 12. *Amsterdam* 1764	12	—
—— de J. Racine. 7 vol. 12. fig. *Paris* 1769	10	—
—— idem. 6 part. en 3 vol. 12. *Amsterdam* 1750	9	—
—— du Père Rapin, qui contiennent les comparaisons des Grands Hommes de l'Antiquité. 3 vol. 8. *la Haye* 1725	4	8
—— de Regnard. 4 vol. 12. *Paris* 1770	6	8
—— de Madame Riccoboni. 7 vol. 12. *Amsterdam* 1758	13	8
—— de M. Rivière du Frény. 6 vol. 12. *Paris* 1731	12	—
—— diverses de M. Rousseau. enrichie de superbes figures. 3 vol. 12. *Amsterdam* 1729	18	—
—— diverses de J. B. Rousseau. 4 vol. fig. 12. *Amsterdam* 1753	4	8
—— idem. 5 vol. 12. *Londres* 1753	8	—
—— (collection complettes des) de J. J. Rousseau. 11 vol. 8. fig. *Neuchâtel* 1735	30	—
—— diverses de J. J. Rousseau de Genève. 12. *Paris* 1756	3	—
—— de M. Rousseau de Genève. 11 vol. 12. *Amsterdam* 1769	24	—
—— de J. J. Rousseau. 24 vol. 8.	72	—
—— de J. J. Rousseau. Compl. 4. *Genève* 1781. 12 vol.	90	—
—— idem. 12. 24 vol.	36	—
—— diverses de M. Roy. 3 vol. gr. 8. *Paris* 1727	6	—
—— diverses de M. le Chev. de Rutlidge, &c. 2 vol. 8. *Yverdon* 1777	3	8
—— de St. Evremont. *Amsterdam* 1739	1	12
—— complettes de M. de Saint-Foix. 6 vol. 12. *Paris* 1778	12	—

Oeuvres

	mg	ß
Oeuvres de M. de Saint-Marc. 8. 3 vol. *Paris* 1781	10	—
——— de l'Abbé de St. Réal, avec fig. &c. 3 vol. 12. *Amsterdam* 1740	11	—
——— diverses de Julien Scopon. 1 vol. 12. *la Haye* 1728	1	4
——— du Comte de Shaftsbury. 3 vol. 8. *Genève* 1769	6	—
——— de Théâtre de Hauteroche. 3 vol. 12. *Paris* 1736	5	—
——— de Théâtre de M. Merville. 2 vol. 12. *Paris* 1766	2	8
——— (les) de Theophile. 1 vol. 12. *Paris* 1662	1	—
——— de Thomas. 4 vol. 12. *Amsterdam* 1774	8	—
——— idem. diverses de M. Thomas. 8. *Amsterdam* 1762	2	—
——— poétiques de Sim. Tissot. 3 vol. 12. *Amsterdam* 1727	5	—
——— de Vadé. 3 vol. 8. *Paris* 1758	7	—
——— idem. 4 vol. 12. *La Haye* 1757	9	—
——— choisies du Baron de Walef, dédiées à M. Linguet. 8. *Liège* 1779	1	12
——— variées. *Londres & Paris.*	—	8
——— complettes de Varilas. 20 vol. 12. *La Haye* 1684	30	—
——— en Vers de M. l'Abbé de Villiers. 12. *La Haye* 1717	2	4
——— de Virgiles, latin & françois. 4 vol. 12. *Paris* 1751	6	—
——— de Voltaire, Collection complette. 48 vol. 8. 1770	120	—
——— Choisies de Voltaire. 1 vol. 12. *Avignon* 1761	1	4
Offrande aux Autels & à la Patrie, par A. J. Roustan. 8. *Amsterdam* 1764	1	12
——— à l'humanité, ou Traité sur les Causes de la Misère en général, & de la Mendicité en particulier, & sur les moyens de tarir la première & de détruire la seconde. Ouvrage imprimé au profit des Pauvres, par M. Briatte. tome 1er. gr. 8. *Amsterdam* 1780	5	—

Oisiveté

	mg	ſs
Oiſiveté. (mon) gr. 8. fig. *Amſterdam & Paris* 1779	5	—
Olivier, poëme. 2 tom. 12. *La Haye* 1763	1	—
—— idem. 2 vol. 8. 1763	2	—
Olympiques (les) de Pindare, trad. en françois. 12. *Paris & Lyon* 1754	1	12
Opinion (de l') & des Mœurs, ou de l'Influence des Lettres ſur les Mœurs. 12. *Londres & Paris* 1777	1	12
Opuſcules chymiques de M. Margraf. 2 vol. 12. *Paris* 1762	3	8
—— d'un Frée-Thinker. 8. 1781	1	4
—— ſur la Langue françoiſe, par divers Académiens. 12. *Paris* 1754	2	—
—— de M. le Chevalier de Parny. 12. avec de très-belles figures. *Londres* 1781	4	—
—— de feu M. Rollin. 2 vol. 12. *Paris* 1772	4	—
—— de phyſique animale & végétale, par M. l'Abbé Spallenzani, & trad. par J. Sénébien. 2 vol. fig. 8. *Genève* 1777	5	—
Oracle (l') des nouveaux Philoſophes. Pour ſervir de ſuite & d'éclairciſſement aux Oeuvres de M. de Voltaire. 8. *Berne* 1759	2	—
——, auſſi véridique que celui d'Apollon. 12. *Amſterdam* 1759	—	8
Oraiſons funèbres des Dauphins de France & de Mad. la Dauphine. 12. *Amſterdam* 1713	1	—
Orateur (l') Francèmaçon, par le frere Jarrhetti. 12. *Berlin.*	—	8
Ordonnance de Louis XIV, pour les Armées navales & Arſenaux de Marine. 12. *Paris* 1764	2	8
Ordre (l') des Francs-maçons trahi, & leur ſecret révélé. 12. fig. *l'Orient.*	1	8
—— (l') national, traduit de l'allemand de M. Zimmermann. 4. *Paris* 1769	8	—
—— (de l') Social, par M. le Troſne. 8. *Paris* 1777	6	—
—— (l') naturel & eſſentiel des Sociétés politiques. 2 vol. 12. *Londres* 1767	4	—

	m͟g	β
Ornemens (les) de la Mémoire, ou les traits brillans des Poètes françois, &c. 12. *Paris* 1780	2	8
Ornithologie ou Méthode, contenant la Divifion des Oifeaux en Ordres, Sections, Genres, Efpèces & leur Variétés, par M. Briffon. 6 vol. 4. fig. *Paris* 1760	100	—
Oronoko, traduit de l'anglois, par M. Behn. 2 part. 12. *la Haye* 1745	1	—
Orpheline (l') angloife, ou Nancy Buthler. 12. *la Haye* 1741	2	—
——— (l') angloife ou Charlotte Summers. 2 vol. 12. *Londres & Paris* 1751	5	—
Origine des Armoiries, par le R. P. Ménétrier. 12. *Paris* 1670	2	—
——— des Graces, par Mademoifelle D***. 8. avec de magnifiques figures d'après les Deffins de M. Cochin. *Paris* 1777	5	—
——— de la Grandeur de la Cour de Rome, &c. par l'Abbé de Vertot. 12. *Laufanne* 1745	2	—
——— des Loix, Arts & Sciences. 6 vol. 12. *Paris* 1778	12	—
——— (de l') du mal, par M. le Vicomte d'Alis. 2 vol. 12. *Paris* 1758	2	—
——— (de l') du monde & de la Terre en particulier; Ouvrage dans lequel l'Auteur développe fes Principes de Chymie & de Minéralogie, & donne en quelque manière, un abrégé de tous fes Ouvrages, par M. Wallérius, traduit par M. J. B. D**. 12. *Varfovie & Paris* 1780	2	—
——— (l') des Puces. 8. fig. & buriné. *Londres* 1761	3	—
Ouvrages politiques & philofophiques d'un anonyme 8. *Londres* 1776	3	—
——— (divers) de M. de Coufaz. 2 vol. 8. *Amfterdam* 1737	4	—
——— de Feu M. Forbes, contenant des penfées fur la Réligion, &c., trad. de l'anglois, par le P. Houbigant. 8. *Lyon* 1769	3	—
——— de Mathématique de B. Lamy. 3 vol. 12. *Amfterdam* 1734	5	—

Palais

P.

	mg	s
Palais (le) du Silence. 12. *Amsterdam* 1755.	—	12
Palingénésie (la) par Bonnet. 2 vol. 8. *Genève & Lyon* 1770	4	8
Paméla, ou la vertu récompensée, trad. de l'anglois. 4 vol. 12. *Amsterdam* 1742	7	—
——— françoise, ou la vertu en célibat & en mariage, &c., par Madame Riccoboni. 4 vol. 12. *Amsterdam & la Haye* 1768	4	—
Papillon (le) qui mord, &c. 12. *Berlin* 1753	1	12
Paradis perdu, Poëme de Milton, traduit en vers françois. 2 vol. 8. *Paris* 1779	5	—
——— (le) terrestre imité de Milton, par Mad. D. B***. 8. *Londres* 1748	1	8
Paradoxes (les) moreaux & littéraires. 12. *Amsterdam* 1768	1	8
Paralelle des anciens & modernes, par Perrault. 3 vol. 12. *Paris* 1688	2	8
——— du Cardinal de Richelieu & du Cardinal de Mazarin, par l'Abbé Richard. 12. *Utrecht* 1716	—	8
——— de la condition & des facultés de l'Homme, trad. de l'anglois, par M. Robinet. 12. *Bouillon* 1770	1	12
——— de la conduite du Roi, avec celle du Roi d'Angleterre, Electeur d'Hanovre. 8. *Amsterdam* 1758	3	—
——— des Tragiques, grecs & françois. 12. *Lille & Lyon* 1770	1	—
Parfumeur (le) royal. 12. *Paris* 1761	1	8
Parnasse (le) chrétien. 2 vol. 12. *Paris* 1748	2	—
——— des Dames. 9 vol. gr. 8. avec fig. *Paris* 1773	36	—
——— (le) libertin, ou Recoeuil de poésies libres. 12. *Cythère* 1775	1	8
——— (le) Satyrique du S. Théophile. 12. 1677	—	12
Parrhasiana. 2 vol. 12. *Amsterdam* 1701	3	—
Parties (les 4) du jour, Poëme, trad. de l'allemand, avec fig. 8. *Paris* 1769	9	—

L 3   Passe-tems

	mg	ſs
Paſſe-tems (le) agréable, ou nouveaux Choix de bons mots, &c. 12. *Rotterdam* 1715	2	—
Paſſe-par-tout (le) de l'Egliſe romaine, ou Hiſtoire des tromperies des prêtres & des moines en Eſpagne, par Antoine Gavin, traduit de l'anglois, par M. Janiçon. 12. *Londres* 1726	1	12
——— (le) galant. 12. *Conſtantinople* 1722	1	—
Paſſe-tems, poétiques, hiſtoriques & critiques. 2 vol. 12. *Paris* 1757	3	8
——— du Sexe, contenant un recueil de contes libres & galans, par M. Libertinus. 12. *Cythère* 1777	1	8
Paſſion (de la) du Jeu, depuis les temps anciens jusqu'à nos jours, par M. Duſaulx. gr 8. *Paris* 1779	6	—
Paſſions, ou la Peinture du cœur humain. Poème en huit Chants, Traduction libre, par M. de Vixouze. 12. *Paris* 1780	1	12
Patriote (le) françois & impartial. 2 vol. 12. *Londres* 1768	2	8
——— (le vrai) Hollandois, ou Réflexions ſur les Affaires préſentes de l'Europe. Pour ſervir de ſuite à l'Avocat pour & contre. 3 parties. 8. *Amſterdam* 1748	2	8
Payſan parvenu, ou les Mémoires de M. de Marivaux. 4 vol. 12. *la Haye* 1779	3	8
——— (le) perverti, ou les dangers de la ville. 4 vol. 12. *la Haye* 1776	6	—
——— (la) parvenue, par le Chev. de Mouhi. 4 part. 12. *Amſterdam* 1757	2	8
Peinture, (la) Poème en 3 Chants, par le Mierre. 8. *Paris*.	3	—
Penchans (des) par Cochius, trad. par Reclam. 12. *Amſterdam* 1769	—	8
Penſées, (mes) avec le Supplément. 12. *Berlin* 1761	1	12

Penſées

	mg	ß
Pensées ingénieuses des anciens & des modernes recueillies, par le P. B. *Paris* 1721	1	8
—— angloises sur divers sujets de Réligion & de Morale. 12. *Amsterdam* 1760	1	4
—— ingénieuses des anciens & des modernes. 12. *Paris* 1761	2	8
—— anti-philosophiques. 12. *la Haye* 1751		
—— diverses de Bayle. 4 vol. 12. *Amsterdam* 1722	6	—
—— de Balthasard Louis Tralles, &c. 8. *Vienne* 1775	2	—
—— de Cicéron, trad. pour servir à l'éducation de la jeunesse, par M. d'Olivet. 12. *Paris* 1777	1	12
—— (les douces) & les Délices de la Mort, par le Sr. de la Serre. 8. *Bruxelles* 1666	1	8
—— (les) errantes, par Mad. de ***. 12. *Londres & Paris* 1758	—	12
—— morales du Baron de Holberg, trad. du danois. 2 part. 12. *Copenhague* 1749	1	12
—— de Montagne. 12. *Amsterdam* 1701	1	8
—— nocturnes, trad. de l'anglois de F. E. Young. 12. *Copenhague & Genève* 1768	—	8
—— d'Oxenstiern, &c. 2 vol. 12. *Bruxelles* 1749	3	—
—— d'un françois & loyal patriote hollandois, sur la conduite téméraire & scandaleuse de plusieurs de ses Concitoyens à l'égard de certaines personnes irrépréhensibles. 8. 1781	—	4
—— philosophiques, en françois & en italien, auxquelles on a ajouté un Entretien d'un Philosophe, avec M. de la Duchesse de ***. Ouvrage posthume de Thomas Crudeli, en italien & en françois, par le même Auteur. 12. *Londres* 1777	—	12
—— philosoghiques, morales, critiques, littéraires & politiques de M. Hume. 12. *Londres* 1767	2	—
—— sur plusieurs Points importans de Littérature, de Politique & de Réligion, recueillies de l'Histoire ancienne & du Traité des Etudes de M. Rollin, par M. l'Abbé Lucet. 12. *Paris* 1780	2	8

	mg	ſs
Penſées politiques ſur les Devoirs d'un Roi Citoyen. 12. *la Haye* 1754	—	12
—— raiſonnables oppoſées aux penſées philoſophiques. 8. *Berlin* 1749	2	—
—— ſur la révolution de l'Amérique unie, &c. 8. *Amſterdam.*	1	—
—— de J. J. Rouſſeau. 12. *Amſterdam* 1763	1	4
—— de Sénèque, recueillies par M. Angliviel. 12. *Paris* 1779	2	—
—— ſur la Tactique, & la Stratégique ou vrais principes de la Science militaire, par le Marquis de Silva. 4. *Turin* 1778	15	—
Perfection (la) de la Langue françoiſe, ouvrage utile aux allemands par P. L. de Bauclair. 8. *Hanau* 1769	2	—
Perrot d'Ablancourt vengé. 12. *Amſterdam* 1686	1	8
Perroniana & Thuana. 12. *Cologne* 1694	1	—
Perſile & Sigiſmonde, Hiſtoire ſeptentrionale de Michel de Cervantes, &c. 4 vol. 12. *Paris* 1738	6	—
Petit-maître (l'aimable) ou Mémoires militaires & galans de M. le Comte de G * P * * *. 12. 1750	—	12
—— (le) philoſophe, ou Voyage & Aventures de Genu Soalhatés. 2 vol. 12. *Londres* 1752	1	8
Pétriſſée, (la) ou voyage de S. P. en Dunois badinage en vers. 12. *la Haye* 1763	1	12
Peuple (le) inſtruit, &c. 12. 1756	1	8
Pharmacopée de Bauderon. 8. *Lyon* 1681	2	8
—— chirurgicale, trad. de l'anglois. 8. *Paris* 1771	2	8
—— royale gallénique & chymique, par Moïſe Charas. 2 vol. 4. *Lyon* 1753	15	—
—— univerſelle, &. par Nic. Lémery. 4. *Amſterdam* 1717	12	—
Pharſale (la) de Lucain, trad. de Marmontel. 2 vol. 12. *Paris* 1772	3	—
Philippiques de Démoſthène, & Catilinaire de Cicéron, traduit. par M. l'Abbé d'Olivet. 12. *Paris* 1765	2	—
—— idem. 12. *Anvers* 1707	1	12

Philoſophe

	mg	ß
Philosophe (le) anglois, ou Histoire de M. Cléveland. 6 vol. 12. *Amsterdam* 1778	10	—
—— idem. *Amsterdam* 1744	10	—
—— (Oeuvres du) bienfaisant. 2 vol. 12. *Amsterdam* 1764	4	8
—— idem. 4 vol. 12. *Paris* 1769	5	8
—— (le) ignorant. 12. 1767	—	12
—— (le) Indien. 12. *Amsterdam* 1760	—	12
—— (le) payen, ou Pensées de Pline, &c. par M. Formey. 3 vol. 12. *Leide* 1759	4	—
—— (le) du Valais avec des observations de l'Editeur. 2 part. 12. *Neuchâtel* 1772	3	—
—— (les) Aventuriers, par M. T***. 2 part. 12. *Amsterdam & Paris* 1780	1	8
Philosophie (ma) 8. *Paris* 1771	—	12
—— (de la) par M. Béguin. 3 vol. gr. 8. *Paris* 1773	10	—
—— (nouvelle) du Bon sens, &c. 12. *Vienne* 1771	1	—
—— (la) morale de M. Descartes. 8. *Bruxelles* 1707	1	4
—— de l'Histoire par feu l'Abbé Bazin, &c. 12. *Leipzig* 1766	—	8
—— (la nouvelle) par le R. P. Hyacinte. 12. *Avignon* 1771	1	8
—— (la) occulte de Henr. Corn. Agrippa, &c. 2 vol. 8. *la Haye* 1727	6	—
—— (nouvelle) secrette, ou Abrégé & Plan sistématique, &c. 12. *Londres* 1752	1	—
Phrosine & Mélidore, Poëme en quatre Chants. 8. fig. *Paris* 1772	2	—
Physiologie des Corps organisés, &c. 8. *Bouillon* 1775	2	—
Physique (la) de l'Ame humaine, par Godart. 12. *Berlin* 1755	1	12
—— de la beauté, ou pouvoir naturel de ses charmes. 12. *Bruxelles* 1698	1	—
—— (nouvelle) céleste & terrestre, &c. par J. C. F. de la Perrière. 3 vol. 12. *Paris* 1760	7	—
—— (Elémens de) ou Introduction à la Philosophie de Newton, par G. J. s'Gravesande, traduits par C. F. Roland de Virloys. 2 vol. gr. 8. *Paris* 1747	12	—

Physique

	m̃g	ſ
Physique (la) de l'Ecriture ſainte, ou Correſ- pondance philoſophique entre deux amis, par P. L. G. D. G. 12. *Amſterdam* 1767	1	8
——— de l'Hiſtoire. 12. *Amſterdam* 1765	1	—
——— du Monde, dédiée au Roi, par M. le Baron de Marivetz & par M. Gouſſier. 3 vol. 4. avec fig. *Paris* 1781	30	—
——— (la) du Prince. 8. *Paris* 1658	1	—
Pièces authentiques pour ſervir au Procès crimi- nel intenté au Tribunal du Roi d'Angleterre, par le Chev. d'Eon de Beaumont, contre Cl. L. Fr. Reinier, Comte de Guerchy, &c. 4. *Berlin* 1765	1	8
——— détachées. 8. *Paris* 1771	—	8
——— dramatiques, choiſies & reſtituées, par Monſieur ***. 12. *Amſterdam* 1734	2	8
——— échapées aux 16 premiers almanachs des Muſes. 12. *Paris*.	2	—
——— fugitives de Monſieur S***. 12. 1752	1	—
——— (diverſes) importantes, concernant les Démêlés entre la Cour de Pruſſe & celle de Vienne. 12. *Amſterdam* 1756	—	12
——— intéreſſantes & peu connues, pour ſervir à l'Hiſtoire. 12. *Hambourg* 1781	1	8
——— originales & Procédures du Procès fait à Damiens. 4 vol. 12. *Paris* 1757	7	8
——— relatives aux démêlés entre Mademoiſelle d'Eon de Beaumont & le Sr. Caron de Beau- marchais 8. 1778	—	8
——— de Théâtre de Monſieur de la Fontaine. 12. *la Haye* 1702	1	—
Pied (le) de Fanchette, ou l'Orpheline françoiſe Hiſtoire intéreſſante, &c. 3 part. 12. *Franc- fort* 1769	2	—
Pierres antiques gravées ſur leſquelles les gra- veurs ont mis leurs noms. Deſſinées & Gra- vées en cuivre ſur les Originaux ou d'après les Empreintes, par Bernard Picart; tirées des Principaux Cabinets de l'Europe, expli- quées par M. Philippe de Stoſch, &c. & tra- duites en françois par M. de Limiers. folio. *Amſterdam* 1724	50	—
Piété (de la véritable & ſolide) &c. par M. Fr. de Salignac de la Mothe Fénélon. 12. *Paris* 1745	—	8

Pigmalion

	m̄g	s
Pigmalion, ou la Statue animée. 12. *Londres* 1742	—	12
Pilote (le) de l'Onde vive, ou le secret du Flux & du Reflux de la Mer, &c. par du Martineau, 12. *Paris* 1678	1	—
Plagiats (les) de J. J. Rousseau de Genève sur l'Education. 12. *la Haye & Paris* 1766	1	12
Plaidoyers & Mémoires de M. Loyseau de Mauléon. 3 vol. 8. *Londres* 1780	6	8
Plaisirs (les) de l'Imagination, poëme, par M. Akenside. *Amsterdam* 1759	1	—
—— (du) ou du Moyen de se rendre heureux. 2 part. 12. *Lille* 1765	1	12
—— (les) de la Société, ou nouveau choix de Chansons avec des Airs notés. 6 vol. 12. *Paris* 1761	9	—
Plan de l'Etablissement d'une Pension royale, pour l'éducation des Demoiselles de Famille. 8.	—	12
—— de l'Histoire générale & particulière de la Monarchie françoise, par M. l'Abbé Lenglet du Fresnoy. 12. *Paris* 1753	3	8
Plans & Statuts des différens Etablissemens ordonnés, par S. M. Imp. Cathérine II. pour l'Education de la Jeunesse. 2 tom. 4. fig. *Amsterdam* 1775	13	—
Poëme sur la Mort de l'Impératrice Reine Marie Thérèse d'Autriche, par M. de Rochefort. 4. *Paris* 1781	1	8
Poésies de M. l'Abbé de l'Attaignant. 4 vol. 12. *Paris* 1757	6	
—— diverses de M. l'Abbé de Bernis. 12. *Paris* 1760	1	—
—— sur la Constitution unigenitus, &c. 2 part. 8. *Villefranche*.	3	—
—— (les) de Guillaume Coquillart, Official de l'Eglise de Rheims. 12. *Paris* 1723	1	8
—— diverses. 8. *Berlin* 1760	1	4
—— diverses de M. D. 8. *Genève* 1776	1	4
—— chrétienne de M. Jollyvet, ouvrage posthume. 12. *Utrecht* 1708	—	12
—— de Madame & de Mademoiselle Deshoulière 2 vol. 8. *Bruxelles* 1740	2	—
—— idem. *Bruxelles* 1750	2	8

Poésies

	mg	ß
Poésies sacrées dédiées à Monseigneur le Dauphin, par M. l'Abbé de Lapéroux. 8. *Paris* 1770	5	—
—— pastorales, par M. Léonard. 12. *Amsterdam* 1771	1	—
—— de l'Abbé Mangenot. 8. *Mæstricht* 1776	2	—
—— de Mʳ de la Monoye, par M. de S ✱ ✱ ✱. 8. *la Haye* 1716	1	4
—— diverses du Sr. P. L. L. R. 8. *Amsterdam* 1757	2	—
—— (la) & la Philosophie d'un Turc à 81 Queues, à 3 Plumes de Héron, à 2 Aigrettes & à 1 Collier d'Emeraudes. Avec le Portrait caractéristique de l'Auteur, par M. de Voltaire. 8. *Francfort sur le Mayn* 1772	2	—
—— philosophiques. 8. 1758	—	12
—— du Chevalier de Pierres de Fontenailles, &c. 8. *Poitiers* 1751	1	—
—— diverses d'Alexis Piron, ou Recoeuil de différentes pièces de cet Auteur, &c. 8. *Londres* 1779	1	8
—— diverses du Roi de Prusse. 2 vol. 12. *Berlin* 1760	3	—
—— diverses de Madame de Sainctonge. 2 vol. 12. *Dijon* 1714	1	12
Poète (le) sans fard, ou Discours satiriques en vers. 12. *Cologne* 1697	—	12
Poétique françoise à l'usage des Dames, avec des exemples. 2 vol. 12. *Paris* 1749	3	8
Politique (la) du Chevalier Bacon, Chancelier d'Angleterre. 2 vol. 12. *Londres* 1740	2	—
—— (la véritable) des personnes de qualité. 8. *Jene* 1750	—	12
—— (la véritable) des personnes de qualité, en françois & italien. 12. *Strasbourg* 1764	1	—
Polygraphie & universelle Ecriture cabalistique de M. J. Trithème Abbé, &c. 4. *Paris* 1561	—	12
Pornographe, (le) ou Idées singulières d'un honnête Homme sur un projet de Règlement pour les prostituées, propre à prévenir les malheurs qu'occasionne le Publicisme des Femmes, avec des notes historiques & justificatives. 2 parties. 8. *Londres* 1769	4	—

	mg	ſs
Porte-feuille amuſant, ou nouvelles Variétés littéraires, par l'Auteur de l'Eleve de la Nature. 12. *Paris* 1773	1	12
——— (le) françois, ou Choix nouveau & intéreſſant de différentes Pièces de Proſe & de Poëſie. 12. *Paris* 1766	1	12
——— (le) du Chev. D. D. M *.*.*, ou la Métrologie. 12. *Paris* 1771	—	12
——— (le) d'un Philoſophe, &c. 6 vol. *Cologne* 1770	6	—
——— (le) du R. F. Gillet. 12. *Madrid* 1767	—	12
——— de J. J. Rouſſeau. 2 vol. 12. *Amſterdam* 1781	3	—
——— (le) trouvé, ou Tablettes d'un curieux, contenant quantité de Pièces fugitives de M. de Voltaire, qui ne ſont dans aucune de ſes éditions. 12. *Genève* 1757	2	—
Portrait (le) d'un honnête homme, par l'Abbé Gouſſault. 12. *Paris* 1696	—	12
——— ſérieux, galans & critiques du Sr. B *.*. 12. *Paris* 1696	1	—
Poule (la) au pot. 8.	—	8
Poupée (la) par M. de Bibiena. 2 part. 12. *la Haye* 1748	1	—
Prairies artificielles, &c. 12. *Paris* 1762	1	4
Pratique de quelques Gallicismes Proverbes & Métaphores, &c. 8. *Halle* 1763	1	—
——— ou jardinage, par l'Abbé Roger Schabol. 2 vol. 12. fig. *Paris* 1776	9	—
——— idem. 2 vol. fig. *Paris* 1772	4	—
——— (la) du Théâtre, par l'Abbé d'Aubignac. 3 vol. 12. *Amſterdam* 1715	3	—
Précis des Argumens contre les matérialiſtes, par J de Pinto. 8. *la Haye* 1774	—	12

	mg	ſk
Précis d'Aſtronomie, formant la ſeconde partie des Opuſcules, à la portée des jeunes gens de l'un & de l'autre ſexe, &c, par M. l'Abbé Sauri. 12. avec fig. *Paris* 1777	1	12
———. de l'Ecléſiaſte & du Cantiques en vers, par M. de Voltaire, &c. 12. *Paris* 1759	—	4
——— de l'Electricité, ou Extrait expérimental & théorétique des Phénomènes électriques, par l'Abbé Jacquet. 8. *Vienne* 1775	1	8
——— hiſtorique & expérimental des Phénomènes électrique depuis l'origine de cette découverte juſqu'à ce jour, par M. Sigaud de Fond. 8. fig. *Paris* 1781	6	—
——— ſur la Globe terreſtre, ou explication de la Mappe-monde, par Maclot. 12. *Paris* 1765	1	8
——— d'Hiſtoire naturelle, par Sauri. 7 vol. 12. *Hambourg* 1779	10	—
——— de l'Hiſtoire univerſelle, avec des Réflexions, par l'Abbé Berardier. 12. *Paris* 1766	1	12
——— hiſtorique de la Marine royale de France, depuis de l'origine de la Monarchie, juſqu'au Roi règnant, &c., par M. Poncet de la Grave. 2 parties. 12. *Paris* 1780	4	8
——— de la Médecine pratique, &c., par Lieutaud. 8. *Paris* 1761	6	—
——— de Phyſique, par M. Sauri, Docteur en Médécine. 2 vol. fig. 12. *Paris* 1780	5	—
——— du ſiècle de Louis XV., par M. de Voltaire. 12. *Genève* 1770	2	4
——— du Voyage de l'Empereur Joſeph II. en Hollande, &c. 8. avec portrait. *Amſt.* 1781	1	4
Prédication, (de la) par l'Auteur du Dictionnaire Philoſophique. 12. *aux Delices* 1766	1	
Préjugés (les) publics, par M. Deneſle. 2 vol. 12. *Paris* 1747.	4	—
Préſervatif contre la Charlatanerie des faux Médecins, par J. Gazola. 12. *Leide* 1735	1	8
——————— contre les Opinions erronées qui ſe répandent au ſujet de la durée des peines de la vie à venir. *Heidelberg* 1760	—	8
Prêtres (les) Démaſqués, ou des iniquités du Clergé chrétien. 8. *Londres* 1768	1	4

Prince

	m̃g	ſ
Prince (le) les Délices des Cœurs, ou Traité des qualités d'un grand Roi, &c. 2 vol. 8. *Amſterdam* 1751	3	4
——— (le) de Fra-Paolo, ou Conſeils politiques adreſſés à la Nobleſſe de Veniſe, par le Père Paul Sarpi. 12. *Berlin* 1751	1	—
——— (le) de Machiavel. 12. *Amſterdam* 1686	1	—
Princeſſe (la) de Clèves. 2 vol. 12. *Paris* 1764	2	
Princeſſes (les) Malabares, ou le Célibat philoſophique. Ouvrage intéreſſant & curieux, avec des Notes hiſtoriques & critiques. 8. *Amſterdam* 1735	1	8
Principes de l'Agriculture & de la Végétation. 12. *Amſterdam* 1761	1	—
——— de l'Architecture de la Sculpture de la Peinture & des autres arts qui en dépendent, &c., par M. Félibien. 4. fig. *Paris* 1697	18	—
——— de l'Art de la Guerre prouvés, par une deſcription exacte de diſcipline militaire des anciens Grecs & Romains. 8. *Strasbourg* 1764	2	8
——— de l'Art de la Guerre, par M. le Roi de Bosroger. 2 vol. 12. fig. *Yverdon* 1779	3	8
——— d'Aſtronomie ſphérique, ou Traité complet de Trigonométrie ſphérique, par M. Mauduit. 8. *Paris* 1765	3	8
——— de Certitude, ou Eſſai ſur la Logique. 12. *Paris* 1763	—	12
——— de Chorégraphie, ſuivis d'un traité de la Cadence, &c. par Maguy. 8. *Paris* 1765	5	—
——— du Droit de la Nature & des Gens, par M. Formey. 3 vol. 12. *Amſterdam* 1758	5	—
——— du Droit Politique, par J. J. Rouſſeau. 8. *Amſterdam* 1762	1	8
——— Généraux pour ſervir à l'Education des Enfans, &c. 3 vol. 12. *Paris* 1763	4	8
——— de tout Gouvernement, ou Examen des Cauſes, &c. 2 vol. 12. *Paris* 1766	3	8
——— généraux & raiſonnés de la Grammaire françoiſe, &c. par M. Reſtaut, IIème édition. 12. *Paris* 1774	2	8

	mg	ß
Principes de l'Histoire pour l'Education de la jeunesse, par l'Abbé Lenglet du Fresnoy. 6 vol. 12. *Paris* 1736	10	—
——— de la Langue françoise, par Isaac von Colom. 8. *Gottingue* 1776	1	12
——— (les vrais) de la Langue françoise, par M. l'Abbé Girard. 12. *Amsterdam* 1747	2	—
——— (les vrais) de la Langue françoise, ou la Parole réduite en Méthode conformément aux Loix de l'Usage en 16 Discours, par M. l'Abbé Girard. 2 part. 12. *Paris* 1747	5	—
——— généraux & particuliers de la Langue françoise, &c., par M. de Wailly. 12. *Paris* 1780	2	8
——— pour la Lecture des Orateurs. 3 vol. 8. *Paris* 1753	6	—
——— (les vrais) de la Lecture, de l'ortographe & de la prononciation françoise, par M. Viard. 8. *Paris* 1775	1	4
——— de Législation universelle. 2 vol. 8. *Amsterdam* 1776	8	—
——— de la Littérature, par M. Batteux. 5 vol. 12. fig. *Paris* 1776	9	—
——— (les) & les Maximes de la Morale, par M. Pierre Coste. 8. *Halle* 1753	1	8
——— de Morale expliqué aux déterminations, par M. Formey. 2 vol. 12. *Leide* 1765	3	—
——— de Morale, de Droit politique & de Droit public, puisés dans l'Histoire de notre Monarchie, ou Discours sur l'Histoire de France, dédiés au Roi, par M. Moreau. 8. 12 vol. *Paris* 1777	36	—
——— (les) de la nature, ou la Génération des Choses, par M. Colonne. 12. *Paris* 1731	1	4
——— de l'ortographe françoise, ou Réflexions utiles à toutes les personnes, &c. 12. *Paris* 1725	1	—
——— généraux & raisonnés de l'ortographe françoise, &c. 8. *Paris* 1762	1	12
——— de Philosophie, ou preuves naturelles de l'existence de Dieu, &c. par M. l'Abbé Geneit. 12. *Amsterdam* 1717	—	12

	mg	ſs
Principes (les) de la Révolution juſtifiée, dans un Sermon, par Richard Walſon. 8. *Londres* 1777	—	12
—— de la Science & des Mathématiques. 8. *Dresde* 1750	2	—
Printems, (le) Poëme de feu M. Kleiſt, traduit par M. Beguelin. 8. *Berlin* 1781	—	10
Prix de la Juſtice & de l'Humanité. 8. *Londres* 1778	—	12
Problème réſolu, ou vérités auxquelles tout le Monde ne croit pas. 8. *Lauſanne* 1774	1	—
Procédures curieuſes de l'Inquiſition de Portugal, contre les Francs-Maçons l'an 2803. 12.	1	—
Procès de l'Amiral Keppel. 5 vol. 8. *Amſterdam* 1779	1	8
—— verbal des Séances de l'Aſſ. provinc. de haute Guienne, tenue à Villefranche en Sept. & Oct. 1779. 4. *Villefranche de Rouergue & Paris* 1780	4	—
Progrès de la Raiſon dans la Recherche du Vrai, ouvrage poſthume de M. Helvetius. 8. *Londres* 1775	1	4
Projet (nouveau) d'une Citadelle confrontée contre celle de Lille, par J. H. D. Landsberg. 4. *la Haye* 1718	—	10
—— du Corps de Droit Frédéric, &c. 2 vol. 8. *Halle* 1750	4	—
—— d'Ecoles publiques. 12. *Bourdeaux*.	1	8
—— d'un Etabliſſem. militaire utile à la Société en général, &c. par le Chev. de Qureille. 8. *Hambourg* 1772	—	12
—— pour tenter la Découverte du Pôle gauche du Monde, par un Septuagénaire. 8. *la Haye* 1772	—	6
Promenades de M. de Clairanville, par M. D. 12. *Cologne* 1755	1	8
—— (les) de M. Frankley, publiées par ſa Sœur. 2 part. 12. *Paris* 1773	1	12
Promenade (la) de Verſailles, ou entretiens de 6 Coquetes. 12. *la Haye* 1736	—	12
Prophéties perpétuelles très-curieuſes & très-certaines de Thomas Joſeph Moult. *Paris* 1771	—	12
Propoſition de Mrs. les Députés de la Ville d'Amſterdam, ſur les meſures néceſſaires à prendre,		

M   pour

	mg	ß
pour délivrer la Patrie des maux qui la menacent, &c. 8.	—	4
Propriétés (les) remarquables de la Route de la lumière par les airs, &c. par J. H. Lambert. 8. *la Haye* 1758	1	4
Prospectus d'un nouveau Dictionnaire de Commerce, par M. l'Abbé Morellet. 8. *Paris* 1769	4	—
Proverbes Dramatiques, &c. par Madame de Laisse. 8. *Paris* 1777	1	12
——— (les) Dramatiques. 8 vol. 8. *Paris* 1773 à 81	24	—
——— (les illustres) nouveaux & historiques, &c. 2 vol. 12. *Paris* 1665	2	—
Provinciales, (les) ou lettres écrites par Louis de Montalte. 4 vol. 12. *Leide* 1761	6	—
——— idem. 1766	2	4
Psaumes (les) de David, mis en vers françois. 12. *la Haye* 1730	1	8
——— (les) de David, trad. en vers, par les meilleurs Poètes françois, avec les principaux Cantiques. 2 part. 12. *Paris* 1751	1	4
——— (les) de David, mis en vers françois, 12. *la Haye* 1762	2	—
Pyritologie, ou Histoire naturelle de la Pyrite, &c. par J. Fr. Henckel, trad. de l'Allemand. 4. *Paris* 1760	10	—
Pyrrhonien (le) raisonnable, ou méthode nouvelle proposée aux incrédules, par M. l'Abbé de ***. 12. *la Haye* 1765	1	8

Q.

	mg	ß
Quadragénaire, (le) ou l'âge de renoncer aux passions. 2 part. 12. fig. *Genève* 1777	4	8
Quadrille (le) des Enfans. 8. *Yverdon* 1779	1	8
Quakers (les vrais) &c. 8. *Paris* 1771	1	10
Quatrains (les) des Sieurs de Pybrac, Favre & les tablettes de la vie & de la mort de Matthieu. 12. *Amsterdam* 1735	—	12
Querelles littéraires, ou Mémoires pour servir à l'Histoire des révolutions de la République des lettres, &c. 4 vol. 12. *Amsterdam* 1763	7	—

	mg	ſ8
Queſtions de Droit naturel, & Obſervations ſur le Tarif du Droit de la Nature de M. le Baron de Wolf, par M. de Watteville Berne. 1762 & 63	1	8
Queſtions royales & politiques, avec ſa déciſion, &c. par J. de Verger de Hauranne. 12. Paris 1778	—	8
—— ſur la Tolérance. 2 part. 8.	—	12
Quinte-Curce, de la vie & des actions d'Alexandre le Grand, de la trad. de M. de Vaugelas, avec le latin à côté. 2 vol. 12. Paris 1698	2	8
—— —— le même ouvrage, 4 vol. 8. Paris 1706, avec le latin.	7	—
Quinze (les) joies du mariage, ouvrage très-ancien, &c. 12. la Haye 1726	1	8

R.

Rabelais (le) moderne, ou les Oeuvres de Maître françois Rabelais. 8 vol. 12. Amſterdam 1752	12	—
—— reſſucité, récitant les faits, &c. 12. Paris 1609	—	4
Radotage (mon) & celui des autres. 12. Bagatelle 1760	1	4
Rapport fait par ordre de l'Académie des Sciences, ſur les effets des Vapeurs méphitiques dans le Corps de l'homme, &c. 12. Paris 1776	1	—
Rapſodie, Billeveſées, Rogatons. 8. Paris 1721	1	—
Rapſodies en vers & en proſe. 12. Berlin 1762	1	—
Raiſon (la) du tems, ou la folie raiſonnée, par le B. de Fernantsberg 2 vol. 12. Amſterdam 1761	1	12
—— (la) par Alphabet, &c. 8. Londres 1776	3	—
Raiſonnemens hazardez, ſur la poéſie françoiſe. Paris 1737	1	—
Recherches ſur les Alliances & les Intérêts entre la France & la Suède, par Rouſſet. 12. Amſterdam 1745	1	4

	mg	ß
Recherches d'Antiquités militaires, avec la défense du Chevalier Follard, par M. de So-looze. 4. fig. *Paris* 1770	9	—
—— sur les Causes particulières des Phénomènes électriques, & sur les effets nuisibles ou avantageux qu'on peut en attendre. 12. *Paris* 1753	4	—
—— sur le Commerce, ou Idées relatives aux intérêts des différens Peuples de l'Europe. 2 vol. 8. fig. *Amsterdam* 1779. tom. 1er.	5	—
—— & considérations sur les Finances de France, depuis 1595 jusqu'en 1721. 6 vol. 12. *Liège* 1758	11	—
—— & considérations sur la population de la France, par M. Moheau. 2 vol. 8. *Paris* 1778	6	—
—— sur la Construction la plus avantageuse des Digues, &c. par M. l'Abbé Bossuet, &c. par M. Viallet. 4. *Paris* 1764	5	—
—— sur les égyptiens & les chinois, par M. de P. 2 vol. 12. *Berlin* 1773	3	12
—— sur l'Entendement Humain, par Thomas Reid. 2 vol. 12. *Amsterdam* 1768	3	—
—— (nouvelles) sur la France, &c. 2 vol. 12. *Paris* 1766	3	—
—— historique, sur les cartes à jouer, avec de notes critiques & intéressantes. 12. *Lyon* 1757	1	—
—— historiques, curieuses & remarquables. 12. *Paris* 1723	2	4
—— historiques & physiques, sur les Maladies épizotiques, avec les moyens d'y remédier, dans tous les cas, publiées par ordre du Roi, par M. Paulet. 2 vol. 8. *Paris* 1775	7	—
—— historiques, sur l'état de la Religion chrétienne au Japon, relativement à la Nation hollandoise, traduites du hollandois, de M. le Baron Onm-Swier de Haren. 12. *Londres & Paris* 1778	2	—
—— sur les maladies chroniques, particulièrement, sur les hydropisies, & sur le moyen de les guérir, par M. Bacher. 8. *Paris* 1776	6	8
—— sur les moyens de supprimer les Impôts, &c. par Beardé de l'Abbaye. *Amsterdam* 1770	1	8

Recherches

	mg	ß
Recherches sur l'origine des Découvertes attribuées aux modernes, &c. 2 vol. 8. *Paris* 1766	5	—
———— sur l'origine du Despotisme oriental. 12. 1761 - - 66	1	8
———— philosophiques sur les Américains, par M. de P***. 2 vol. 12. *Berlin* 1768	3	8
———— philosophiques sur les égyptiens & les chinois, pour servir de suite aux Recherches philosophiques sur les américains, par M. de P***. 2 vol. 12. *Londres & Lausanne* 1774	4	8
———— philosophiques, sur la Nécessité de s'assurer, par soi-même de la Vérité, &c. 8. *Londres* 1743	2	8
———— sur la Population des Généralité d'Auvergne de Lyon, de Rouen & de quelques Provinces & Ville du Royaume, &c. 4. *Paris* 1766	4	—
———— sur la Pouzzolane, sur la Théorie de la chaux & sur la cause de la dureté du mortier, avec la Composition de différens cimens en Pouzzolane, & la manière de les employer tant pour les Bassins, Aqueducs, Réservoirs, Citernes & autres Ouvrages dans l'eau, que pour les Terrasses, Bétons & autres Constructions en plein air, par M. Faujas de Saint Fond. 8. *Grenoble* 1778	2	—
———— sur la nature & les causes de la Richesse des Nations. 6 vol. 12. *Yverdon* 1781	8	—
———— (nouvelles) sur la Science des médailles, &c. par M. Poinsinet de Sivry. 4. *Mastricht* 1778	5	8
———— sur les sentimens moraux, par M. Moïse, trad. par M. Abbt. 12. *Geneve* 1764	—	8
Recherche (de la) de la Vérité, &c. 2 vol. 12. *Amsterdam* 1688	3	—
Récréations (mes) dramatiques. 4 vol. 8. *Geneve* 1780	9	—
———— ou Fleurs de bons mots, Contes à rire, valeur héroïque, &c. 8. *Berlin* 1779	2	—
———— mathématiques. 2 part. 12. *Rouen* 1630	1	—

	ℳ	ſ
Récréations mathématiques & physiques, par feu M. Ozanam. 4 vol. 8. *Paris* 1778	24	—
———— (mes) ou mêlange de Pièces fugitives en vers, par S**D**. 8. *Paris* 1777	2	—
———— (nouvelles) physiques & mathématiques, par M. Guyot. 4 vol. 8. *Paris* 1772	32	—
Recueil historique d'Actes, Négociations, Mémoires & Traités, &c. par M. Rousset. 22 vol. 8. *Leipzig & Amsterdam* 1769	54	—
———— de l'Alphabet A. D. à Q. 12. *Paris* 1745 à 761. le vol. à	—	12
———— le même. A. D. à N.	—	12
———— d'Antiquités égyptiennes, étrusques, Grecques & Romaines. 7 vol. 4. *Paris* 1761	126	—
———— d'Apophtègmes ou Bons Mots, anciens & modernes, mis en vers françois, dédiés à Monseigneur le Duc de Bourgogne. 12. *Toulouse* 1695	1	—
———— de B. S. & F. 8.	—	12
———— de Cantates, par J. Bachelier. 12. *la Haye* 1728	2	—
———— de Chansons de la très-vénérable Confrairie des Francs-Maçons, &c. 12. *Jerusalem* 1782	—	12
———— de Chansons, vers & discours, Réglemens qui concernent les Francs-Maçons. 8. *Amsterdam* 1752	—	8
———— des Chefs-d'oeuvres des plus célèbres beaux Esprits françois. 12. *Londres* 1763	1	8
———— de différentes choses, par M. Le Marquis de Lassay. 4 vol. 12. *Lausanne* 1756	10	—
———— de Comédies & de quelques chansons gaillardes. 12. 1775	1	8
———— de nouveaux Contes amusans. 2 part. 12. *Paris* 1781	2	6
———— de Contes & de Poëmes, par M. D*** 8. *Paris* 1770	2	8
———— de Décrets apostoliques & des Ordonnances du Roi de Portugal. 3 vol. 12. *Amsterdam* 1760	5	—
———— de Discours sur diverses matières importantes, par J. Barbeyrac. 2 vol. 12. *Amsterdam* 1731	2	8

	mg	ß
Recueil de Dissertations anciennes & nouvelles sur les apparitions, les visions & les songes, par M. Langlet Du Fresnoy. 6 vol. 12. *Paris* 1751.	9	—
——— & Dissertations sur divers sujets de l'Histoire de France, par M. Sabbathier. 12. *Châlons-sur Marne* 1770	1	4
——— (nouveau) d'Enigmes, dédié à S. A. S. Mgr. le Prince de Conty. 12. *Paris* 1741	2	—
——— d'Enigmes & de quelques Logogriphes, par M. l'Abbé Berthelin. 12. *Paris* 1746	2	—
——— par former l'Esprit & le Cœur. 2 vol. 12. *Zelle* 1764	3	8
——— des Fortifications, Forts & Ports de Mer de France, lavé au Pinceau, par le Rouger. fig. 8. *Paris*.	3	—
——— des Harangues prononcées, par Messieurs de l'Académie françoise. 2 vol. 12. *Amsterdam* 1709	4	—
——— curieux d'Histoire & de Bons Mots. 8. *Amsterdam* 1739	2	—
——— d'Histoire intéressantes & galantes. 12. *la Haye* 1752	1	4
——— d'Instructions économiques, par M. de Massac. 8. *Paris* 1779	2	4
——— de Lettres françoises & italiennes de Bienséance & Marchandes, par l'Abbé Antonini. 8. *Basle* 1768	2	—
——— de Lettres galantes & amoureuses d'Héloïse à Abailard, &c. 12. *Rotterdam* 1721	—	12
——— de Lettres nouvelles & curieuses, &c. 12. *la Haye* 1659	—	8
——— de Lettres de S. M. P. 2 part. 8. *Leipzig* 1773	1	8
——— des Lettres de M. la M. de Sévigné, &c. 10 vol. 12. *Paris* 1763	14	—
——— de Lettres sur divers sujets, par Mr. Grimmarets. 12. *Paris* 1725	1	4
——— de Lettres sur différens sujets. 8. *Londres* 1778	—	8
——— de Littérature, de Philosophie & d'Histoire. 12. *Amsterdam* 1780	1	4
——— des Loix constitutives des Colonies angloises, confédérées sous la Dénomination d'Etats-		

	mg	ſ
d'Etats-Unis, dédiés à M. le Docteur Franklin. 12. *Philadelphie & Paris.* 1778	1	12
Recueil des Mémoires les plus intereſſans de Chymie & d'Hiſtoire naturelle, &c. 2 vol. 12. *Paris* 1764	3	—
——— de Mémoires & d'Obſervations ſur la perfectibilité de l'Homme, par M. Verdier. 12. *Paris* 1772	1	—
——— des Monnoyes tant anciennes que modernes, ou Dict. Hiſt. des monnoyes, qui ont cours dans les 4 part. du Monde, par de Salzague. 4. *Bruxelles* 1767	6	—
——— néceſſaire, avec l'Evangile de la Raiſon. 8. *Londres* 1776	6	—
——— d'Obſervations d'Anatomie & de Chirurgie, pour ſervir de baſe à la Théorie des léſions de la tête, par contre-coup. 8. *Paris* 1766	2	8
——— d'Obſervations élémentaires, ſur la tactique moderne pour ſervir d'introduction & Supplément aux réglemens pruſſiens. 4 vol. 8. fig. *Nancy* 1773	15	—
——— général des Opéras Bouffons, &c. 6 vol. 12. *Paris* 1771	10	—
——— d'Opuſcules concernant les ouvrages & les ſentimens de Mr. J. J. Rouſſeau ſur la Religion & l'Education. 12. *la Haye* 1765	1	12
——— d'Opuſcules littéraires, avec un Diſcours de Louis XIV, par M. l'Abbé d'O. 12. *Amſterdam* 1747	1	4
——— des Oraiſons funèbres, prononcées par Meſſire Jacques Bénigne Boſſuet. 12. *Paris* 1762	3	8
——— des Oraiſons funèbres, prononcées, par Meſſire Eſprit Fléchier, Evêque de Niſmes. 12. *Paris* 1760	3	8
——— des Oraiſons funèbres, prononcées, par Meſſire Jules Maſcaron. 12. *Paris* 1745	3	8
——— (le) du Parnaſſe, ou nouveau Choix de Pièces fugitives en Proſe & en Vers. 2 vol. 12. *Paris* 1743	5	—
——— philoſophique ou Mélange de Pièces ſur la Religion, &c. 12. *Londres* 1770	1	12

Recueil

	mg	ß
Recueil des plus belles Pièces des Poëtes François, depuis Villon jusq. Benserade. 6 vol. 12. *Paris* 1752	7	—
———— de Pièces en Prose & en Vers. Prononcées dans l'Assemblée publique tenue à Montauban, dans le Palais épiscopal, le 25 Août 1742. 12. *Toulouse* 1743	1	12
———— de diverses Pièces servant à l'Histoire de Henry III., Roi de France & de Pologne. 4. *Cologne* 1663	3	—
———— de Pièces sur l'état des Protestans en France. 8. *Londres* 1781	1	12
———— de Pièces d'Eloquence & de Poëmes, &c. 12. *Paris* 1753	2	8
———— de toutes les pièces du procès entre Mademoiselle & Madame de la Bédoyère, &c. 4 vol. 12. *la Haye* 1771	2	8
———— des Pièces du Procès entre la Cadière & Girard. 8 vol. 12. *la Haye* 1731	12	—
———— général des Pièces contenues au Procez de M. le Marquis de Gesvres & de Mademoiselle de Mascranni son Epouse. 2 vol. *Rotterdam* 1714	4	—
———— des Pièces fugitives, par Madame Reclam Stosch. 8. *Berlin* 1777	1	12
———— des Pièces du Régiment de la Calotte. 12. *Paris* 1726	1	—
———— de Pièces détachées, par Madame Ricoboni. 12. *Amsterdam* 1765	1	—
———— (nouv.) des meilleures Pièces du Théâtre françois & italien. 12 vol. 12. *Utrecht* 1743	15	—
———— de Pièces fugitives en Vers. 8. *Londres* 1744	—	6
———— de Poëme, par Mad. de S. Ph ————. 12. *Amsterdam* 1751	—	12
———— de Poéfies de M. Sedaine. 12. *Londres & Paris* 1780	2	—
———— de Prières, précédé d'un Traité de la prière, par J. E. Roques. 8. *Zelle* 1760	1	8
———— de Pseaumes & de Cantiques spirituels. 8. *Halle* 1755	4	—
———— de Remèdes faciles & domestiques, choisis, expérimentés & très-approuvés, pour toutes sortes de maladies internes & externes		

& diffi-

	m͞g	ſ̈
& difficiles à guérir, recueillis, par les ordres charitables de l'illuſtre & pieuſe Madame Fouquet, pour ſoulager les pauvres malades. 2 vol. 12. *Paris* 1765	5	—
Recueil de Secrets, à l'uſage des Artiſtes. 12. *Paris*.	1	12
——— des Sentimens & Propos de Guſtave Adolphe. 12. *Stockholm* 1769	1	—
——— des Synonymes françois qui entrent dans le beau Style avec les épithètes applicables à leurs ſubſtantifs. 4. *Neuve-ville* 1745	3	—
——— des Traités de Paix, de Trève, de Neutralité, de Confédération, d'Alliance & de Commerce, faits, par les Rois de France, avec tous les Princes & Potentats de l'Europe & autres, depuis près de trois Siècles, par Frédéric Léonard. 6 vol. 4. *Paris* 1693	48	—
——— de vers Choiſies, par Bouhours. 12. *Paris* 1693	—	12
——— de la vie & des ouvrages des plus célèbres Architectes, par Félibien. 12. *Londres* 1705	1	4
Réduction (la) oeconomique, ou amélioration des terres. 12. *Paris* 1767	1	—
——— du Spectateur anglois, par l'Auteur des 24 lettres. 3 vol. 12. *Amſterdam* 1753	4	8
Réflexions ſur l'amitié, par M. du Puy. 12. *Paris* 1728	1	—
——— ſur ce qui peut plaire ou déplaire, par Bellegarde. 2 vol. 12. *la Haye* 1728	2	8
——— d'un Citoyen catholique ſur les loix de France, relatives aux Proteſtans. 8. *Paris* 1778	—	8
——— ſur le Comique larmoyant. 12. *Paris* 1749	—	12
——— hiſtoriques & politiques, ſur le Commerce de France, avec ſes Colonies de l'Amérique, par M. Weuves, le jeune, &c. 8. *Paris* 1780	3	8
——— ſur la critique par M. de la Motte. 12. *La Haye* 1715	—	12
——— critiques ſur divers ſujets. 12. *Londres* 1751	1	8

Réflexions

	mg	ß
Réflexions critiques & patriotiques sur différens sujets. 12. *Paris* 1780	2	—
—————— sur l'Education, &c. par M. F. 12. *Amsterdam* 1761	—	4
—————— sur l'élégance & la politesse du stile, par Bellegarde. pet. 12. *la Haye* 1728	1	4
—————— de l'Empereur Marc-Aurel Antoine, surnommé le Philosophe. 12. *Dresde* 1754	1	4
—————— sur l'Etat actuel de l'agriculture. 12. *Paris* 1780	1	12
—————— impartiales sur les évangiles, suivis d'un essai sur l'Apocalypse, par M. Abauzit. 8. *Londres* 1773	1	—
—————— politiques sur les Finances, & le Commerce, &c. 2 vol. 8. *Amsterdam* 1740	2	10
—————— politiques sur les Finances & le Commerce 2 vol. 12. *la Haye* 1754	3	8
—————— sur l'Homme, ou Examen raisonné du Discours de M. Rousseau, &c. par J. H. Le Rous. 12. *Genève* 1758	1	—
—————— critiques sur la Poésie & sur la Peinture, par l'Abbé du Bos. 3 vol. 12. *Paris* 1755	4	—
—————— sur la politesse des mœurs, &c. par Bellegarde. 12. *la Haye* 1728	1	8
—————— sur les Préjugés militaires, par le M. de Brézé. 8. *Turin* 1779	3	—
—————— (nouvelle) de Rameau sur le principe de l'Harmonie. 8. *Paris* 1752	—	12
—————— & remarques sur la manière d'écrire des Lettres, par J. de Colom du Clos. 8. *Gottingue*.	—	12
—————— Critiques, sur la réponse aux Vices de l'Institut des Jésuites. 12. *la Haye* 1762	—	12
—————— sur le Ridicule & sur les Moyens de l'éviter, par M. l'Abbé de Bellegarde. 12. *la Haye* 1729	1	8
—————— sur le triste sort des Personnes, qui sous une apparence de mort, ont été enterrées vivantes, & sur les moyens qu'on doit mettre en usage pour prévenir une telle méprise, ou Précis d'un Mémoire sur les Causes de la Mort subite & violente, &c. par M. Janin. 8. *Paris* 1772	1	—

Réflexions

	mg	fs
Réflexions sur les Spectacles, par M. M. Formey & Sulzer. 12. *Utrecht* 1769	—	8
———— sur le Stile, & en particulier sur celui des Lettres, tirées de l'Expérience & des meilleurs Auteurs, &c. par Isaac de Colom Du Clos. 8. *Gottingue* 1763	2	—
———— philosophiques sur le Système de la Nature, par M. Holland. 2 part. 8. *Neuchâtel* 1773	2	8
———— de T. sur les Egaremens de sa jeunesse. Allemand & François. 8. *Leipzig* 1731	—	8
———— historiques & critiques, sur les divers Théâtres de l'Europe, par Riccoboni. 12. *Amsterdam* 1740	1	—
———— sur l'utilité des Mathématiques & sur la manière de les étudier avec un nouvel Essai d'Arithmétique démontrée, par J. P. de Crousaz. 8. *Amsterdam* 1715	1	8
Réformateur (le) nouvelle édition, à laquelle on a ajouté le Réformateur réformé. 2 vol. 12. *Amsterdam* 1766	3	—
———— (le) 12. *Paris* 1756	1	—
Refus, (les) par M. D. B. 8. *Paris* 1772	1	4
Refutation de Belisaire, ou de ses Oracles, par Rousseau, de Voltaire, &c. 12. *Paris* 1748	1	8
———— du nouvel ouvrage de J. J. Rousseau intitulé Emile ou de l'Education. 8. *Paris* 1763	1	8
———— de la politique moderne sur l'ancien équilibre de l'Europe. 8. *Londres* 1742	—	4
Régime de vivre Pithagoricien. 8. *Genève* 1750	1	—
———— (le) de Santé de l'Ecole de Salerne. 8. *Paris* 1737	2	—
Règle (la) des devoirs que la Nature inspire à tous les hommes. 4 part. 12. *Paris* 1758	8	—
Règles (les) de la Vie civile, avec des Traits d'Histoire, par l'Abbé Bellegarde. 12. *la Haye* 1731	1	8
Règlement pour la Cavalerie Prussienne, par le Baron de St. de Sinclaire. 8. *Francfort* 1762	1	8
———— pour l'Infanterie Prussienne, par M. Gourlay de Keralio. 2 vol. 12. *Paris* 1757	4	8

Règlement

	m͞g	ſ͞s
Règlement proviſoire ſur le ſervice de la Cavalerie en Campagne. 12. *Caen* 1778	1	4
———— donné par Madame la Ducheſſe de Liancour, à Mademoiſelle de la Roche-Guyou ſa Petite-Fille, pour ſa conduite & pour celle de ſa Maiſon, avec un autre Règlement que cette Dame avoit dreſſé pour elle-même, &c. 12. *Paris* 1779	1	12
Règne (le) animal diviſé en 9 Claſſes, &c. par M. Briſſon. avec fig. 4. *Paris* 1756	6	—
Relation de ce qui s'eſt paſſé dans une aſſemblée tenue au bas du Parnaſſe, &c. 12. *Amſterdam* 1739	—	8
———— de l'Empire de Maroc. 12. avec fig. *Amſterdam* 1695	2	4
———— hiſtorique de l'Expédition, contre les indiens de l'Ohio en 1764. Traduit par C. G. F. Dumas. 8. fig. *Amſterdam* 1769	4	—
———— ou Journal d'un Officier françois, au ſervice de la Confédération de Pologne, pris par les Ruſſes & relégué en Sibérie. 8. *Amſterdam* 1776	2	—
———— des derniers jours de J. J. Rouſſeau, par M. de le Bégue de Preſle. 8. *Neuchâtel* 1779	—	6
———— de la maladie, de la confeſſion, de la foi de M. de Voltaire, par du Bois. 12. *Genève* 1761	—	12
———— curieuſe de différens Pays, nouvellement découverts, par M***. 8. *Paris* 1714	—	4
———— abrégée concernant la République que les Réligieux nommés Jéſuites, &c. 12. 1758	—	8
————s, Lettres & Diſcours de M. de Sorbière. Sur diverſes matières curieuſes. 8. *Paris* 1660	2	—
———— véridique qui a l'air d'un ſonge. 12. *Genève* 1779	—	12
———— de divers voyages faits dans l'Afrique, dans l'Amérique & aux Indes orientales, par le Sr. Dralſé de Grand Pierre. 12. *Paris* 1718	1	8
———— de différentes Voyages dans les Alpes du Faucigny, par Mrs. D. & D. 12. *Maeſtricht* 1776	—	12

Relation

	mg	ſs
Rélation d'un Voyage du Levant, fait par ordre du Roi, &c. 3 vol. 8. *Lyon* 1717	3	8
Réligion des Dames. 12. *Amſterdam* 1698	—	12
——— (la) des petits enfans, ébauchée dans de petits entretiens, familiers entre un Père & ſon Fils, par M. George Frédéric Seiler, traduite de l'allemand, ſur la 2de édition, par A. Hollard. 8. *Erlang* 1773	3	—
——— (de la) par un Homme du Monde, où l'on examine les différens ſyſtêmes des Sages de notre Siècle, & l'on démontre la liaiſon des principes du Chriſtianiſme, avec les maximes fondamentales de la tranquillité des Etats. 5 vol. 8. *Paris* 1778 à 79	15	—
——— 2 vol. tome 1 & 2.	5	—
——— (la) des mahométans, &c. 12. *la Haye* 1721	2	—
——— (la) de St. Paul, ou Idée que cet Apôtre donne de la Réligion, &c. 8. *Londres* 1723	1	8
Remarques ſur les Avantages & les Desavantages de la France & de la Grande-Brétagne, par Nickolls. 12. *Dreſde* 1754	2	—
——— ſur pluſieurs auteurs militaires & autres, par M. W. 8. *Dublin* 1780	1	8
——— ſur pluſieurs branches de commerce & de navigation. 8. *Amſterdam* 1758	2	—
——— ſur les Germaniſmes, ouvrage utile aux allemands, aux françois & aux hollandois. 2 vol. 8. *Amſterdam* 1753	3	—
——— hiſt. & critiq. ſur l'Hiſtoire d'Angletoire de Rapin Thoyras, par M. N. Tindall. 2 vol. 4. *La Haye* 1733	18	—
——— juridiques addreſſées à M. Batavus. 8. 1779	—	8
——— nouvelles ſur la langue françoiſe, par le P. Bonhours. 12. *Paris* 1693	1	8
——— ſur la langue françoiſe, par M. Olivet. 12. *Paris* 1771	1	12
——— ſur la langue françoiſe de M. de Vaugelas, &c. 8. *Paris* 1697	2	8
——— idem. *Amſterdam* 1690	2	8

	mg	ſs
Remarques ſur le militaire des Turcs & des Ruſſes avec des plans, par M. Varnery. 8. *Breſlau* 1771	2	—
——— ſur la Religion naturelle, poëme de M. de Voltaire. 12. *Louvain* 1756	—	6
——— ſur quelques articles de l'Eſſai général de la Tactique. 8. *Turin* 1773	2	8
——— ſur les Tragédies de J. Racine, par L. Racine. 8. *Amſterdam* 1752	4	—
——— d'un Voyageur moderne au Levant. 8. *Amſterdam* 1773	1	8
Remèdes choiſis & éprouvés, &c. par M. le Breton. 12. *Paris* 1716	1	8
Remerciement de Candide à M. de Voltaire. 12. *Amſterdam* 1760	—	6
Remonſtrances du P. Adam à Voltaire, pour être miſes à la ſuite de ſa Confeſſion. 8. 1775	—	4
——— du Parlement au Roi du 9 Avril 1753	—	12
——— du Parlement ſéant à Rouen au Roy, &c.	—	4
Renverſement de la Religion, &c. ou Recueil. 2 vol. 12. *Rome* 1756	2	—
Repentir (le) des amans, par M ☆☆☆. 8. *Amſterdam* 1766	1	—
Réplique des Commiſſaires anglois, ou Mémoire, &c. 8. *La Haye* 1756	—	12
Réponſe à la Déclaration du Congrès Américain, par M. Linde, traduit de l'anglois, par M. Fréville. 8. *La Haye* 1777	1	12
——— de M. J. de Pinto, aux Obſervations d'un Homme impartial. 8. *La Haye* 1776	—	12
Repos (le) de Cyrus, ou l'Hiſtoire de ſa Vie depuis ſa ſeizième juſqu'à ſa quarantième année. 3 part. 8. fig. *Paris* 1732	4	—
Repréſentations des Citoyens & Bourgeois de Genève au prem. Syndic de cette république. 8. 1763	1	4
Repréſentation cordiale & exhortation vraiment paternelle, &c. 4. *Rome* 1733	—	6
République (la) des Hébreux, où l'on voit l'origine de ce Peuple, ſes Loix, ſa Religion, &c. Enrichie de Figures pour faciliter l'intelligence des matières. 3 vol. 8. *Amſterdam* 1705	12	—

République

	mg	fs
République des Juriconsultes de M. Gennaro, traduit par l'Abbé Dinouant. 8. *Paris* 1768	2	—
———— (la) des Philosophes, ou Histoire des Ajaviens, par M. Fontenelle. *Genève* 1768	1	—
———— (la) de Platon, ou Dialogue sur la Justice. 12. *Amsterdam* 1763	3	—
———— (la) Romaine, ou plan général de l'Ancien Gouvernement de Rome, par M. de Beaufort. 2 vol. 4. *La Haye* 1766	12	—
Requête au Roi, sur la retraite de M. Necker, par un ancien Résident à la Cour de France. 8. *Berlin* 1781	—	8
Requisitoire présenté à Sa Majesté Très-fidèle, dans une Audience publique, par J. de Seabra de Sylva. 12. 1768	—	12
Retraite (la) de la Marquise de Gozanne, 2 vol. 12. *Amsterdam* 1735	2	8
Revers (les) d'Aristobule philosophe Grec, &c. par M. L***. *Amsterdam* 1761	—	12
Rêveries, ou Mémoires sur l'art de faire la Guerre, par le Maréchal de Saxe. 1 vol. fol. *La Haye* 1756	36	—
———— (les) ou Mémoires sur l'art de la Guerre de Maurice, Comte de Saxe. 2 vol. 8. *La Haye* 1756	5	—
———— (mes) contenant Erato & l'Amour Poème suivi des Riens. 8. fig. *Londres* 1771	1	8
———— (les) d'un Homme de bien, qui peuvent être réalisées. 12. *Paris* 1775	2	—
———— d'un Suisse, aiant pour but la Réconciliation entre l'Angleterre & ses Colonies. 8. *Londres* 1781	—	12
Révolution de l'Amérique, par M. l'Abbé Raynal, avec son portrait. 8. *Londres* 1781	1	12
Révolutions d'Ecosse & d'Irlande en 1707 à 1709 2 part. 12. *La Haye* 1758	1	8
———— (les dernières) du Globe, ou conjectures physiques, &c. par M. L. Castilhon. 8. *Bouillon* 1771	1	8
———— de Portugal, par M. l'Abbé de Vertot. 12. *La Haye* 1772	1	8
Rhétorique (la) d'Aristote. 12. *Paris* 1630	2	—

Rethorique

	mg	ß
Rhétorique, ou l'Art de parler, par le R. P. l'Amy, &c. 12. *Amsterdam* 1712	1	8
—— ou l'Art de parler, par le R. P. Bernard Lamy, 6me. édit. augmentée d'un Discours préliminaire sur son usage, & de ses Réflexions sur l'Art poétique. 12. *La Haye* 1737	3	8
—— françoise, à l'usage des jeunes Demoiselles. Avec des Exemples tirés, pour la plûpart, de nos meilleurs Orateurs & Poètes modernes. 12. *Paris* 1776	3	—
Richardet, Poème. 2 vol. 8. *Paris* 1766	3	8
Richesse (la) de l'Etat, &c. 8. *Amsterdam* 1764	1	12
—— (la) de la Hollande, Ouvrage dans lequel on expose l'origine du Commerce & de la Puissance des hollandois; l'accroissement successif de leur Commerce & de leur Navigation; les causes qui ont contribué à leurs progrès, celles qui tendent à les détruire, & les moyens qui peuvent servir à les relever. 2 vol. 8. *Londres* 1778	8	—
Robinson (nouveau) pour servir à l'amusement & à l'instruction des Enfans, par M. Campe. 2 tom. 8. *Hambourg* 1779 à 82.	5	—
Roger Bon tems en Belle humeur. 12. *Cologne* 1670	1	—
Romans moraux, &c. par M. Contant d'Orville. 2 vol. fig. 12. *Paris* 1768	2	8
—— Contes allégoriques, philosophiques & historiques, par M. de Voltaire. 2 vol. 12. *Neuchâtel* 1773	4	—
Ratrame ou Bertram, prêtre du Corps & du sang du Seigneur, &c. 12. *Amsterdam* 1717	1	—
Rousseau, juge de Jean Jacques, Dialogue d'après le Manuscrit de M. Rousseau, laissé entre les mains de M. Brooke Boothby. 8. *Londres* 1780	1	12
—— (J. J.) justifié envers sa Patrie. Ouvrage dans lequel on a inséré plusieurs Lettres de cet Homme célèbre, qui n'ont point encore paru. 8. *Londres* 1775	—	12
Rubriques générales du Bréviaire de Paris &c. par Waltrant. 8. *Vienne* 1775	1	4

	mg	ſt
Rudimens (les) de la Langue latine, à l'uſage des Collèges de l'Univerſité de Paris, par M. Tricot. 12. *Paris* 1775	1	8
―――― (les) ou premiers Principes des Langues latine & françoiſe, &c. 8. *Amſterdam* 1769	3	8

S.

	mg	ſt
Sacrifices (les) de l'Amour, ou Lettres de la Vicomteſſe de Sénanges, & du Chevalier de Verſenay, par M. Dorat. 2 part. 12. *Amſterdam & Avignon* 1775	2	―
Sage (la) Folie Fontaine d'alégreſſe mère des plaiſirs, &c. 12. *Rouen* 1735	―	12
Sages (les) du ſiècle, ou la Raiſon en délire. 3 vol. 12. *Amſterdam* 1774	4	8
Sageſſe (la) & la Folie, poéſies diverſes. 12. *Amſterdam* 1766	―	12
―――― (la) du Souverain dans les moyens de rendre le Commerce floriſſant, par Henri Conſtantin Cras. 8. *Leide* 1773	―	12
Saillies d'Eſprit, ou Choix curieux, &c. par M. Gayot de Pitaval. *Amſterdam* 1727	1	8
Saiſie (de la) des Bâtimens neutres, ou du Droit qu'ont les Nations belligérantes d'arrêter les navires des peuples amis, par M. Hubner. 2 vol. 12. *La Haye* 1763	3	―
Saiſons (les) Poème, traduit de l'anglois de Thompſon. 2 part. *Berlin* 1763	2	8
―――― (les) Poème, traduit de l'anglois de Thompſon. fig. 8. *Paris* 1779	4	8
―――― littéraires, ou Mélanges de Poéſies, d'Hiſtoire & de critique. 12. *Paris* 1714	1	12
Sanction (de la) de l'Ordre naturel. 12. *Paris* 1778	2	―
Sanſonnet (le) badin agréable & utile. 2 part. 12. *Amſterdam* 1743	2	―
Santé (de la) des Gens de Lettres, par M. Tiſſot. 12. *Lauſanne & Liège* 1769	1	8
―――― (de la) ouvrage utile à tout le monde, par M. l'Abbé Jacquin. 12. *Paris* 1761	1	12

Satyre

	mg	ſs
Satyre sur les Abus du Luxe, &c. par M. C**. Paris 1770	—	4
Satyres de Perses, trad. en vers, par M. Taillade d'Hervilliers. 8. Paris 1776	2	—
—— (la) de Pétrone, &c. 2 vol. fig. 12. Cologne 1694	4	8
Satyre (la) des Satyres. 8. 1778	—	12
Saxe (la) galante, ou Histoire des Amours d'Auguste I. Roi de Pologne. 12. Amsterdam 1763	1	8
Science (la) & l'art de l'Equitation démontrée d'après la nature, ou Théorie & Pratique de l'Equitation, par M. Du Paty de Clam. 8. fig. Yverdon 1777	4	—
—— (la) du bon Homme Richard, par M. Franklin, &c. 8. Paris 1778	—	4
—— (la) du bon Homme Richard, ou Moyen facile de payer les impôts. 12. Paris 1778	1	—
—— ou les droits & les devoirs de l'Homme, par L. D. H. en 4 part. 12. Lausanne 1774	1	4
—— (la) des Enfans, ou Principes raisonnés des Sciences, Arts & Métiers, &c. 8. Amsterdam 1762	1	—
—— (la) du Monde, ou la Sagesse civile de Cardan. 12. Paris 1641	1	—
—— (la) des Négocians & Teneurs de Livres, &c. par M. de la Porte. 8. Paris 1770	5	—
—— (la) des Postes militaires, par M. Le Cointe. 8. Paris 1759	2	—
Secrets (les admirables) d'Albert le Grand. 12. Lyon 1774	3	—
—— concernans les Arts & Métiers. 4 vol. 12. Rouen 1724	5	—
—— concernant les Arts & Métiers. 2 vol. 12. Bruxelles 1772	4	—
—— (le) des Cours, ou les Mémoires de Valsingham, avec des remarques de Robert Nanton. 12. Cologne 1695	2	—
—— (le) pour empêcher les jésuites de brûler les livres. 12. Cologne 1682	1	—
—— merveilleux de la Magie naturelle & cabalistique du petit Albert. 12. fig. Lyon 1775	—	8
—— de l'Ordre des Francs-maçon. l'Orient 1778	1	8

	m̃g	ß
Secrets (les) les plus cachés de la Philosophie des anciens, découverts & expliqués, à la suite d'une Histoire des plus curieuses, par M. Crosset de la Haumerie. 12. *Paris* 1762	2	—
Secrétaire (le nouveau) du Cabinet, &c. 12. *Paris* 1770	1	4
——— du Cabinet, auquel on a joint celui des Négocians, italien & françois. 12. *Nice* 1773	2	—
——— (le nouveau) de la Cour, ou lettres familières sur toutes sortes de sujets &c. 12. *Paris* 1742	2	—
Sens (le) littéral de l'Ecriture Sainte, &c. *La Haye* 1741	2	8
——— (les) Poème en six Chant. gr. 8. fig. d'Eisen. *Londres* 1766	12	—
——— (les) Poème en cinq parties, par R. Girard Raigné. 8. *Amsterdam* 1769	1	—
——— (le vrai) du Système de la Nature, de Mr. Helvétius. 8. *Londres* 1774	1	—
Sentimens (les) de Cléante sur les Entretiens d'Ariste & d'Eugène. 12. *Paris* 1672	1	8
Sermons sur différens Textes de l'Ecriture Sainte, par J. C. Bertrand. 2 vol. 8. *Neuchâtel* 1779	4	—
Sermon contre les Juremens, par feu M. Beveridge, par S. Scholl. 8. *Bienne* 1745	—	8
Sermons du Père Bourdaloue de la C. de J. 15 vol. 12. *Liège* 1773	24	—
——— pour les jeunes Dames, & les jeunes Demoiselles, par M. James Fordice, traduit de l'anglois. 12. *Paris* 1778	2	—
——— sur le Jubilé, par M. Erman. 8. *Berlin* 1772	—	6
——— de P. J. Gérand, pasteur à Hambourg & de S. Géraud son Fils, pasteur à Rotterdam. *Hambourg* 1779	1	—
——— sur divers Textes de l'écriture Sante, par J. P. C. S. 12. *Neuchâtel* 1745	—	8
——— de M. Masillon, Evêque de Clermont. 14 vol. 12. *Paris* 1776	22	—
——— idem. 9 vol. 12. *Paris* 1762	18	—
——— sur le Jubilé de Danemarck 1760, par M. le Part. Merle. 4. *Altona* 1760	—	8
——— sur divers Textes de l'Ecriture sainte, par J. F. Ostervald. 2 vol. 8. *Copenhague* 1756	3	8

	mg	fs
Sermon prêché dans la grande assemblée des Quakers de Londres. 8. *Londres* 1737	—	12
—— du Rabin Akib, prononcé à Smyrne le 20 Novembre 1761, trad. par de Voltaire. 8.	—	2
Sermons sur divers Textes de l'Ecriture sainte, par J. B. de la Rivière. 8. *Amsterdam* 1746	2	—
—— sur diverses matières importantes, par M. de Rocheblave. 8. *Amsterdam* 1712	1	
—— sur diverses Textes de l'Ecriture sainte, par Romilly. 8. *Genève* 1780	1	12
—— du Docteure Sharpe. 4.	—	8
—— sur la présente Rebellion en Ecosse, &c. par Thomas. 8. *Londres* 1745	—	8
—— prêchés à Toulouse. 1772	1	8
—— sur diverses Textes de l'Ecriture sainte, par feu J. C. de la Treille. 2 vol. 8. *Amsterdam*	6	—
—— sur le discours de N. S. J. C., par J. Scipion Vernede. 4 vol. 8. *Amsterdam* 1779	9	
Sidney & Volsan, Histoire angloise, par M. d'Arnaud. 8. *Paris* 1770	1	8
Siècles (les trois) de la Littérature françoise, par l'A. de Castre. 4 vol. 12. *Paris* 1779	10	—
—— de Louis XIV. auquel on a ajouté un Précis de celui de Louis XV. 4 vol. 1768	8	—
—— idem. 4 part. pet. 12. *Leipzig* 1764	4	
—— de Louis XIV. auquel on a joint un Précis du Siècle de Louis XV. 12. 4 vol. *Neuchâtel* 1773	10	
Singularités diverses en prose & en vers. 12. *Cosmopolis* 1753	—	12
Situation politique actuelle de l'Europe, considerée rélativement à l'ordre moral, pour servir de Supplement à l'ordre moral. 8. *Augsbourg* 1781	1	8
Socrate (le) rustique, ou Description de la conduite économique & morale d'un Paysan philosophe. Traduit de l'Allemand de M. Hirzel, per un Officier Suisse au Service de France & dédié à l'Ami des Hommes. *Zurich* 1762	1	10
—— (le) rustique, &c. 8. *Lausanne* 1777	6	—
Sociabilité, (de la) par M. l'Abbé Pluquet. 2 vol. *Yverdon* 1770	2	
Soins faciles pour la propreté de la bouche &		

	mg	ſs
pour la conservation des dents, par M. Bourdet. 12. *Paris* 1760	—	6
Soirée (la) du Labirinthe, Débauche d'esprit & le Porte-Feuille galant. 12. *Paris* 1732	1	—
——— (les mille & une) Contes mogols. en 3 Tom. 12. *Paris* 1765	1	—
——— (les) du Palais royal, ou veillées d'une jolie femme. 12. 1762	1	—
Soldat parvenu, ou Mémoires & aventures de M. Vervaldit Bellerose, par M. de M. 4 part. 12. *la Haye* 1779	2	—
——— ou le métier de la guerre considéré comme le métier d'honneur. 8. *Francfort* 1743	1	12
Soliloques, ou Lamentations du Docteur Dodd dans sa prison. 8. *Moudon* 1777	1	—
Soliman, ou les Aventures de Maemet. Histoire Turque. 8. 3 part.	2	—
Solitaire (le) anglois, ou aventures merveilleuses de Philippe Quarli, par M. Dorrington. 12. *Rotterdam* 1728	2	—
——— (le) espagnol, ou Mémoires de D. Varasque de Figueroas. 2 vol. 12. *Leide* 1738	4	—
——— (les) en belle humeur, ou Entretiens, &c. 3 vol. 12. *Paris* 1725	9	—
Sommeil (le) des plantes, & la Cause du mouvement de la Sensitive. &c. 8. *Paris* 1783	—	12
Sonnets chrétiens sur divers sujets, par L. Drélincourt, avec les Psaumes pénitentiaux, du même auteur. *Amsterdam* 1746	—	12
Songes d'une Hermite. 12. *à l'Hermitage de St. Amour* 1770	1	8
——— philosophiques, par Mercier. 2 part. 12. *Londres* 1768	2	8
——— physiques, ou diverses questions problématiques. 8. *Amsterdam* 1781	3	8
Sopha, (le) Conte moral. 2 vol. 12. *Pékin* 1762	3	—
——— idem. 2 vol. 12. *Amsterdam* 1742	1	12
——— (le) Conte moral. 2 part. 12. fig. *Egra* 1778	8	—
Sophie, par M. D. B. 2 part. 12. *la Haye & Paris* 1756	1	12
——— ou Lettres de deux Amies recoeuillies & publiées, par un citoyen de Genève, 2 part. 8. *Genève* 1779	1	12

Sophye

	mg	ß
Sophyle, ou de la Philosophie. 8. *Paris* 1778	2	8
Sophronie, ou Leçon prétendue d'une mère à sa fille, par Madame Benoist. 8. yg. *Paris* 1769	—	8
Sorbériana, ou bons mots, rencontres agréables, pensées judicieuses & Observations de M. Sorbière. 12. *Amsterdam* 1694	—	12
Sottises (les) & les folies Parisiennes, &c. 8. *Londres* 1781	2	—
Soupers (les) de la Cour, ou l'Art de travailler toutes sortes d'alimens. 4 vol. 12. *Paris* 1755	6	—
Soupirs (les) du Cloître, par Guimond de la Touche. 8. *Londres* 1770	1	—
——— (les) d'Euridice aux Champs Elizées. 12. *la Haye & Paris* 1770	1	8
Source (la) force & le véritable esprit des Loix, par le Comte de J. Cataneo. 8. *la Haye* 1753	3	—
Souverains (les) du Monde. 4 vol. 12. *la Haye* 1722	7	—
Spécifique contre la goutte, éprouvé & publié, par M. Emerigon. 8. *Basle* 1779	—	4
Spectacle (le) des beaux Arts, ou Considération, &c., par Lacombe Avocat. 12. *Paris* 1758	2	—
——— (le) du feu élémentaire, ou Cours d'Electricité expérimentale, par Rabiqueau. 8. *Paris* 1753	2	—
——— (le) de la Nature, ou Entretiens de l'Histoire naturelle, &c. 9 vol. 12. avec fig. *Paris* 1764	30	—
Spectateur (le) ou le Socrate moderne, traduit de l'anglois. 6 vol. 12. *Amsterdam* 1722	9	—
——— idem. 8 vol. 12. *Amsterdam* 1768	12	—
——— idem. *Amsterdam* 1714	2	—
——— (le) françois, par Marivaux. 12. *Paris* 1752	3	—
——— (le) en Prusse, par la Croix. 12.	—	12
Spectatrice, (la) traduit de l'anglois. 4 vol. 12. *la Haye* 1750	5	—
Statique (la) des Végétaux, & celle des Animaux, Expériences lues à la Société royale de Londres, par le D. Hales. 2 part. gr. 8. fig. *Paris* 1779	10	—

	l	s
Sublime (le) des Auteurs, ou pensées choisies, &c. 12. *Paris* 1705	1	12
Suite de la justification du Sieur de Beaumarchais. 1777	—	12
—— des Mémoires de Pierre Augustin Caron de Beaumarchais. 12. 1778	1	8
—— du nouveau Choix de Pièces pour le Théâtre comique. 12. *Amsterdam & Paris* 1758	1	—
—— de la Civilité françoise, ou Traité du point d'honneur. 12. *Paris* 1686	—	12
—— du Gentil-homme Maréchal, trad. de l'anglois de Jean Barltet. 12. *Paris* 1757	1	8
—— de l'Introduction à l'Histoire des principaux Etats de l'Europe par S. Puffendorf. 12. *Utrecht* 1703	2	—
—— aux Négociations particulières du Chevalier d'Eon. 12. *Londres* 1765	1	—
—— idem. avec des pièces y rélatives.	2	—
—— des Procédures de la Cadière, contre le R. P. Girard. 8. *la Haye* 1731	1	—
—— & conclusion du Roman comique de Scarron, par M. D. L. 2 part. 12. *Paris* 1771	2	—
Supplément à Chrysal, ou les nouvelles Aventures d'une Guinée, &c. 12. *Paris* 1769	1	—
—— au Cours d'Architecture de A. C. Daviler, Archit. du Roy, par le S. Leblond. 4. figures.	5	—
—— au Dictionnaire abrégé de la Fable de M. Chompré, &c. 12. *Paris* 1766	1	—
—— à l'Espion anglois, ou Lettres interessantes sur la retraite de M. Necker, sur le sort de la France & de l'Angleterre, & sur la détention de M. Linguet à la Bastille, adressées à Milord Al'Eye, par l'auteur de l'Espion anglois. 8. *Londres* 1781	1	12
—— à la France Littéraire de l'année 1758, sur les années 1759 & 60. 12. *Paris* 1760	—	12
—— à l'Histoire du Gouvernement de Venise, par Amelot de la Houssaye. 8. *Paris* 1677	1	—
—— à l'Histoire philosophique. 4 vol. 8. *La Haye* 1781	12	—

Supplément

	mg	ſs
Supplément au Journal Hiſt. du Voyage à l'Equateur & au Livre de la meſure des 3 premiers degré du Méridien, par de la Condamine. 4. *Paris* 1752	3	—
———— à la première édition du Manuel Lexique, ou Dictionnaire portatif des mots françois dont la ſignification n'eſt pas familière à tout le monde. 8. *Paris* 1755	2	—
———— aux Mémoires & Lettres de M. le Comte de Buſſy Rabutin. 12.] 2 part. au Monde 7539417.	2	—
———— aux Oeuvres diverſes de J. Jacq. Rouſſeau. 8. *Amſterdam* 1767	1	8
———— aux Oeuvres de J. J. Rouſſeau, Citoyen de Genève, pour ſervir de ſuite à toutes les éditions. 8. *Amſterdam & Lauſanne* 1779	2	—
———— aux Rêveries, ou Mémoires ſur l'art de la guerre du Comte de Saxe. folio. avec fig. *La Haye* 1758	6	8
———— au Roman comique, ou Mémoires pour ſervir à la Vie de Jean Monnet. 2 vol. 12. *Londres* 1772	3	8
———— au Voyage de M. de Bougainville, où Journal du Voyage autour du Monde, par M. Banks & Solander, trad. par M. de Fréville. 8. *Neuchâtel* 1773	1	4
Suzette & Pierrin, ou les Dangers du Libertinage. 2 part. 12. *Londres & Paris* 1780	2	4
Synonimes françois, leur différentes ſignifications, &c. par M. l'Abbé Girard & augm. &c. par M. Bauzée, &c. 2 vol. 12. *Liège* 1775	4	—
Syſtème (le) de la Fertiliſation, par M. Scipion Bexou. 8. *Nancy* 1773	1	—
———— (nouveau) ſur la Génération de l'Homme & celle de l'Oiſeau, par C. D. de Launay. 12. *Paris* 1755	1	4
———— d'Hiſtoire naturelle en 4 Règnes. 1 vol. fol. fig. *La Haye* 1765	9	—
———— (nouveau) ſur le mouvement des Planètes, par Ph. Willemot. 12. *Lyon* 1707	1	—
———— (nouveau) de Muſique, théorique & pratique, par Mercadier. 8. *Paris* 1777	4	—

	mg	fs
——— de Philosophie, contenant la Logique, Métaphysique, Physique & Morale, par Pierre Sylvain Régis. 7 vol. 12. fig. *Lyon* 1691	12	—
——— de Philosophie morale de Hutcheson, trad. de l'Anglois, par Mr. E. 2 vol. 12. *Lyon* 1770	3	8
——— (le) politique de la Régence d'Amsterdam, mis dans son vrai Jour, d'après les faits puisés dans l'Histoire de la Patrie, traduit du hollandois. 8. *Bruxelles*.	—	8
——— (le) des théologiens anciens & modernes, &c. 8. *Londres* 1739	1	4

T.

	mg	fs
Tables anatomiques, &c. par J. A. Kulm, trad. du Latin, par P. Mausset. 8. fig. *Amsterdam* 1734	3	—
——— astronomiques, &c. par M. de la Hire. 4. fig. *Paris* 1735	4	—
——— chronologiques de l'Histoire universelle sacrée & profane. 2 vol. 8. *la Haye* 1745	4	—
——— & figures de l'histoire philosophiques des établissemens des Européens dans les deux Indes, pour completter l'édition. 12.	4	—
——— généalogiques des augustes Maisons d'Autriche & de Lorraine, &c. 8. *Paris* 1770	2	8
——— d'intérêts simples & composés, &c. suivies de celles de Mrs de Buffon & Halley, sur la mortalité dans les différens âges de la vie, de divers Calculs relatifs aux annuités sur des vies, &c. par Alexandre Fatio. fol. *Vevey* 1778	10	—
——— de Sinus tangentes & sécantes, &c. gr. 8.	3	—
Tableau des beautés de la Nature. 12. *Francfort* 1755	1	—
——— du Bonheur domestique, &c. par Formey. 12. *Leide* 1766	2	—
——— analytique des Combinaisons, par M. A. L. Brougniart. 8. *Paris* 1778	3	8

Tableau

	mg	ß
Tableau de l'Empire, Ottoman, &c. 12. *Paris* 1757	1	8
——— historique & raisonné des épidémies catharrales, vulgairement dites la grippe; depuis 1510 jusques & y compris celle de 1780, avec l'indication des traitemens curatifs & des moyens propres à s'en préserver, par M. Saillant. 12. *Paris,* 1780	1	4
——— philosophique de l'Esprit de M. de Voltaire. 8. *Genève* 1776	2	8
——— de la France. 2 vol. 12.	2	—
——— philosophique du Genre-humain. 2 part. 12. *Londres* 1767	1	8
——— des Gens de Lettres, &c. par M. l'Abbé de L. 6 vol. 12. *Paris* 1767	15	—
——— idem. 4 vol. 12. *Paris* 1767	7	8
——— de l'Histoire générale des Provinces-unies. 4 vol. 12. *Amsterdam* 1779	12	12
——— de l'Histoire moderne, depuis la Chûte de l'Empire d'Occident, jusqu'à la Paix de Westphalie; pour servir de suite à l'Histoire universelle de M. Bossuet, & d'introduction à l'Histoire moderne des Chinois, des Japonois, &c. de M. l'Abbé de Marsy, par M. le Cheval. de Méhégan. 3 vol. 12. *Paris* 1778	6	8
——— raisonné de l'Histoire littéraire du 18me Siècle, &c. 8. *Yverdon* 1779 sousc. à 32 mg par an		
——— x (les) Suivis de l'Histoire de Mademoiselle de Siane & du Comte de Marcy. 8. fig. *Paris* 1771	2	8
——— des maladies de Sommius, ou Description de toutes les maladies qui attaquent le corps humain, &c. par M. l'Abbé Mascrier. 12. *Paris* 1755	2	—
——— historique de la Marine françoise, depuis la fondation de la Monarchie jusqu'à nos jours, par M. Turpin. 4. 2 livraisons. *Paris* 1779	1	8
——— critique des Mœurs angloises. 12. *la Haye* 1761	1	4
——— de Paris, par l'Auteur de l'An 2440. 2 vol. 8. *Hambourg* 1781	4	—
——— annuel des progrès de la Physique, de l'Histoire naturelle, & des Arts, année 1772, par M. Dubois, &c. 8. *Paris* 1772	6	—

	mg	ſs
Tableau philosophique de la Religion chrétienne, considérée dans son ensemble, dans sa Morale & dans ses Consolations. Ouvrage rédigé par M. de Félice. 4 vol. gr. 12. *Yverdon* 1779	5	—
——— du Siècle, par un auteur connu. 12. *Genève* 1759	1	—
——— (le) du Solitaire de Herenhausen, ou ses différens sentimens sur le Néant des choses humaines. 8.	1	4
——— de l'univers, ou suite du tableau de la France, &c. 2 vol. 8. *Paris* 1767	3	—
Tablettes mixtes, ou l'Inconnu à Londres. 2 part. 12. fig. *Londres* 1742	1	—
——— des postes de l'Empire d'Allemagne & des provinces limitrophes, par J. F. Heyer. 8. *Mayence*.	1	4
——— chronologiques & historiques des Rois de Portugal, jusqu'à l'année 1716. 12. *la Haye* 1716	—	12
Tactique (grande) & Manœuvres de Guerre suivant les principes de S. M. Prussienne, avec 12 Plans. tom. 1. 4. *Cologne* 1780	16	—
——— navale, ou Traité des Evolutions & des Signaux, avec fig. par M. le Vicomte de Morogues. 4. *Paris* 1763	12	—
Tanſai & Néadarné, Histoire Japonoise, avec fig. 2 vol. 12. *Pekin* 1742	4	—
Tapisseries du Roi, où sont représentés les 4 Elémens, avec Devises & Explications. 4. *Amsterdam*.	4	—
Tarif général des Bois & de la Marque, &c. 8. *Paris* 1778	2	8
——— du Pays de Vaud, ou Comptes-faits, par Jean Teron. 8. *Neuchâtel* 1771	2	—
——— (nouveau) du prix des Glaces. 12. *Avignon* 1774	—	6
Teinturier (le nouveau) parfait, ou Traité de ce qu'il y a de plus essentiel dans la Teinture, &c. 2 part. 12. *Paris* 1769	2	8
Témoins (les) de la Résurection de Jésus Christ, &c. par A. le Moine. 8. *La Haye* 1732	1	8
Temple (le) de Gnide mis en vers, par M. Colardeau. 12. sup. fig. *Paris*.	5	—
——— de Vénus. 8. *Londres* 1777	2	8

	mg	fs
Temple (le) de Vénus. gr. 8. *Londres* 1777	4	—
Testament (le nouveau) c'est-à-dire la nouvelle Alliance de N. S. J. Christ. 12. *La Haye* 1727	1	8
———— (le nouveau), &c. par Ms. De Beausobre & L'Enfant. 2 tom. 4. en 1 vol. *Amsterdam* 1718	18	—
———— (le nouveau) en françois. 2 vol. 12. *Paris* 1696	2	8
———— (politique) du Cardinal Jules Alberoni. 8. *Lausanne* 1753	3	—
———— (politique) du Maréchal Duc de Belle-isle. 12. *Paris* 1762	1	4
———— idem. *la Haye* 1762	1	—
———— (politique & moral) du Prince Rackocki. 2 vol. 12. *la Haye* 1751	2	—
———— (politique) du Cardinal Duc de Richelieu. 2 part. 12. *Amsterdam* 1696	1	—
Têtes (les) folles. 8. *Londres & Paris* 1753	1	8
Théâtre (nouveau) Italien composé, par Bancoleli. 12. *Anvers* 1713	1	4
———— de Mademoiselle Barbier. 8. *Paris* 1745	1	8
———— de M. Baron, augmenté de deux Pièces qui n'avoient point encore été imprimées. 12. *Amsterdam* 1736	3	—
———— philosophique, &c. par M. Bordelon. 12. *Paris* 1693	1	8
———— de feu Monsieur Boursault. 3 vol. 12. *Paris* 1746	7	8
———— lyrique, avec une préface, où l'on traité du Poëme de l'Opéra, par M. Le Br. 12. *Paris* 1712	1	8
———— de Pierre Corneille, avec des commentaires & autres morceaux intéressans. 10 vol. 8. fig. 1776	45	—
———— (le) de T. Corneille. 5 vol. fig. 12. *Amsterdam* 1709	8	—
———— idem. 5 vol. 12. fig. *Amsterdam* 1754	10	—
———— d'Education & de Société, par Madame de Genlis. 6 vol. 8.	12	—
———— d'Education. 12. 4 vol. *Genève* 1781	8	—

Traité

206

	m͞ɢ	ſ͞s
Théâtre (les trois) de Paris, &c. par M. Des Essars. 8. *Paris* 1777	3	—
——— (le) de M. De la Fosse. fig. 12. *Amsterdam* 1745	2	8
——— (nouveau) François. 12 vol. 12. *Utrecht* 1735	18	—
——— à l'usage des jeunes Personnes, par Madame la Comtesse de Genlis. 4 vol. 8. en Suisse. 1780	9	—
——— idem. tom. 1 & 2.	4	8
——— idem. — 2.	2	4
——— à l'usage des jeunes personnes. 4 vol. 12. *Genève* 1781	8	—
——— (le) de Ghérardi. 6 vol. 12. fig. *Amsterdam* 1721	14	—
——— de Monsieur Le Grand, comédien du Roi. 4 vol. 12. *Paris* 1731	6	—
——— de la Haye, &c. 5 vol. 12. *La Haye* 1750	7	—
——— de M. de Marivaux. 5 vol. 12. *Paris* 1758	10	—
——— complet de M. Mercier. 3 vol. 12. *Amsterdam* 1778	7	—
——— (du) ou nouvel Essai sur l'Art dramatique, par M. Mercier. 8. *Amsterdam* 1773	2	8
——— de Société. 3 vol. 12. *Paris* 1777	6	—
——— de Société, par l'Auteur du Théâtre d'Education. 2 vol. 12. *Genève* 1781	4	—
——— de Société par l'Auteur du Théâtre à l'usage des jeunes personnes. 2 vol. 8. en Suisse 1781	9	—
——— de Société, par Madame la Comtesse de Genlis. 2 vol. 8. *Hambourg* 1781	9	—
——— de Sophocle. 2 vol. 12. *Paris* 1774	3	—
——— (le) de l'univers Poëme. 8. *Amsterdam* 1746	1	—
——— de M. de Voltaire. 8 vol. 12. *Neuchâtel* 1773	24	—
Théisme (le). Essai philosophique. 2 vol. 8. *Londres* 1773	3	—
Théologie Astronomique, ou Demonstration de l'Existence & des Attributs de Dieu. 8. *Paris* 1729	4	—

Théologie

	mg	β
Théologie des Insectes, ou Démonstration des perfections de Dieu, par Lyonnet. 2 vol. 8. *La Haye* 1742	5	—
——— païenne, ou Sentimens des Philosophes & des Peuples païens les plus célèbres, sur Dieu, sur l'ame & sur les devoirs de l'Homme, par M. de Burigny. 2 vol. 12. *Paris* 1754	4	—
——— physique, ou Démonstration de l'Existence & des Attributs de Dieu, par G. Derham, trad. par J. Lufneu. 8. *La Haye* 1760	7	8
——— portative, ou Dictionnaire de la Réligion chrétienne, par M. l'Abbé Bernier. 8. *Rome* 1775	1	8
Théorie de l'Education, &c. par M. Grivel. 3 vol. 12. *Paris* 1775	6	—
——— des fleurs, avec l'Art de bâtir dans les eaux, par J. S. Silberschlag, trad. de l'alemand par M. d'Au. 4. fig. *Paris* 1769	8	—
——— (nouvelle) du Flux menstruel, & Traité des maladies de la tête, par Robert Emelles. 12. *Paris* 1757	1	8
——— (la) du Jardinage, par M. l'Abbé Royer Schabol. 12. *Paris* 1771	3	8
——— (la) & la Pratique du Jardinage, &c. par L. S. A. J. D. A. 4. avec fig. *la Haye* 1739	12	—
——— de l'Intérêt de l'argent, tirée des Principes du Droit naturel, de la Théologie & de la Politique, contre l'Abus de l'imputation d'Usure. 12. *Paris* 1780	2	
——— des Loix civiles, ou Principes fondamentaux de la Société. 2 vol. 12. *Londres* 1767	7	—
——— des Loix criminelles, par J. P. Brisson de Warville. 2 vol. 8. *Paris* 1781	5	8
——— du Luxe, ou Traité, dans lequel on entreprend d'établir que le Luxe est un ressort non-seulement utile, mais même indispensablement nécessaire à la prospérité d'un Etat. 2 part. gr. 8. *Londres & Paris* 1775	4	—
——— de la Manoeuvre des Vaisseaux, réduite en pratique, par M. Pitot. 4. fig. *Paris* 1731	6	—
——— (nouvelle) des Plaisirs, &c. par Mr. Sulzer. 12. 1767	1	8

	m₨	fs
Théorie des Sentimens agréables. 12. *Paris* 1749	1	—
——— des Tourbillons, avec des Réflexions sur l'Attraction. 12. *Paris* 1752	1	4
Thévenon, ou les Journées de la Montagne, par Mr. E. Bertrand. 12. *Neuchâtel* 1777	2	—
Tibère, ou les 6 premiers Livres des Annales de Tacite, par l'Abbé de la Bléterie. 3 vol. 12. *Amsterdam* 1768	5	—
Tombeaux (les) poëme en 14 chants, imité d'Hervey. 8. *Lausanne* 1779	1	—
Tour (la) ténébreuse, ou les Jours lumineux Contes anglois. 12. *Amsterdam* 1706	1	4
Tournée dans les Provinces occidentales, méridionales & intérieures de la France, faite, par M. N. W. Jun. 12. *Rotterdam* 1777	1	12
Traduction en Prose de Catulle, Tibulle & Gallus, par l'Auteur des Soirées Helvétiennes, & des Tableaux. 2 vol. gr. 8. *Paris* 1771	12	—
————s de diverses Oeuvres, composées en allemand en vers & en prose, par M. Jacobi. 8. *Paris* 1771	1	4
——— d'un Manuscrit grec, trouvé dans la Ville de Thèbes le 2 Nov. de l'année 1755 &c. 8. 1777	—	4
——— (nouvelle) des Métamorphoses d'Ovide, par Monf. Fontanelle. 2 vol. 8. fig. *Lille* 1772	10	—
——— des Odes d'Horace, avec des Observations critiques & poésies lyriques, suivies d'un Discours sur l'Ode, &c. par M. de Reganhac. 2 vol. 12. *Paris* 1781	3	8
——— des Satyres de Perse & de Juvenal, par le Père Tarteron. 12. *Paris* 1714	1	8
——— idem. 1737	1	8
——— de différens Traités de morale de Plutarque, par M***. 12. *Paris* 1777	2	—
——— (nouvelle) de divers morceaux choisis des Oeuvres de Plutarque, par M. Lambert. 12. *Paris* 1763	1	8
——— des Status des Docteur-Régens de la Faculté de Médecine de l'Université de Paris. 1754	1	4

	mg	ß
Traité analytique, étymologique & raisonné de l'Accent, & de la Prononciation de la Langue angloise, par M. Carré. 8. *Paris* 1778	6	—
——— des affections vaporeuses du Sexe, par Joseph Raulin. 12. *Paris* 1759	2	
——— des Alimens, où l'on trouve la différence & le choix qu'on en doit faire, &c. par M. S. Lémery. 2 vol. 12. *Paris* 1755	5	8
——— d'Amitié & de Commerce entre l'Empire de toutes les Russies & la Couronne de la Grande-Brétagne, &c. 4. *Petersbourg* 1766	—	6
——— de l'Antimoine, contenant l'Analyse chymique de ce Minéral, par M. S. Lémery. 12. *Paris* 1707	2	8
——— sur les apparitions des Esprits & sur les vampires, ou les revenans de Hongrie, de Moravie, &c. par Le R. P. D. A. Calmet. 2 vol. 12. *Paris* 1751	4	—
——— historique & dogmatique sur les apparitions, &c. par l'Abbé l'Anglois Dufresnoy. 2 vol. 12. *Paris* 1751	8	8
——— des Arbitrages, des Changes, & Méthode pour trouver le pair de toutes les places, &c. par J. Wiertz. 4. *Basle* 1728	6	—
——— d'Arithmétique, par M. Sénébier. 2 part. 4. *Genève* 1771	10	—
——— des Armes, déd. au Roi, par le Sr. P. J. F. Gérard, orné de fig. en taille-douce. 4. obl. *La Haye* 1740	20	—
——— (nouveau) de l'Art des Armes, &c. par M. Nicolas Demeuse. 12. *Liège* 1778	3	—
——— (nouveau) très-instructif aux Artistes & Amateurs du Dessein, de la Peinture & Dorure. 12. *Genève* 1779	1	12
——— de l'Autorité des Parens sur le Mariage des Enfans de famille, par M. V. J. R. A. E. P. 8. *Londres* 1773	1	8
——— des Bénéfices de Frà Paoli Sarpi. 12. *Amsterdam* 1692	—	12
——— idem. *Amsterdam* 1706	1	
——— économique & physique du gros & menu bétail, &c. 2 vol. 12. *Paris* 1778	4	—
——— des bois & des différentes manières de les semer, &c. 2 vol. 8. *Paris* 1771	5	—

	mg	ß
Traité sur le bonheur public, par M. L. A. Muratori, trad. de l'Italien, &c. 2 vol. 12. *Lyon* 1772	3	8
—— du Choix & de la Méthode des Etudes, par Fleury. 12. *Bruxelles* 1729	1	4
—— du Castor, &c. par M. Eidous. fig. 12. *Paris* 1746	1	8
—— de la Castramétation & de la Défense des Places fortes, &c. avec des Planches, par J. de Fallois. 8. *Berlin* 1771	4	8
—— des Causes, des Accidens & de la Cure de la Peste, &c. fait & imprimé par ordre du Roi. 4. *Paris* 1744	10	—
—— des Causes & Symptômes de la Pierre, &c. par D. Descherny. 8. *Dublin* 1755	1	4
—— de la Chymie, &c. par Christophle Glaser. 8. *Paris* 1668	1	8
—— de la Comète qui a paru en 1743 & 44, par J. P. Loys de Chefeaux. 8. fig. *Lausanne* 1744	4	—
—— général du Commerce, &c. par Samuel Ricard. 4. *Amsterdam* 1732	8	—
—— général du Commerce, contenant des observations sur le commerce des principaux états de l'Europe, les productions naturelles, l'Industrie de chaque pays, les qualités des principales marchandises qui passent dans l'Etranger, &c. des états sur les monnoies, poids & mesures, &c. le cours des changes, &c. un rapport comparé des monnoies, &c. des Régles sur l'arbitrage, &c. plusieurs maximes & usages reçus dans les villes de Commerce de l'Europe, enfin les Ordonnances & usages établir à Amsterdam, touchant les Assurances & le Règlement des Avaries, par Samuel Ricard, édition entièrement refaite d'après un plan nouveau. 2 vol. 4. *Amsterdam* 1781	22	8
—— sur le Commerce de lettres & sur le cérémonial, &c. par M. de Grimarest. 12. *Paris* 1708	1	8
—— de la Communauté, auquel on a joint un Traité de la puissance du Mari. 2 vol. 12. *Paris* 1774	5	—

	m̃g	ß
Traité de la composition des Vernis en général employés dans la peinture, &c. 12. *Paris* 1780	1	—
——— de la Connoissance des animaux, où tout ce qui a été dit pour & contre le raisonnement des bêtes est examiné, par le Sieur de la Chambre. 4. *Paris* 1662	5	—
——— de la Connoissance générale des Grains, par M. Béquillet. 2 vol. 8. fig. *Paris* 1775	2	—
——— de la Connoissance de soi-même, par J. Mason, traduit de l'anglois par J. A. Brunier. 8. *Amsterdam* 1765	2	—
——— de la Construction & des principaux usages des Instrumens de Mathématique, par M. Bion. 8. fig. *Paris* 1709	6	—
——— des Couleurs pour la Peinture en émail & sur la porcelaine, de M. d'Arclais de Moutamy. 12. *Paris* 1765	2	—
——— (nouveau) de la Cuisine, &c. 2 vol. 12. *Paris* 1739	3	—
——— de la Culture des Pêchers. 12. *Paris* 1770	1	—
——— de la Défense des Plans, par Contre mine. 8. *Leipzic* 1769	1	8
——— de la Défense des Plans, ouvrage original de M. le Maréchal de Vauban. 8. *Paris* 1769	4	—
——— de la Défense intérieure & extérieure des Redoutes, &c. par M. De Touzac. 8. fig. *Paris* 1762	1	8
——— de la Dévotion, par M. Jurieu. 12. *La Haye* 1726	1	8
——— des Dieux & du Monde par Saluste le Philosophe, avec des Réflexions ph. & crit. par Formey. 12. *Halle*.	1	—
——— des Dispenses du Carême, &c. 2 vol. 12. *Paris* 1710	4	—
——— raisonné de la Distillation, &c. par Béjean. 12. *Paris* 1759	2	—
——— du Douaire, par l'Auteur du Traité des Obligations. 12. *Paris* 1776	2	8
——— du Droit d'Habitation, par l'Auteur du Traité des Obligations. 12. *Paris* 1771	2	—

Traité

	mg	fs
Traité (nouveau) d'Education divisé en deux parties, &c. fig. 12. *Amsterdam* 1716	5	—
—— de l'Education économique des abeilles, par M. Ducarne de Blancy. 2 part. 12. *Paris* 1771	2	8
—— sur l'Education, pour servir de Supplément à l'Emile, par J. J. Rousseau. 2 part. 12. *Neuchâtel* 1770	2	—
—— de l'Education corporelle des Enfans en bas-âge, par M. Des Essard. 12. *Paris* 1760	1	12
—— de l'Education des Femmes, & Cours complet d'Instruction. 4 vol. 8. *Paris* 1779	15	—
—— de l'Elasticité de l'eau & des autres fluides, par E. A. G. Zimmermann. 8. *Amsterdam* 1780	2	8
—— de l'Electricité, &c. par M. Sigaud de la Fond. 12. *Paris* 1771	2	8
—— sur l'Equitation, par M. Dapaty de Clam. 12. *Paris* 1772	1	—
—— de l'Esprit de l'Homme, de ses facultés &c. par S. de la Forge. 12. *Genève* 1735	2	—
—— de l'excellence du mariage & de sa nécessité, par Jaques Chauffé. *Amsterdam* 1685	1	8
—— des Fiefs de Dumoulin, analysé & conféré avec les autres feudistes, par M. Henrion de Pensey. 4. *Paris* 1773	12	—
—— du flux & reflux de la Mer, par le R. P. J. Alexandre. 12. *Paris* 1726	1	4
—— de la formation méchanique des langues & des principes physiques de l'etymologie. 2 vol. 12. *Paris* 1765	4	8
—— de la Géographie moderne, a l'usage des collèges & Pensions, par le P. Gibrat. 12. fig. *Toulouse* 1780	3	8
—— du Globe, rédigé d'une manière nouvelle, à la portée des Enfans, &c. par M. Lemoine. 12. *Paris* 1780	—	12
—— de la gloire, par M. de Sacy. 12. *La Haye* 1715	2	—
—— pratique de la Goutte, par M. Coste. 12. *Paris* 1768	1	—
—— de la Grammaire françoise, par M. l'Abbé Regnier Desmarais. 12. *Amsterdam* 1707	3	8

	mg	ſs
Traité de la grandeur & de la figure de la Terre, par Mr. Caſſini. 12. *Amſterdam* 1723	2	—
—— des hernies ou deſcentes. 2 part. 12. *Paris* 1749	3	8
—— très-rare concernant l'Hiſtoire naturelle & les Arts. 12. *Paris* 1780	1	8
—— des Jeux de Hazard, défendu contre les objections de M. de Joncourt, & de quelques autres, par Jean la Placette. 12. *la Haye* 1714	—	8
—— contre l'Impureté, par J. F. Oſtervald. 12. *Neuchâtel* 1708	1	—
—— de l'incertitude des ſciences. 12. *Amſterdam* 1715	1	4
—— géographique & hiſtorique, pour faciliter l'intelligence de l'Ecriture Sainte. 2 vol. 12. *la Haye* 1730	2	—
—— du Juge compétent, des Ambaſſadeurs, tant pour le civil que pour le criminel, trad. du latin de M. de Bynkershoek, par J. Barbeyrac. 8. *la Haye* 1723	2	—
—— des langues, par M. Frain du Trembley. 12. *Paris* 1703	1	8
—— des Loix civiles, par M. de P. de T. 2 vol. 8. *La Haye* 1774	3	8
—— philoſophique des Loix naturelles, par le Docteur Richard Cumberland. 4. *Amſterdam* 1744	7	—
—— des Maladies les plus fréquentes, & des remèdes propres à les guérir, par M. Helvétius. 2 vol. 12. *Paris* 1756	3	8
—— des Maladies des Femmes, &c. par M. Aſtruc. 6 vol. 12. fig. *Paris* 1770	10	—
—— théorique & pratique des maladies inflammatoires, par Joſeph Fr. Carrère. 12. *Paris* 1774	1	8
—— des maladies des Os, par feu M. Petit. 2 vol. 12. *Paris* 1758	5	—
—— des maladies des Os, par M. Louis, 2 vol. 12. *Paris* 1775	3	—
—— des maladies de la Poitrine, connues ſous le nom de Phtiſie pulmonaire, par Dupré de Lisle. 12. *Paris* 1769	1	8

	m.	f.
Traité des maladies de Surinam, &c. par Mr. Fermin. 12. fig. *Maſtricht* 1764	1	8
—— des maladies vénériennes, par M. Fabre. 8. *Paris* 1773	4	—
—— (nouveau) de la maladie vénérienne, par M. Gervais Ucay. 12. *Amſterdam* 1606	1	—
—— des maladies Vénériennes, par M. Presſavin. 12. *Genève* 1775	2	8
—— des maladies vénériennes, &c. trad. du ſuédois de feu M. Nils Roſen de Roſenſtein, par M. le Fébure de Willebrune. 8. *Paris* 1778	4	8
—— de la Main-morte & des retraits, &c. par M. Dunod. 4. *Paris* 1760	4	—
—— ſur la manière d'écrire des lettres, & ſur le cérémonial, &c. par M. de Grimareſt. 12. *La Haye* 1709	1	8
—— de la Matière médicinale, ou de l'Hiſtoire des vertus du choix, par M. Geoffroy. 16 vol. avec le Supplément. 12. *Paris* 1757	32	—
—— idem. 6 vol. de ſuite. le vol. à	2	—
—— de la Matière médicale, pour ſervir à la compoſition des remèdes, &c. par M. Herman Boerhave. 12. *Paris* 1775	2	—
—— de la méchanique, compoſé par M. Descartes, &c. 4. *Paris* 1668	2	—
—— du Mérite, par M. Abbt, trad. par M. Dubois. 8. *Berlin* 1780	3	8
—— du vrai mérite de l'Homme, par M. Le Maître de Claville. 2 vol. 12. *Amſterdam* 1754	2	8
—— idem. 2 vol. *La Haye* 1742	1	—
—— de la Meſure des Bois, contenant le Tarif de la réduction des Bois équarris en pieds cubes; le Tarif de la réduction des Bois ronds en pieds cubes; le Tarif de la réduction du Sciage des Bois en pieds quarrés, par le Sr. Segondat. 8. *Rochefort* 1765	18	—
—— des Mines à l'uſage des jeunes militaires, par J. D. Etienne. 4. *Berne* 1779	7	8
—— des Monnoies, & de la Juriſdiction de la Cour des Monnoies, en forme de Dictionnaire, &c. par M. Abat de Bazinghen. 12 vol. 4. *Paris* 1764	24	—

	m₃	ß
Traité de la mort Civile pour Cause de Crimes, ou de Vœux, &c. par M. Fr. Richer. 4. Paris 1755	10	—
—— succinct de Morale, ou Loix immuables, par M. Durey. 8. Lausanne 1778	—	6
—— du mouvement & de la mesure des eaux coulantes & jaillissantes, &c. tiré des ouvr. manuscrits de feu M. Warignon, par M. l'Abbé Pujol. 4. Paris 1725	2	—
—— du Musique, &c. par M. Bémetzriede. 2 vol. 8. Paris 1776	6	—
—— de la Nature & de la Grace, &c. par M. Jurieu. 12. Utrecht 1687	2	—
—— de la Nature du Gouvernement de l'Eglise, 3 vol. 12. Berne 1778	4	8
—— sur la Nature, le But & les effets du Sacrement de la Ste Cène, &c. par M. Hoadly. 8. La Haye 1741	1	12
—— (nouveau) de Navigation contenant la Théorie & la Pratique du Pilotage, par Mr. Bouguer. 8. fig. Paris 1760	7	—
—— des Nerfs & de leur Maladies, par Mr. Tissot. 5 part. 12. Paris 1778	6	—
—— du Nivellement, par M. Picard. 12. Paris 1728	2	—
—— historique & critique de l'Opiguon, par M. Gilbert-Chabs Le Gendre. 9 vol. 12. Paris 1758	15	—
—— d'Optique, &c. par M. Coste. 2 vol. 12. Amsterdam 1720	2	8
—— d'Origène contre Celse, par Elie Bouhereau. 4. Amsterdam 1700	5	—
—— de l'Orthographe françoise, &c. 12. Bruxelles 1701	—	8
—— de l'Orthographe françoise, en forme de Dictionnaire, &c. par M. Restaut. gr. 8. Poitiers 1779	5	—
—— le même ouvrage 1775	6	—
—— de la Paix, entre Descartes & Newton, par le P. Aimé Henri Paulian. 3 vol. 12. Avignon 1703	5	—
—— de la Paix de l'ame, par M. Du Moulin. 12. Amsterdam 1729	1	8

	mg	ſ
Traité de Peinture, suivi d'un Essai de Sculpture, &c. 2 vol. 12. *Paris* 1765	2	8
—— de Physiologie, par Térapie Dufau. 2 vol. 12. *Lyon* 1763	4	—
—— de Physique sur la pesanteur universelle des corps, par le R. P. Custel. 2 vol. 12. *Paris* 1724	3	8
—— abrégé de physique à l'usage des Collèges, par M. de Saintignon. 6 vol. 12. fig. *Paris* 1743	10	—
—— de Physique, par Jacques Rohault. 2 vol. 12. *Paris* 1682	1	8
—— (nouveau) de la pluralité des mondes, par M. Hughens, &c. 12. *Amsterdam* 1718	1	4
—— de la Poésie françoise, par le Père Mourgues. 12. *Paris* 1724	2	—
—— de la Politique privée, tirée de Tacite & divers auteurs. 12. *Amsterdam* 1768	—	12
—— de Porphirea, touchant l'abstinence de la chair des animaux, &c. 12. *Paris* 1747	2	8
—— des Propres réels réputés réels & conventionnels, &c. par M. Dernusson. 4. *Paris* 1714	6	—
—— historique & dogmatique de la vraie Réligion, &c. par M. l'Abbé Bergier. 12 vol. 12. *Paris* 1780	130	—
—— de la Réligion naturelle, par M. Martin. 8. *Amsterdam* 1713	3	—
—— de la Réligion Révélée, par M. Martin. 2 vol. 12. *Lewarde* 1719	3	8
—— sur le Scorbut, trad. du latin de M. le Meilleur, par M. Giraud. 12. *Paris* 1774	1	8
—— analytique des Sections coniques, & de leur usage, Ouvrage posth. de M. le Marquis de l'Hôpital. 4. *Paris* 1707	5	—
—— de la Seigneurie féodale, universelle & du Franc Alleu naturel, par M. Furgole. 12. *Paris* 1767	1	8
—— des Servitudes des Héritages, &c. par Mr. L. Astruc. 12. *Avignon* 1751	1	8
—— des sources de la corruption qui règne aujourd'hui, parmi les chrétiens, par J. F. Ostervald. 2 part. 12. *Neuchâtel* 1774	1	8

	mg	ſs
Traité général du Stile, avec un Traité particulier du Stile épistolaire, par l'Auteur des Remarques sur les Germanismes. 12. *Amsterdam* 1750	2	
——— des Systêmes où l'on en démêle les inconvéniens & les avantages. 8 part. 12. *la Haye* 1749	1	8
——— de Tactique, pour servir de Supplément au Cours de Tactique, par Joly de Maizeroi. 2 vol. 8. *Paris* 1767	9	
——— sur la Tolérance augmenté d'une Lettre de J. Locke sur le même sujet. 12. 1764	1	—
——— complet de Trigonométrie, par M. Audierne. 8. *Paris* 1756	3	
——— des tumeurs & des ulcères, &c., par M. Astruc. 2 vol. 12. *Paris* 1768	4	
——— de la vertu des médicamens, traduit du latin de M. H. Boerhave. 12. *Paris* 1729	2	
——— de Vénérie & de Chasses. 2 part. 4. *Paris* 1768	9	
——— de la Vie heureuse, par Sénèque. 12. *Potsdam* 1748	1	—
Thrésor des jeux, ou explication de la manière de faire toutes sortes de tours de Gibecière, &c., par M. Curlo Antonin. 12. fig. *Genève* 1759	2	
——— (le) du Parnasse, ou le plus joli des Recueils. 4 part. 12. *Londres* 1762	6	—
——— de Sentences dorées & argentées, &c. par Gabriel Mevrier. 12. *Cologne* 1619	—	8
Trigonométrie (Manuel de) pratique, par M. l'Abbé Delagrive. 8. *Paris* 1754	4	—
Triomphe (le) de l'Amour, ou le serpent caché sous les fleurs. 12. 1755	1	4
——— de l'Humanité, ou les Négocians généraux, par M. Benech. 8. *Lausanne* 1779	—	4
——— (le) de l'innocence, ou Particularités peu connues, &c., par M. C. L. de Beausobre. 8. 1751	1	4
——— de l'Intolérance, ou Anecdotes de la vie d'Ambroise Borély, par de Voltaire. 8. *Londres* 1779	1	8

	mg	s
Tropes, (des) ou des différens sens dans lesquels on peut prendre un même mot dans une même langue, par M. du Marsais. 8. *Paris* 1757	3	8
Turgot (M.) à Necker, & sur l'Administration de M. Necker, par un Citoyen françois. 8. *Londres* 1780	1	8
Tusculanes de Cicéron, trad. par M. Bouhier & d'Olivet. 2 vol. 12. *Paris* 1776	3	12

U.

Un peu de de tout, ou Mélanges de Pièces fugitives, en Prose & en vers. 8. *la Haye* 1767	1	14
Univers (l') énigmatique, par le Marquis Caraccioli. 12. *Avignon* 1759	1	—
———— (l') perdu & reconquis par l'Amour. 8. *Amsterdam* 1758	1	
Usage (de l') du Compas de proportion, expliqué & démontré d'une manière courte & facile, &c., par M. Ozanam. 12. *la Haye* 1691	1	8
———— (l') des Globes célestes & terrestres & des Sphères. 8. *Paris* 1710	2	—
———— (les) par M. L. D. V. Y. 2 part. 12. *Genève* 1762	2	—
———— & Mœurs des françois, par M. Poullin de Lumina. *Lyon* 1769	2	
———— (de l') des Passions, par le R. P. le Senault. 12. *Paris* 1660	1	
Utile à tout le monde, ou le parfait Ecuyer, &c. par le S. H. de Weyrother. 8 vol. 8. *Bruxelles* 1767	4	
Utilité (de l') des Voyages, & de l'Avantage que la recherche des Antiquités procure aux Sçavans, par M. Baudelot de Dairval. 2 vol. 12. *Rouen* 1727	5	—

V.

Valentinien, I ou entretiens secrets d'un Monarque avec son successeur. 8. *Brand.* 1777	—	10 Variété

	mg	ß
Variété angloise. 12. *Londres* 1770	1	8
—— historiques, physiques & littéraires, ou recherches d'un savant. 3 vol. 12. *Paris* 1752	5	8
—— serieuses & amusantes. 2 vol. 12. *Paris* 1765	3	8
Wasprie, (la) ou l'Ami Wasp, revu & corrigé. 12. *Berne* 1761	1	12
Ventriloque, (le) ou l'Eugastrimythe, par M. de la Chapelle. 2 vol. 12. *Londres* 1772	3	—
Venus à Confesse, Lettres d'une Comédienne retirée du Spectacle, à une de ses Amies. 2 part. 8. *En Phrigie* 1751	1	8
—— physique revûe & aug., par M. de Maupertuis. 12. *Geneve* 1780	2	—
Vérité (la) des Miracles opérés par l'intercession de M. de Paris, par Carré de Mongeron. 4. *Cologne* 1739	18	—
—— (les) plaisantes, ou le Monde ou Naturel. 12. *Rome* 1702	1	8
—— (la) de la Religion chrétienne, prouvée par l'Etat présent du peuple juif, par J. G. Chauffepied. 8. *Amsterdam* 1756	1	8
—— (la) rendue sensible à tout le monde, sur les contestations dont l'église est agitée, &c. 2 vol. 12. *Utrecht* 1742	4	—
—— (la) telle qu'elle est, contre le pure Vérité. 12. *Hougard* 1765	1	8
Werther, trad. de l'allemand. 2 part. 12. fig. *Mæstricht* 1776	2	—
Vairvert, ou les Voyages du Perroquet de la visitation de Nevers. 12. *la Haye* 1736	—	12
Victime (la) mariée, ou Histoire de Lady Villars, trad. de l'anglois, par M. A. 2 part. 12. *Londres & Paris* 1775	1	12
Vie (la) d'Agatocle, ou le Tyran de Siracuse. 8. *Paris* 1752	2	8
—— (la) d'Anne Stuart, Reine de la Grande-Brétagne, de France & d'Irlande, trad. de l'anglois. 8. *Amsterdam* 1716	3	—
—— (la) de Pierre Arretin, par M. de Boispréaux. 12. *la Haye* 1750	1	8
—— & Aventures de Sens commun, Histoire allégorique, traduite de l'anglois, sur la seconde édition. 8. *Avignon* 1777	1	8

Vie

	m̄g	ſſ
Vie & Aventures du ſens commun. 8. *Yverdon* 1777	1	—
— (la) de J. P. Baratier, par Formey. 8. *Utrecht* 1741	—	14
— (la) du Monſieur Boileau Deſpréaux, par M. des Maizeaux. 12. *Amſterdam* 1712	1	4
— de M. Boſſuet, Evêque de Meaux, par M. Burigny. 12. *Paris* 1761	2	—
— (la) & le Caractère de M. le Comte de Bruhl. 8. 1760	1	—
— de W. de Caylus, Evêque d'Auxerre. 2 vol. 12. *Amſterdam* 1765	3	8
— du Dauphin, Père de Louis 16, &c. par l'Abbé Proyart. 12. *Paris* 1780	2	—
— (la) politique & militaire de Mademoiſelle d'Eon-de-Beaumont, par M. de la Fortelle. 12. *Paris* 1779	2	—
— de l'Empereur Julien, par M. l'Abbé de la Bléterie. 12. *Paris* 1775	2	8
— & Lettres de Gellert, trad. de l'Allem. par Mr. De La F. 3 vol. 8. *la Haye* 1775	5	—
— de Grotius, avec l'Hiſtoire de ſes Ouvrages, par M. de Burigny. 2 vol. 12. *Amſterdam* 1754	2	8
— (les) des Hommes Illuſtres de Plutarque. 14 vol. 12. *Maeſtricht* 1738	26	—
—s (les) des Hommes illuſtres comparés les uns avec les autres. 2 vol. 12. *Paris* 1756	3	—
— de Michel de l'Hôpital, Chancelier de France. 12. *Amſterdam* 1767	1	—
—s (les) des Hommes illuſtres de Plutarque, &c. par M. Dacier. 12 vol. 12. *Paris* 1778	24	—
—s (les) des Hommes illuſtres de Plutarque, par M. Dacier. 9 vol. 4. *Paris* 1721 le vol. à	14	—
— de David Hume, écrite par lui-même, avec ſon portrait, trad. de l'anglois. 12. *Amſterdam* 1778	—	8
— (la) de Jéſus-Chriſt. 12. *Paris* 1679	1	—
— de Jean Bart, Chef d'Eſcadre ſous Louis XIV. 12. *Amſterdam* 1781	1	12
— privée de Louis XV, ou Principaux événemens, particularités & anecdotes de ſon Règne. 4 vol. 12. avec Portraits. *Londres* 1781	12	—

Vie

	m₈	ſ₈
Vie (la) de Mahomet, traduite & compilée de l'Alcoran, &c. par Jean Gagnier. 2 vol. 12. *Amſterdam* 1732	3	8
— (la) de Marianne, ou les Aventures de Madame la Comteſſe de ***, par M. de Marivaux. 4 vol. 12. *Paris* 1755	7	—
— de Marie de Médicis, Princeſſe de Toſcane, Reine de France & de Navarre, &c. 3 vol. gr. 8. *Paris* 1774	15	—
— de Mécenas, par Richer. 12. *Paris* 1746	1	—
— du M. le Duc de Montauſier, Pair de France, par N***. 12. *Paris* 1729	1	12
— du Madame la Ducheſſe de Montmorency. 8. *Paris* 1684	1	—
— (la) du Pape Clément XIV. 12. *Paris* 1776	1	8
— (la) du Pape Sixte cinquième, traduite de l'italien de Grégorio Léti. 2 vol. 12. *Paris* 1758	5	—
—s (les) des SS. Pères d'orient & d'occident. 4 part. 12. nombre de fig. *Amſterdam* 1714	30	—
— (la) de Philippe d'Orléans, petit-fils de France. par Mr. L. M. D. M. 2 vol. 12. *Londres* 1736	3	8
—s (les) des plus illuſtres philoſophes de l'Antiquité, avec leurs Dogmes, leurs Syſtêmes, leur Morale, & leurs Sentences les plus remarquables, traduites du grec Diogène Laërce. 3 vol. 12. avec figures. *Amſterdam* 1758	15	—
— (la) de Properce, Chevalier Romain, par M. Gillet de Moivre. 12. *Paris* 1754	1	8
— (la) de l'Abbé Laurent Ricci, dernier Général de la Compagnie de Jéſus, trad. de l'italien. 12. *La Haye* 1776	—	6
— (la) & les Avantures ſurprenantes de Robinſon Cruſoé. 4 vol. 12. fig. *Neuchâtel* 1776	6	—
— (de la) privée des Romains, par M. D'Arnay. 12. *Lauſanne* 1760	1	8
— & opinions de Sébaldus Nothanker. 4 part. 12. *Londres* 1777	4	8
— (la) de Socrate, par M. le Charpentires. 12. *Amſterdam* 1699	1	8

Vie

	mg	ſ
Vie (la) du Taſſe, Prince des Poètes italien. 12. *Paris* 1695	1	—
— du Comte de Totleben. 12. *Cologne*.	1	—
— (la) & les Opinions de Triſtram Shandy, traduites de l'anglois de Stern, par M. Frénais. 2 vol. 12. *Neuchâtel* 1777	3	—
Vieillard (le) Abyſſin, rencontré, par Amelec, Empereur d'Ethiopie. 12. *Londres* 1779	2	—
— (le) du Mont Caucaſe aux juifs portugais, &c. 12. *Rotterdam* 1777	1	8
Village (le) de Munſter, nouvelle, trad. de l'anglois. 2 vol. 8. *Paris* 1782	2	8
Viſion (la) de Charles Palliſſot, & la Prière univerſelle, &c. 8. 1760	—	8
Viſions (les) d'Ibrahim, philoſophe Arabe, eſſai ſur la Nature de l'Ame, rélation d'un voyage aux Limbes, &c. par M. de la Roche. 2 vol. 8. *Paris* 1779	4	—
— de ſylvius Graphalètes, ou le Temple de Mémoire. 2 vol. 8. *Londres* 1767	3	—
Vocabulaire univerſel latin-françois, &c. 12. *Amſterdam* 1754	2	8
Vœu (le) de toutes les Nations, &c. 8. 1778	—	12
Voix (la) libre du Citoyen, ou Obſervations ſur le Gouvernement de Pologne. 2 part. 12. 1764	1	8
Wolfienne, (la belle) avec deux Lettes philoſophiques, l'une ſur l'immortalité de l'Ame & l'autre ſur l'Harmonie préétablie. 12. *la Haye* 1741	1	—
Voltaire, Recueil des particularités curieuſes de ſa vie & de ſa mort. 8. *Porrentruy* 1781	1	2
— aux Welches, Facétie datée du Purgatoire Cette Pièce à été trouvée dans les papiers de feu M de ***, jeune Poète en levé à la fleur de ſon âge, & dont on va donner un Recueil de petits Vers, pleins de candeur comme ceux-ci. 8. *Paris* 1780	—	10
Voltairomanie (la) avec le préſervatif & le Factum du S. C. F. S. Jore. 8. *Londres* 1739	—	12
Voluptés. (les) 12. 1746	—	6
Voyage hiſtorique d'Abiſſinie du R. P. Jérôme Lobo. trad. du portugais, par M. le Grand. 12 vol. 12. *Amſterdam* 1728	3	—

Voyage

	mg	f
Voyage dans les Alpes, &c. fig. 8. *Neuchâtel* 1779	8	—
———s nouveaux dans l'Amérique septentrionale, par M. Bossu. *Amsterdam* 1777	4	—
———s fait principalement en Asie dans les 12, 13, 14 & 15 Siècles, &c. accompagnés de l'Histoire des Sarrains & des Tartares, par P. Bergeron. 4. *la Haye* 1735	10	—
——— à la Baye de Hudson, fait par M. Henry Ellis. 8. *Leide* 1760	3	—
——— (le) de St. Cloud, par mer & par terre. 12. *la Haye* 1748	1	—
——— dans les Colonies du milieu de l'Amérique Septentrionale, fais en 1756 en 1760, par A. Burnaby. 8. *Lausanne* 1778	1	8
———s (les) de Cyrus, avec un Discours sur la Mythologie, par M. Ramzay. 12. *Amsterdam* 1728	1	12
——— en Dalmatie, par M. l'Abbé Fortis, traduit de l'italien. 2 vol. 8. fig. *Berne* 1778	6	12
——— ou nouvelle découverte d'un très grand pays dans l'Amérique entre le nouveau Mexique & la Mer glaciale, par le B. P. L. Hennepin. 12. fig. *Amsterdam* 1704	3	8
——— (le) de l'Envie. 8. *Avignon* 1778	—	4
——— merveilleux du Prince Fan-Feredin dans la Romancie, &c. 12. *Paris* 1737	—	12
——— (le) forcé, ou Manière de tirer avantage des circonstances, tiré des Mémoires d'un homme de Lettres, qui a fait un long séjour en Angleterre, & en à observé les mœurs & les usages, par C. H. Nirel L. M. 12. *Londres* 1780	1	8
——— (nouveau) de France, avec un Itinéraire & des Cartes, par Piganiol de la Force. 2 vol. 12. *Paris* 1780	6	—
——— littéraire de la Grèce, ou Lettres sur les Grecs Anciens & modernes, avec un Parallèle de leurs Mœurs, par M. Guy. 2 vol. 12. *Paris* 1771	3	8
——— dans l'Hemisphère austral & autour du monde, &c. écrit par Jaques Cook, traduit de l'anglois. fig. 5 vol. 4. *Paris* 1778	60	—

	mg	ſs
Voyage d'Italie, ou Recoeuil de notes ſur les ouvrages de peinture & de ſculpture, &c. par Mr. Cochin. 3 vol. 12. *Paris* 1773	4	8
——— (nouveau) aux grandes Indes, avec une inſtruction pour le commerce, par le Sr. Luillier 8. *Rotterdam* 1726	1	12
——— d'Italie contenant les Mœurs des peuples, &c. par Richard Laſſels. 2 vol. 12. *Paris* 1671	2	—
——— d'Italie, par M. Miſſou. 4 vol. 12. fig. *Paris* 1743	13	8
——— d'Italie, Dalmatie, de Grèce & du Levant. par Spon & Wheler. 2 vol. 12. *La Haye* 1724	4	—
——— & Aventures de François Léguat & de ſes compagnons. 2 part. 12. *Londres* 1708	2	8
——— du Sieur Paul Lucas, au Levant. 2 part. 12. *La Haye* 1705	2	—
——— du Sr. P. Lucas, fait par ordre du Roi, dans la Grèce, &c. 2 vol. 12. *Amſterdam* 1714	3	8
———s dans les mers de l'Inde, par Gentil. 2 vol. 8. fig. *Neuchâtel* 1780	5	—
——— aux Moluques & à la nouvelle Guinée, par le Capt. Forreſt. 4. *Paris* 1780	15	—
——— en l'autre Monde, ou Nouvelles littéraires de celui-ci. 12. *Paris* 1752	1	8
——— autour du Monde, entrepris par ordre de S. M. Britannique, exécuté par Byron, rédigé par J. Hawekesworth. 5 vol. 4. Cartes & fig. *Amſterdam* 1774	60	—
——— autour du Monde, fait dans les années 1740 à 44, par G. Anſon. 4 vol. 12. fig. & Supplément. *Paris* 1750	9	—
——— au Nouveau Monde, & Hiſtoire intéreſſante du naufrage du R. P. Creſpel. 12. *Amſterdam* 1757	1	4
———s très-curieux & très-renommés, faits en Moſcovie, Tartarie & Perſe, par Ad. Oléarius, &c. trad. de l'orig. latin, par Wicquefort. 2 tom. fol. en 1 vol. fig. *Amſterd.* 1727	30	—
——— au Nord de l'Europe particulièrement à Copenhague, Stockholm & Péterſbourg, par N. Wraxall, Jun. 8. *Rotterdam* 1777	2	—

Voyage

	mg	fs
Voyages en différens Pays de l'Europe en 1774. 75. 76, ou Lettres, &c. 2 vol. 8. en Suisse. 1778	3	8
Voyage ou rélation de l'état présent du royaume de Perse, par M. Sanson. 12. fig. *Paris* 1695	3	8
—— célèbre & remarquable de Perse aux Indes Orientales, par J. A. de Mandelslo, trad. du lat. p. Wicquefort. 2 tom. fol. *Amst.* 1727	30	—
—— depuis St. Pétersbourg en Russie dans diverses contrées de l'Asie. 3 vol. 12. *Paris* 1766	6	—
—— d'un Philosophe, ou Observations sur les Mœurs & les Arts, &c. par M. Poyvre. 12. *Mastricht* 1779	1	4
—— pittoresque de Paris, ou Indications de tout ce qu'il y a de plus beau dans cette grande Ville en Peinture, Sculpture & Architecture, par M. D***. *Paris* 1752	3	—
—— pittoresque des Environs de Paris, ou Description des Maisons Royales, Châteaux & autres lieux de Plaisance, situés à quinze lieues aux environs de cette Ville, par M. D***. 12. *Paris* 1779	4	—
—— de Richard Pokoke en Orient, &c. trad. de l'anglois, par Mr. Eydous. 6 vol. 12. *Neuchâtel* 1772	12	—
—— au pôle austral & autour du monde, par J. Cook, dans lequel on a inséré la rélation du Capitaine Furneaux, & celui de Mr. Forster. 6 vol. 8. *Paris* 1778	18	—
——s de Rabbi Benjamin fils de Jona de Tudèle, traduit par J. P. Baratier. 2 vol. 8. *Amsterdam* 1734	3	—
—— de Robertson aux terres Australes. 12. *Amsterdam* 1766	1	8
—— sentimental, par M. Sterne, sous le nom d'Yorick, traduit de l'anglois, par M. Freuais. 2 part. 12. *Neuchâtel* 1776	2	—
—— en Sibérie, fait par Ordre du Roi en 1761. &c. par Mr. l'Abbé Chappe d'Auteroche. 2 vol. 12. *Amsterdam* 1769	4	—
—— en Sibérie, contenant la Description des mœurs & usages des peuples, &c. par Gmélin. 2 vol. 12. *Paris* 1767	4	—

P

	m¢	s
Voyage en Sicile & à Malthe, trad. de l'anglois, de M. Brydone, par M. Demercier. 2 vol. 8. *Neuchâtel* 1776	3	8
――― historique & littéraire dans la Suisse occidentale. 2 vol. 8. *Neuchâtel* 1781	5	
――― du Tour du Monde, trad. de l'italien de Gemelli Careri, par M. L. N. 6 vol. 12. fig. *Paris* 1727	15	
――― de Vienne à Belgrade & à Kilianova, par N. E. Kleeman. 8. *Neuchâtel* 1780	2	
Voyageur (le) françois, ou la Connoissance de l'ancien & du nouveau Monde, par M. l'Abbé de la Porte. 15 vol. 12. *Paris* 1773 à 74	30	
――― (le) Philosophe, dans un pays inconnu aux habitans de la Terre, par M. de Listoing. 2 vol. 12. *Amsterdam* 1761	3	
――― (le) naturaliste, par J. Coarckby Lettson. 12. *Paris* 1775	1	8
Vrai (le) franc-maçon qui a donné l'origine & le but de la franc-maçonnerie, par le Frère Eusch. 8. *Liege* 1773	1	4
Vues philosophiques, ou Protestations & Déclarations, &c. par M. de Premontval. 2 vol. 12. *Amsterdam* 1757	3	8
――― politiques sur le Commerce, &c. 8. *Amsterdam* 1759	2	

Y.

Yeux (les) le Nez & les Tetons, ouvrages curieux. 12. *Amsterdam* 1735	2	

Z.

Zémir & Zilas, Poëme.	―	12
Zend-Avesta, ouvrage de Zoroastre, &c. par M. Anquetil du Perron. 2 vol. 4. fig. *Paris* 1771	43	
Zenothémis, Anecdote Marseilloise, par M. d'Arnaud. 8. *Paris* 1773	1	4
Zéphirine, ou l'Epoux libertin, Anecdote volée, par l'Auteur d'Adélaïde. 8. *Amsterdam* 1771	1	
Zodiaque (le) de la Vie, ou Préceptes pour diriger la conduite & les mœurs des hommes, par de la Monnerie. 12. *La Haye* 1771	1	8

www.ingramcontent.com/pod-product-compliance
Lightning Source LLC
Chambersburg PA
CBHW051911160426
43198CB00012B/1840